MACIEREWICZ I JEGO TAJEMNICE

TOMASZ PIĄTEK

MACIEREWICZ I JEGO TAJEMNICE

Arbitror

Projekt okładki i opracowanie graficzne map
Łukasz Stachniak

Redakcja
Tomasz Mincer

Skład, łamanie, korekta
Witold Kowalczyk

Wydanie I C
ISBN 978-83-948331-0-7

Wydawnictwo Arbitror spółka z.o.o.
www.arbitror.pl
e-mail: kontakt@arbitror.pl

WSTĘP

KIM JEST ANTONI MACIEREWICZ?

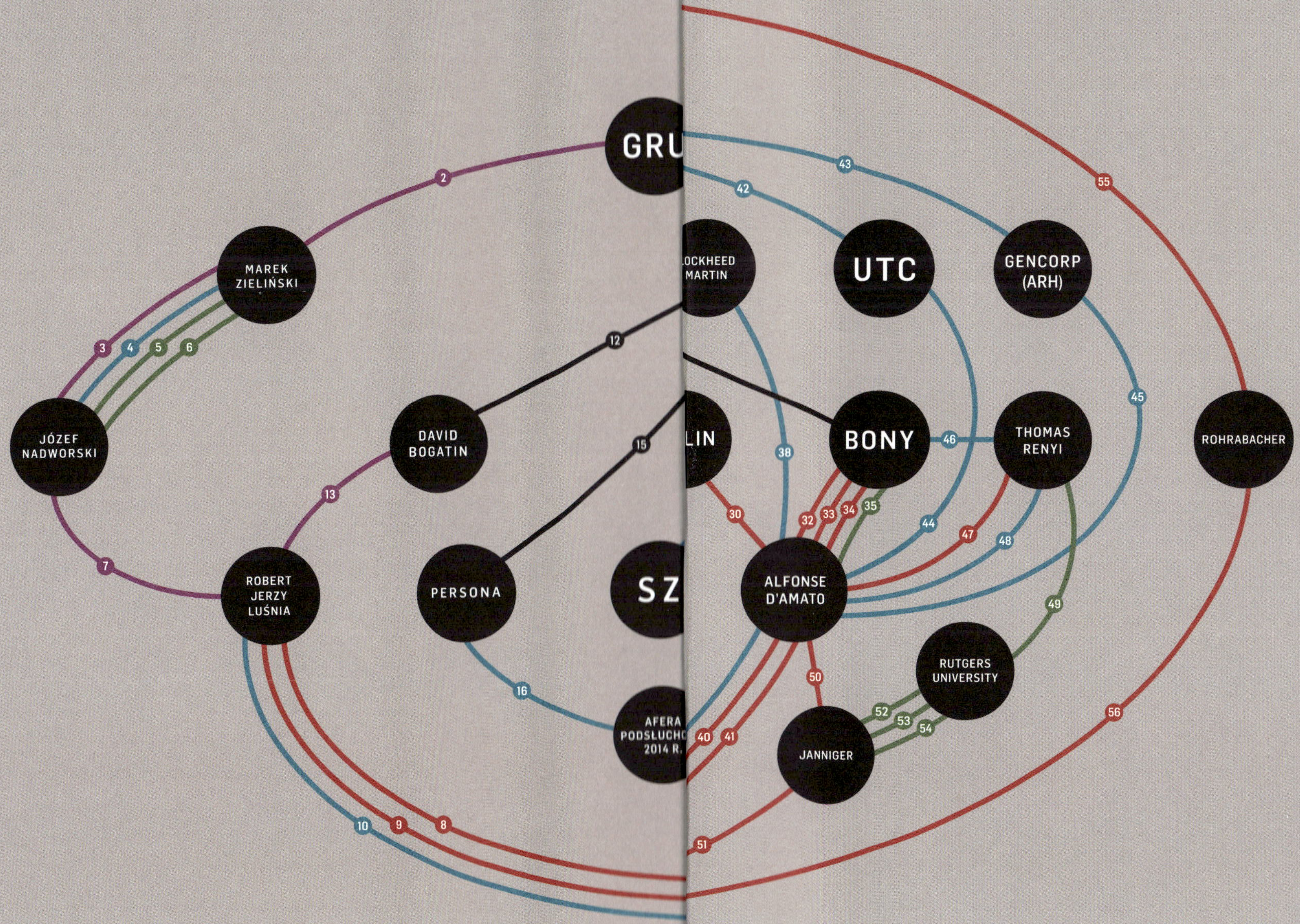

POWIĄZANIA MACIEREWICZ - MOGILEWICZ

Powiązania oznaczone są kolorowymi liniami. Kolor każdej linii odzwierciedla główny charakter danego powiązania: czerwony = polityczny; niebieski = biznesowy; **czarny = mafijny/przestępczy;** fioletowy = „służbowy" (służby specjalne); zielony = inne (np. wspólna praca, nauka, więzi osobiste i towarzyskie, wsparcie w mediach).

1. Zwierzchnictwo nad wojsk. wywiadem
2. Główny szpieg GRU w Polsce (1981-93)
3. Bliska współpr. w SB (ws. środowiska Luśni)
4. Wspólna agencja ochrony
5. Wspólna praca naukowa
6. Bliskie sąsiedztwo
7. Oficer prowadzący Luśni
8. Współpr. w konspiracji (lata 80.)
9. Współpr. w partiach (1989-2010)
10. Transfer pieniędzy Herbapol Lublin – Dziedzictwo Polskie
11. Handel bronią, liczne powiązania (Kałmanowicz, But)
12. **Nielegalne operacje bizn.**
13. Przedmiot pracy tego samego oficera UOP (Niezgoda) w tym samym czasie
14. Współpr. co najmniej od 1990 r. (Leningrad)
15. **Podległość wobec Mogilewicza**
16. Wspólna firma z właścicielem „podsłuchowej" restauracji Lemongrass, gdzie pracował Łukasz N. (później w Sowie & Przyjaciołach)

17./18./19. Janiszewski, Babiński, Przestępna etc. (osoby z „Sowy" w spółkach Grupy Radius lub powiązanych osób)

20. **Opieka**
21. **Pranie pieniędzy**
22. Przedstawicielstwo sołncewskiego MontażSpecBanku w Polsce
23. Yakitoria
24. Rodzinna kontrola nad Grupą Radius
25. Pełnienie najw. funkcji w Grupie Radius (2002-2016)
26. Prowadzenie think tanku NCSS (siedziba prokremlowskich /antynatowskich ekspertów MON)
27. Dostęp do tajnych dok. polskiej armii w 2007 r.
28. **Podległość wysłannikowi mafii sołncewskiej (Iwankow)**
29. **Pranie pieniędzy w Nowym Jorku**
30. Sponsorowanie kampanii wyborczej
31. **Pranie miliardów dolarów w Bank of New York (BoNY)**
32. Urzędowanie w Hempstead
33. Kredyt na kampanię wyb. (śledztwo FBI)
34. Senacka komisja bankowości
35. Armand D'Amato/Sullivan & Cromwell
36. Kontrola (formalnie 86 proc., faktycznie 100 proc.)
37. Regularne zakupy silników rakietowych
38. Obsługa lobbingowa
39. Kontrakty MON (obsługa PGZ i szczytu NATO w W-wie; black hawki)
40. Organizacja Friends of Poland (wspólne prezesowanie)
41. Organizacja POMOST/Janusz Subczyński
42. Wspólna firma RD Amross (ros. silniki rakietowe dla Pentagonu)
43. Jw.
44. Obsługa lobbingowa
45. Jw.
46. Szef banku (także podczas prania miliardów przez Mogilewicza)
47. Wspólny fundraising dla George'a W. Busha
48. Obsługa fundacji pomnika 11 września (Renyi we władzach)
49. Ufundowanie katedry bankowości
50. Opieka
51. Opieka
52. Studia
53. Ojciec wykładowca
54. Matka jw.
55. Kontakty od lat 90.; wsparcie dla Kremla w Waszyngtonie
56. Odwiedziny w 2010 r. (po katastrofie smoleńskiej) i w 2015 r.

Gdy piszę te słowa, Antoni Macierewicz wciąż jest ministrem obrony narodowej Rzeczpospolitej Polskiej. Być może w chwili, w której bierzesz tę książkę do ręki, Czytelniku i Czytelniczko, Macierewicz nie jest już ministrem. Ciągle bowiem krążą pogłoski o jego rychłym odwołaniu. Jednak takie pogłoski pojawiają się od miesięcy – a mimo to Antoni Macierewicz niezmiennie pozostaje ministrem obrony.

Ale nawet jeśli Ty już wiesz, że on stracił swoje stanowisko, to i tak skandalem jest, że w ogóle je dostał.

Bo Antoni Macierewicz jest najdziwniejszym ministrem obrony w historii polskiego wojska.

Wszystko wskazuje na to, że niezwykle szkodliwym.

Poczynania ministra oburzają nawet członków i zwolenników jego partii – Prawo i Sprawiedliwość (PiS). Afera Misiewicza i Jannigera, afera caracali i mistrali, nocne włamanie do Centrum Ekspertów Kontrwywiadu NATO, pozbywanie się doświadczonych generałów, faworyzowanie amatorskiej Obrony Terytorialnej na niekorzyść armii... I wreszcie „prezentacja smoleńska" przedstawiona Polakom 10 kwietnia, w siódmą rocznicę katastrofy prezydenckiego samolotu.

Przypomnijmy: filmik miał udowodnić, że katastrofa w Smoleńsku była efektem rosyjskiego zamachu. Autorzy prezentacji – „eksperci" Macierewicza z tzw. Podkomisji ds. Ponownego Zbadania Wypadku Lotniczego – ogłosili, że tragedię spowodowały co najmniej trzy niezależne od siebie czynniki. Po pierwsze, dezinformacja ze strony rosyjskich kontrolerów lotu ze smoleńskiego lotniska. Po drugie, „seria tajemniczych awarii" w samolocie. Po trzecie, niezależna od tych awarii „bomba termobaryczna", która wysadziła kadłub samolotu (w tajemniczy sposób oszczędzając okna). Prezentacja obraziła inteligencję i uczucia milionów odbiorców. Tych, którzy wierzą w zamach, i tych, którzy nie wierzą.

Za każdym razem, gdy Macierewicz zostawał członkiem rządu, wiązały się z tym skandaliczne wydarzenia. Tak było w 1992 r. (słynna „noc teczek" i kompromitacja idei lustracji). Tak było w latach 2006–2007 (chaos w kontrwywiadzie wojskowym i „rosyjski łącznik" w ministerstwie obrony). O obu sprawach piszę w dalszej części książki.

Jednak w tym szaleństwie musi być metoda. Bo mimo sławy niepohamowanego niszczyciela Antoni Macierewicz ciągle powraca na szczyty władzy. I dalej robi swoje.

DWAJ PANOWIE M. – MACIEREWICZ I MOGILEWICZ

Ta książka to podsumowanie nowych, niedawno odkrytych faktów na temat Macierewicza oraz najbardziej prawdopodobnych hipotez, które mogą być wyjaśnieniem tych faktów.

Ciągle na jaw wychodzą kolejne informacje. I na ich podstawie już można zacząć odpowiadać na postawione wcześniej pytanie: „Kim jest Antoni Macierewicz?".

Sednem tej książki, jej najważniejszą treścią są powiązania między Antonim Macierewiczem i jego środowiskiem a globalnym gangsterem i finansistą Siemionem Mogilewiczem, powszechnie uważanym za mózg rosyjskiej mafii.

Oczywiście, brzmi to niezwykle. Polski minister obrony – w swych wypowiedziach histerycznie wręcz antyrosyjski – i rosyjski gangster? Jednak związków między Mogilewiczem a środowiskiem Macierewicza jest zbyt wiele, aby można je było zlekceważyć.

Siemion Mogilewicz wywodzi się z Ukrainy. To finansowy geniusz, który stoi za tzw. mafią sołncewską – najpotężniejszą rosyjską organizacją przestępczą. Mogilewicz jest jednak kimś więcej niż jej szefem. Mafia sołncewska znajduje się pod jego szczególną opieką, ale gangster-finansista koordynuje też działania innych grup przestępczych w Rosji i na świecie. Imperium Mogilewicza jest zarazem korporacją i giełdą zbrodni.

NA GIEŁDZIE ZBRODNI

Renomowany magazyn „Foreign Policy" o Mogilewiczu pisze tak: „Jeden z 10 ludzi najbardziej poszukiwanych przez FBI [...]. W 2003 r. amerykański Departament Sprawiedliwości wytoczył mu 45 zarzutów [...]. Jego przestępcze imperium jest niezwykle rozległe: morderstwa, prostytucja, kamienie szlachetne i pranie pieniędzy, a także handel bronią i materiałami rozszczepialnymi [...]. Kreml pozwala Mogilewiczowi spokojnie mieszkać na rosyjskiej ziemi"[1].

Ogromna liczba źródeł potwierdza te informacje. Wszystkie mówią, że głównym talentem Mogilewicza jest pranie brudnych pieniędzy – w milionowych i miliardowych kwotach. Dokonywał takich finansowych operacji m.in. w Nowym Jorku i w londyńskim City[2]... Ale *Brainy Don*, Łebski Boss – jak nazywa się go w USA – ma jeszcze jedną specjalność. Jego syndykat przeprowadza najtrudniejsze morderstwa na zlecenie.

Wybitny amerykański dziennikarz śledczy, Robert I. Friedman, określił go mianem „najgroźniejszego gangstera świata"[3]. „Najpotężniejszym" nazywa Mogilewicza jego bliski współpracownik, morderca-egzekutor rosyjskiej mafii Monia Elson. Zapewne ma swoje powody, żeby go wychwalać. Zleceniobiorca musi być w dobrych stosunkach ze zleceniodawcą... Szczególnie w takiej branży.

Co łączy Mogilewicza z ludźmi Macierewicza?

Mogilewicz ma liczne powiązania finansowe i mafijne z najbliższym amerykańskim współpracownikiem ministra Macierewicza – wpływowym lobbystą, byłym senatorem republikańskim Alfonsem D'Amato[4].

To nie koniec.

1 http://foreignpolicy.com/2014/03/19/married-to-the-ukrainian-mob/
2 https://www.theguardian.com/world/1999/aug/22/paulfarrelly.tonythompson
3 http://www.villagevoice.com/news/the-most-dangerous-mobster-in-the-world-6419460
4 http://wyborcza.pl/magazyn/1,124059,20839126,black-hawk-wyladowal-nowojorsko--smolenski-lacznik-macierewicza.html

Sołncewska mafia Mogilewicza ma związki z rodziną Sz., kontrolującą Grupę Radius – czyli konsorcjum firm, dla którego pracował Jacek Kotas. A Kotas to właśnie ten człowiek, którego media nazwały „rosyjskim łącznikiem", gdy wyszło na jaw, że Macierewicz udzielił mu dostępu do tajnych dokumentów polskiej armii[1]. W dalszej części książki szczegółowo przedstawiam liczne dowody bliskich relacji między sołncewską mafią a głową rodziny Sz. Ze względu na ciężar podejrzeń, jakimi obarczona jest taka bliskość, postanowiłem wyjątkowo, że nie podam nazwiska Sz. w pełnym brzmieniu.

Jest też związek – pośredni, ale zaskakująco bliski – między Siemionem Mogilewiczem a sprawą Roberta Luśni (płatnego konfidenta komunistycznej Służby Bezpieczeństwa, który przez dziesięciolecia był bliskim współpracownikiem Macierewicza[2]). Związek ten dokładnie przedstawiam w niniejszej książce.

MOGILEWICZ, TAJNA BROŃ PUTINA

Zdumiewające, jak wiele łączy obu panów M. Zdumiewające i przerażające. Bo Siemion Mogilewicz i jego przestępcza organizacja są najskuteczniejszą bronią Putina. Świadczy o tym wiele dobrze poinformowanych i wiarygodnych źródeł. „Mogilewicz ma dobre stosunki z Putinem, znają się jeszcze z Leningradu" – takie stwierdzenie pojawiło się w roku 2000 w rozmowie ukraińskiego prezydenta Leonida Kuczmy z Leonidem Derkaczem, szefem Służby Bezpieczeństwa Ukrainy[3].

O bliskich stosunkach Mogilewicza z Putinem mówił także były oficer rosyjskich służb specjalnych Aleksandr Litwinienko – zamordowany później przez agentów Kremla. Według Litwinienki wśród licznych biznesów i intryg Mogilewicza było też dostarczanie broni islamskim terrorystom z Al-Kaidy[4]. Brytyjski „Telegraph" napisał, że Litwinienko mógł zginąć

1 http://wyborcza.pl/7,75398,21034224,macierewicz-i-rosyjski-lacznik-ministerstwo-obrony-obludy.html
2 http://wyborcza.pl/7,75398,21081694,zaginiona-teczka-czlowieka-macierewicza.html
3 https://jamestown.org/program/the-strange-ties-between-semion-mogilevich-and-vladimir-putin/#.VHvc3aTF_pA
4 http://www.businessinsider.com/tape-reveals-poisoned-ex-kgb-spy-making-accusations-against-putin-2015-1?IR=T

właśnie dlatego, że za dużo wiedział o związkach Putina z Mogilewiczem. I zaczął o nich mówić[1].

„Ciągła obecność w Rosji potężnego finansisty rosyjskiej mafii, Siemiona Mogilewicza – aresztowanego w 2008 r., ale w niejasnych okolicznościach zwolnionego w następnym roku – nie tylko ukazuje nam zdolność mafii do zdobywania i transferowania pieniędzy dla osiągania celów wywiadowczych, ale także sugeruje, że mafia może zdobywać agentów wpływu dla Moskwy" – pisze wybitny ekspert od spraw rosyjskich i międzynarodowej przestępczości, Mark Galeotti, w raporcie opublikowanym przez European Council on Foreign Relations (Europejską Radę Spraw Zagranicznych) w kwietniu 2017 r.[2]. ECFR to renomowany think tank, który zajmuje się analizą stosunków międzynarodowych.

I wreszcie dziennikarz śledczy Brian Frydenborg na portalu War Is Boring opisuje, jak ludzie Mogilewicza ratowali przed bankructwem pewnego amerykańskiego biznesmena. Ten biznesmen, uzależniony od swoich wybawców, nazywa się Donald Trump i od niedawna jest prezydentem USA[3]...

KREML W BIAŁYM DOMU

Czy Donald Trump jest „rosyjskim prezydentem amerykańskim"?

Oczywiście, Trump czasem okazuje „chwilową niezależność", ale poza tym prowadzi politykę skrajnie korzystną dla Putina. W kwietniu 2017 r. zbombardował syryjskich sojuszników Rosji. Ale w maju zwolnił ze stanowiska szefa Federalnego Biura Śledczego (FBI) Jamesa Comeya, który publicznie ostrzegał przed wpływami Kremla w USA. I nie było to przyjazne rozstanie: Trump wyrzucił go na siedem lat przed końcem jego 10-letniej kadencji. Na dodatek zrobił to w nocy z wtorku na środę, żeby jeszcze tego samego dnia spotkać się z rosyjskim ministrem spraw zagranicznych Ław-

1 http://www.telegraph.co.uk/news/uknews/law-and-order/11366469/Alexander-Litvinenko-Murdered-for-unmasking-Kremlin-backed-mobsters.html

2 http://www.ecfr.eu/page/-/ECFR208_-_CRIMINTERM_-_HOW_RUSSIAN_ORGANISED_CRIME_OPERATES_IN_EUROPE02.pdf

3 http://warisboring.com/trumps-real-estate-deals-took-money-from-russian-crooks/

rowem i ambasadorem Kisliakiem[1]. Według „Washington Post" podczas spotkania Donald Trump ujawnił Rosjanom ściśle tajne informacje wywiadowcze[2]. A równocześnie Ławrow i szef amerykańskiej dyplomacji Tillerson zapowiedzieli kilkudniową sesję rozmów o najważniejszych sprawach świata. Najpierw o Ukrainie i Syrii, a potem, w szerszym gronie, o podziale Arktyki[3].

Co w tym wszystkim jest najgroźniejsze? Trump chce, by Unia Europejska znów się podzieliła na prowadzące odrębną politykę państwa narodowe. Łatwe do skłócenia i do rozgrywania przez mocarstwa. Być może jest to korzystne dla Waszyngtonu – ale jeszcze bardziej dla Moskwy. Bo Rosji łatwiej niż Stanom Zjednoczonym sięgnąć po Europę. Ma bliżej...

Amerykański prezydent publicznie kwestionował przecież sens istnienia Unii Europejskiej[4]. I zapowiadał mniejsze zaangażowanie Waszyngtonu w obronę jego sojuszników. Groził, że będzie od nich egzekwować pieniądze za ewentualną ochronę. Podobno w marcu 2017 r. wręczył Angeli Merkel „rachunek" na kwotę 300 mld dol. Miała to być zaległa „opłata za NATO"[5]. Brzmi to tak, jakby prezydent USA chciał, by słabe państwa narodowe Europy znalazły się na łasce i niełasce Putina.

Trump podawał też w wątpliwość ideę uniwersalnej, ponadnarodowej walki o prawa człowieka. W Białym Domu administracja Trumpa zlikwidowała stanowisko Specjalnego Asystenta Prezydenta ds. Relacji Wielostronnych i Praw Człowieka. Zamiast tego jest miejsce dla Specjalnego Asystenta ds. Międzynarodowych Organizacji i Sojuszy[6]... Powołując się na doradców Trumpa, „Independent" pisze, że Waszyngton będzie teraz „celowo milczeć" na temat praw człowieka[7].

1 https://www.washingtonpost.com/news/worldviews/wp/2017/05/10/the-strange-oval-office-meeting-between-trump-lavrov-and-kislyak/?utm_term=.14d619b5b7c5

2 https://www.washingtonpost.com/world/national-security/trump-revealed-highly-classified-information-to-russian-foreign-minister-and-ambassador/2017/05/15/530c172a-3960-11e7-9e48-c4f199710b69_story.html?utm_term=.7a8bcf09bb72

3 http://wyborcza.pl/7,155287,21787757,arktyczne-zloza-pogodza-trumpa-z-putinem.html

4 https://euobserver.com/foreign/136540

5 http://www.independent.co.uk/news/world/americas/us-politics/donald-trump-angela-merkel-nato-bill-defence-ignore-usa-germany-spending-a7650636.html

6 http://www.motherjones.com/politics/2017/05/trump-human-rights-nsc-hall-duterte

7 http://www.independent.co.uk/news/world/americas/donald-trump-praises-totalitarian-leaders-human-rights-advocates-putin-duterte-kim-jong-un-a7712931.html

Łamiącemu te prawa Putinowi taka polityka Białego Domu jest na rękę. Chyba bardziej niż samym Stanom Zjednoczonym... Przez cały XX w. międzynarodowa potęga USA czerpała siłę i argumenty z idei wolności, demokracji oraz praw człowieka (aczkolwiek nieraz nadużywała tych idei).

Odnotujmy, że wspomniany lobbysta D'Amato – amerykański sojusznik Macierewicza powiązany z gangsterem Mogilewiczem – poparł Trumpa w ostatnich wyborach prezydenckich. I zrobił to wcześnie. Na pięć miesięcy przed tym, jak Trump uzyskał nominację na kandydata Partii Republikańskiej[1].

TO SIĘ NIE DZIEJE!

„To niemożliwe, to się nie dzieje!" – powtarzałem sobie 10 listopada 2015 r. I nie tylko ja. Podobnie mówili znajomi: dziennikarze, eksperci, specjaliści od obronności. Te słowa wypowiadał też zapewne niejeden wyborca Prawa i Sprawiedliwości.

Dwa tygodnie wcześniej, 25 października, PiS wygrało wybory. W kampanii wyborczej obiecywało, że ministrem obrony narodowej będzie Jarosław Gowin, nie Antoni Macierewicz, co mogło się przyczynić do zwycięstwa tej partii.

Jednak 10 listopada cała Polska usłyszała, że ministrem obrony zostanie właśnie Macierewicz. Neoliberalny konserwatysta Jarosław Gowin musiał się zadowolić stanowiskiem ministra nauki. Podobno sam nagle oświadczył, że resortu obrony nie chce...

„Rzeczywiście w kampanii wyborczej stwierdziłam, że jednym z najbardziej prawdopodobnych kandydatów jest Jarosław Gowin. Otrzymał dwie propozycje do wyboru. Wybrał naukę i szkolnictwo wyższe" – powiedziała wtedy premier Beata Szydło. Dodała, że Gowin „dostał do wyboru między innymi ministerstwo obrony"[2].

Ministerstwo Obrony Narodowej (MON) to resort szczególnego znaczenia. Zależy od niego bezpieczeństwo Polski, a nawet zachodnich sojuszni-

1 http://nypost.com/2016/02/22/al-damato-thinks-trump-will-win-gop-nomination/
2 http://wiadomosci.onet.pl/kraj/antoni-macierewicz-ministrem-obrony-narodowej-jaroslaw-gowin-nie-chcial-tego/j2ljsk

ków. Bo trzeba pamiętać, że nasz kraj stanowi filar wschodniej flanki NATO. Broniąc siebie, bronimy Europy, Zachodu, całego atlantyckiego świata.

„To niemożliwe, to się nie dzieje!" – powtarzaliśmy więc sobie pod koniec 2015 r. A jednak się działo. Dlatego zadałem sobie pytanie: „Jak to w ogóle jest możliwe?". Jak to się stało, że mimo swych „dokonań", mimo ogromnej niepopularności Antoni Macierewicz znów powrócił? I dostał jedno z najważniejszych stanowisk w rządzie?

„Gdy nie wiesz, o co chodzi, chodzi o pieniądze" – mówi słynne prawo Murphy'ego. *Follow the money*, „Zobacz, skąd płynie kasa", powiadają amerykańscy dziennikarze śledczy. Trzeba sprawdzić, kto finansuje tę niezwykłą karierę Antoniego Macierewicza – pomyślałem. Może stoi za nim jakiś oligarcha?

Żadną tajemnicą nie są związki Macierewicza z katolickim oligarchą Tadeuszem Rydzykiem, dyrektorem Radia Maryja i TV Trwam. Ale nie jest też tajemnicą, że Tadeusz Rydzyk ma ogromne wydatki i raczej woli brać niż dawać. „Ojciec dyrektor" udziela Macierewiczowi ogromnego poparcia politycznego, lansując go w swoich mediach. Czy wobec tego będzie go jeszcze finansować?

W każdym razie nie płaci mu tyle, żeby mógł być jedynym sponsorem jego działalności – założyłem. I zacząłem szukać innych sponsorów Macierewicza.

Na początku tropy zdawały się prowadzić do jeszcze jednego toruńskiego oligarchy. Tym razem świeckiego, choć mającego w życiorysie epizod współpracy z Rydzykiem. Tej „hipotezy toruńskiej" nie udało mi się potwierdzić. Ale gdy tylko zacząłem badać ten wątek, trafiłem na coś, co okazało się znacznie bardziej niepokojące. Coś, co bezpośrednio prowadziło do komunistycznej Służby Bezpieczeństwa. A pośrednio – do sowieckiego wywiadu GRU.

CZĘŚĆ PIERWSZA

SPRAWA LUŚNI. SB I BIZNES

Będziemy teraz mówić o dawnych czasach – o latach 80. i 90. ubiegłego wieku.

Gdy zacząłem się zajmować powiązaniami Macierewicza z tamtych lat, od wielu osób słyszałem: „To starocie. Nawet nie trupy w szafie, tylko szkielety. Ludzie nie pamiętają, co było w zeszłym roku, a ty chcesz, żeby się interesowali czymś sprzed ery Facebooka i internetu? Zajmij się tym, co Macierewicz robi teraz! To jest ważne, to jest interesujące...".

Faktycznie – to, co Macierewicz robi teraz, jest najważniejsze i najbardziej interesujące. Ale to, co robi teraz, ma związek z tym, co robił kiedyś.

Coraz więcej osób zdaje sobie z tego sprawę. Jeden z moich kolegów, którzy uważali, że sprawa Luśni to prehistoria, Radosław Gruca, zasłużony dziennikarz śledczy popularnej gazety „Fakt", niedawno zmienił zdanie. „To może być główny korzeń innych afer, ta afera z Luśnią" – powiedział mi ostatnio.

Nie wiem, czy sprawa Luśni jest „głównym korzeniem" afer związanych z Macierewiczem. Na pewno jest jednym z kilku. Odkrycie tego „szkieletu w szafie" zaczęło się od informacji całkiem aktualnej, z roku 2016. Jak na nią natrafiłem? W Polsce istnieje wiele serwisów internetowych, które dostarczają oficjalnych informacji biznesowych. Są to m.in. KRS-Online, Internetowy Monitor Sądowy i Gospodarczy (IMSiG), Moje Państwo, Kto-Kogo i wiele innych. Niektóre z nich są darmowe, jak Moje Państwo. Inne, jak IMSiG, są dostępne za grosze. Serwisy te oparte są na Krajowym Rejestrze Sądowym (KRS). Jest to zbiór akt sądów gospodarczych, w którym znajdują się statuty firm, fundacji i stowarzyszeń, ich sprawozdania finansowe oraz inne oficjalne dokumenty.

Każdy, kto chce być świadomym obywatelem, powinien korzystać z serwisów opartych na KRS-ie. To łatwiejsze, niż się wydaje. Gąszcz suchych informacji i prawniczy język może z początku odstraszać, ale już po kilku godzinach człowiek zaczyna rozumieć treść i logikę oficjalnych wpisów. Dzięki temu może zajrzeć za kulisy spektaklu, który codziennie ogląda w mediach. Zobaczy wtedy, że **pozorni nieprzyjaciele często jedzą przy jednym stole**.

Oczywiście, Krajowy Rejestr Sądowy też nie odsłania całej prawdy. Są powiązania, których w aktach sądowych nie widać. Ale na pewno lepiej znać KRS – choćby za pośrednictwem serwisów internetowych – niż go nie znać. Ja na początku 2016 r. w serwisie Moje Państwo zobaczyłem, że Antoni Macierewicz zasiada w radzie fundacji Głos, której prezesem zarządu jest Robert Jerzy Luśnia. Sprawdziłem, kim jest Luśnia. I nie mogłem uwierzyć w to, co widzę.

MILIONER NIESPECJALNIE GRZECZNY

Robert Jerzy Luśnia urodził się 9 lipca 1962 r. w Warszawie. Dzisiaj, gdy jest milionerem, wypadałoby podkreślić: w niezamożnej rodzinie i niezamożnej dzielnicy Warszawy. W swoim życiu Robert Luśnia przeszedł długą drogę. Prowadziła ku szczytom, aczkolwiek była kręta. Wychowywał się na warszawskiej Pradze, w okolicy ulic Ząbkowskiej i Nieporęckiej. Skromne pochodzenie nie zabiło w nim ambicji. Wręcz przeciwnie, był przebojowy. Według informacji podawanych przez liczne źródła dostępne w internecie – od Wikipedii po parafialne pismo „Kana" (numer z czerwca 2013 r.[1]) – młody Robert Luśnia został uczniem liceum im. Gottwalda. Szkołę tę uważano za jedno z lepszych liceów w Warszawie. Gdy przyszło wybrać kierunek studiów, nasz bohater też nie poszedł na łatwiznę. W latach 80. trafił na Politechnikę Warszawską. Ale czas był burzliwy – i Luśnia tych studiów nie skończył. Mimo to dziś jest człowiekiem sukcesu. Jeśli sukces mierzyć majątkiem.

Spółka ARL, którą Luśnia ma razem z żoną, posiada cenne nieruchomości w kilku polskich miastach. Ale przede wszystkim ARL jest jedynym

---

1 http://www.trabkiw.ug.gov.pl/kana/2013/K198.pdf

udziałowcem świetnie prosperującej firmy Intrograf Lublin, która produkuje opakowania leków i eksportuje je na Zachód. Firma stosuje nowoczesne zarządzanie i technologie. Lublinianie są z niej dumni. Znawcy branży opakowaniowej mówią mi, że sukces Intrografu jest bardziej zasługą jej menedżerów niż właściciela. Według jednego z informatorów zarząd firmy postawił Luśni nieformalne ultimatum: „Zarabiamy dla ciebie pieniądze – pod warunkiem że nie pojawiasz się w fabryce".

Jeśli to prawda, to podziwiam odwagę menedżerów, bo wszystkie źródła mówią, że Luśni trudno się postawić. W latach 1996–2002, gdy budował swoją fortunę w Lublinie, nazywano go tam „Luśnia Bin Laden". Jest człowiekiem ekspansywnym. „I niezbyt przyjemnym" – dodaje Maciej Wrześniowski, który poznał Luśnię wcześniej, w latach 80. Działali wtedy razem w antykomunistycznym podziemiu.

„Zawadiacki" – tak Roberta Luśnię określa Tomasz Wołek, dziś publicysta, a w tamtym czasie jeden z liderów podziemnego Ruchu Młodej Polski (RMP). I opowiada: „W 1981 r. Luśnia był na zjeździe RMP w Gdyni. Przywiózł ze sobą wielki nóż, którym wymachiwał".

Jak widać, w latach 80. Robert Jerzy Luśnia był aktywny w podziemnej opozycji. Ale była to aktywność bardzo szkodliwa. Robił gorsze rzeczy niż machanie nożem.

PŁATNY KONFIDENT SB

W latach 80. Luśnia był płatnym konfidentem komunistycznej Służby Bezpieczeństwa. Działał pod pseudonimem TW „Nonparel". Donosił m.in. na kolegów z nielegalnych organizacji, których był członkiem (Ruch Młodej Polski i Niezależne Zrzeszenie Studentów).

Kilkanaście lat temu Luśnia został publicznie zlustrowany i zdemaskowany. W latach 2003–2006 sądy rozpatrywały jego sprawę lustracyjną. Zakończyła się ona wyrokiem Sądu Najwyższego, który 11 lipca 2006 r. prawomocnie i ostatecznie uznał Luśnię za konfidenta SB[1]. Wyrok wydali sędziowie Tomasz Grzegorczyk (przewodniczący), Andrzej Deptuła i Jacek Sobczak.

1 http://lublin.wyborcza.pl/lublin/1,35640,3478093.html

W warszawskim oddziale Instytutu Pamięci Narodowej (IPN) znajduje się imienna teczka Roberta Jerzego Luśni. Zawiera ona esbeckie dokumenty o sprawdzonej autentyczności. Dokumenty te jednoznacznie stwierdzają, że Luśnia to tajny współpracownik Służby Bezpieczeństwa, który działał pod pseudonimem „Nonparel".

W teczce są niejasności i luki – ale są też niezbite, wręcz miażdżące dowody agenturalnej działalności „Nonparela". Ten sam oddział IPN-u przechowuje również akta sprawy lustracyjnej Roberta Jerzego Luśni (sygnatura V AL 13/03). Widziałem wymienione dokumenty i wielokrotnie je przeczytałem. Zawartość teczki Luśni posiadam w postaci elektronicznej.

MACIEREWICZ I LUŚNIA W TEJ SAMEJ FUNDACJI

Podsumujmy: w 2006 r. sąd orzekł ostatecznie, że Luśnia był konfidentem. Mimo to dziesięć lat później – w roku 2016 – Macierewicz zasiadał razem z Luśnią we władzach tej samej fundacji Głos. Sprawdziłem tę informację w sposób wykluczający wątpliwości. Przede wszystkim potwierdziłem ją w archiwum Sądu Gospodarczego w Warszawie, a także w Krajowym Rejestrze Sądowym.

Organizacje, które znajdują się w KRS-ie, zgłaszają w nim wszelkie oficjalne zmiany (np. w swoich władzach). Muszą to robić na bieżąco. Dlatego rejestr ten jest regularnie aktualizowany.

W 2016 r. spędziłem kilka dni – łącznie kilkanaście godzin – w archiwum KRS-u. Przez cały ten czas czytałem i przepisywałem papierowe dokumenty dotyczące Macierewicza i Luśni, które są tam zgromadzone. Zachowałem notatki oraz zdjęcia owych dokumentów (w archiwum wolno je fotografować).

Czego się z nich dowiedziałem?

Okazało się, że Robert Jerzy Luśnia faktycznie figuruje jako prezes zarządu fundacji Głos. Pełni tę funkcję nieprzerwanie od roku 1998. Ostatnie dokumenty pochodziły z lat 2003–2004, więc nie były nowe. Ale nie znalazłem wśród nich żadnego, który by mówił o ustąpieniu czy choćby zawieszeniu prezesa Luśni.

Pozwolę sobie wyliczyć ostatnie dokumenty znajdujące się w aktach fundacji:

- „Pismo o postępowaniu rejestrowym" z 2003 r., w którym zarząd prostuje dane członków władz i po raz kolejny potwierdza, że **prezesem jest Robert Luśnia**;
- dołączony do pisma „Protokół niezgodności" (2003 r.), w którym **Luśnia znowu określony jest jako prezes zarządu**;
- postanowienie sądu (2003 r.), które m.in. **uznaje Luśnię za prezesa zarządu**;
- prośba jednego z założycieli fundacji, Marcina Gugulskiego, o udostępnienie jej statutu (2004 r.);
- prośba o wydanie kopii akt rejestrowych fundacji podpisana: **„Robert Luśnia – PREZES"** (2003 r.).

Wyliczam te dokumenty dla pewności i precyzji. Gdy bowiem ujawniłem sprawę, koledzy partyjni Macierewicza próbowali kwestionować daty.

W czerwcu 2016 r. na łamach „Gazety Wyborczej" opublikowałem pierwszy tekst o zażyłości ministra i konfidenta (pt. „Antoni Macierewicz, jego firma i jego TW", znany też jako „Tajny agent Macierewicza"[1]). Reagując na tę publikację, działacze i zwolennicy PiS-u występowali w mediach i próbowali bagatelizować sprawę. Oni również mówili: „To dawne dzieje". Twierdzili, że historia jest nieaktualna, że fundacja została zlikwidowana lata temu...

Słynny rzecznik Macierewicza, Bartłomiej Misiewicz, ogłosił światu jeszcze jedną wersję. 21 czerwca 2016 r. wystąpił w TVP Info i powiedział, że Luśnia od 11 lat nie jest prezesem fundacji Głos. Według Misiewicza po zdemaskowaniu – dokładnie w roku 2005 – Luśnia zrezygnował z tej funkcji[2].

To wszystko nieprawda. Fundacja nie została zlikwidowana. W 2016 r. wciąż istniała. Jej prezesem nadal był Luśnia. Każdy, kto chce, może to sprawdzić w Krajowym Rejestrze Sądowym.

A jak jest teraz, gdy piszę te słowa? W maju 2017 r.? Minął prawie rok, odkąd związki Macierewicza z Luśnią zostały ujawnione. Były głośne publikacje na ten temat. Wobec tego wypadałoby się spodziewać, że minister obrony zachowa się przyzwoicie i wystąpi z władz fundacji Głos – choćby dla dobra swego wizerunku.

1 http://wyborcza.pl/magazyn/1,124059,20259316,antoni-macierewicz-jego-firma-i-jego-tw-czego-nie-wiemy-o.html
2 http://www.tvp.info/25600705/21062016-0747

Ale najwyraźniej tak się nie stało. 6 maja, gdy piszę te słowa, serwis Moje Państwo podaje, że **Macierewicz wciąż zasiada w radzie fundacji Głos, a Luśnia jest jej prezesem**.

Serwis Moje Państwo – tak samo jak Krajowy Rejestr Sądowy – jest regularnie aktualizowany.

PRZYPADKOWA FUNDACJA?

Zwolennicy Macierewicza próbowali go usprawiedliwiać na różne sposoby. Sugerowali, że znalazł się w jednej organizacji z Luśnią... przypadkiem, bo rzekomo nie znał jego konfidenckiej przeszłości, gdy zakładał z nim fundację. Potem zaś miałby jakoś „zapomnieć", że zasiada w jej władzach. Ta amnezja miałaby trwać nawet wtedy, gdy Luśnia został zdemaskowany! Bo gdyby Macierewicz sobie przypomniał, że jest w jednej fundacji z konfidentem, to przecież by z niej wystąpił...

„Ja też mogę być w jakiejś fundacji i nawet o tym nie wiedzieć" – mówiła w TVN-ie posłanka Beata Kempa, szefowa kancelarii premier Beaty Szydło. To absurdalne usprawiedliwienie nie ma żadnego związku z rzeczywistością. Macierewicz jako poseł co roku składał oświadczenia majątkowe. I regularnie podawał w nich, że zasiada w radzie fundacji Głos. Tak było w latach 2011, 2012, 2013, 2014 i 2015. Poseł Macierewicz ani razu o tym nie zapomniał. Oświadczenia te może zobaczyć każdy na stronie internetowej Sejmu[1]. Formularze wypełniane są odręcznie. Nie można więc powiedzieć, że Macierewicz przez nieuwagę całymi latami kopiował i przeklejał jakiś zdezaktualizowany fragment tekstu.

To znaczy, że Antoni Macierewicz przez wszystkie te lata pamiętał i o fundacji Głos, i o tym, że zasiada w jej władzach. Nie sądził, by była ona zlikwidowana czy „nieaktualna".

1 http://www.sejm.gov.pl/sejm7.nsf/posel.xsp?id=228

UKOCHANE DZIECKO MACIEREWICZA

Nic dziwnego, że o niej pamiętał. Bo obecność Macierewicza w fundacji Głos nie była niczym przypadkowym.

To prawda, że fundacja została założona dawno – w roku 1991. To znaczy jednak, że Macierewicz i Luśnia są w niej razem przez ostatnie ćwierć wieku. Obaj panowie zasiadają w jej władzach od samego początku. Luśnia został prezesem zarządu w roku 1998, ale wcześniej, w latach 1991–1997, był w radzie fundacji. To przede wszystkim jeden z jej założycieli. Każdy może się o tym przekonać w Krajowym Rejestrze Sądowym.

Czytając znajdujące się tam akta, zdobyłem więcej istotnych informacji o fundacji Głos. Pełna jej nazwa brzmi Głos – Fundacja dla Zachowania Polskiego Dziedzictwa. Nazwa brzmi górnolotnie i propagandowo, ale stanowi cenną wskazówkę. Zwraca uwagę na ważne powiązania biznesowe i organizacyjne.

Tak się składa, że Macierewicz jest udziałowcem firmy, której nazwa to... Dziedzictwo Polskie. Firma ta przez lata wydawała ultraprawicową gazetę o nazwie... „Głos". Jej redaktorem naczelnym był... Antoni Macierewicz.

Co więcej, w aktach fundacji Głos czytamy, że przez pewien czas obowiązywała w niej szczególna formalna zasada. Otóż we władzach fundacji musiał zasiadać redaktor naczelny pisma „Głos"! Niezależnie od tego, kto nim był. Z akt wynika ponadto, że rada fundacji miała prawo go mianować.

Zatem Głos wygląda na ukochaną fundację Macierewicza – związaną z gazetą Macierewicza, z firmą Macierewicza i oczywiście z samym Macierewiczem zasiadającym we władzach fundacji! Współzałożycielem zaś, a od 19 lat prezesem ukochanej fundacji Macierewicza, jest były konfident SB – Robert Jerzy Luśnia.

LUŚNIA ŁAPIE „STRUSIA"

Badając tego rodzaju sprawy, zawsze trzeba rozważyć wszystkie racje i okoliczności. Zatem spytajmy: „Jakim konfidentem był Luśnia?". Może był stosunkowo nieszkodliwy? Może działał pod przymusem lub pod przemożną presją SB?

Z konfidencką przeszłością Luśni można się zapoznać w Instytucie Pamięci Narodowej. Jest tam jego teczka. Udało mi się też uzyskać dostęp do akt sprawy lustracyjnej Luśni. One również znajdują się w IPN-ie. Wspomnę, że robiono mi pewne trudności, gdyż kontaktujący się ze mną pracownik IPN-u oświadczył, że nie przysługuje mi prawo do uzyskania elektronicznej kopii materiałów. Sam był tym zdziwiony. Powiedział, że zwykle dziennikarze mają takie prawo, ale w moim przypadku pojawiła się „inna interpretacja"...

Dlatego spędziłem kilka dni w IPN-ie, przepisując ręcznie akta sprawy lustracyjnej. Ale nie narzekam. Przepisując, lepiej się zapamiętuje.

Co mówią teczka Luśni i akta jego sprawy? Jak pamiętamy, w 2006 r. Sąd Najwyższy prawomocnie i ostatecznie uznał Roberta Jerzego Luśnię za tajnego współpracownika Służby Bezpieczeństwa działającego pod pseudonimem „Nonparel". Sąd nie mógł postanowić inaczej. Z licznych dokumentów, akt i zeznań niezbicie wynika, że Luśnia donosił na swoich kolegów z podziemnych organizacji: Ruch Młodej Polski i Niezależne Zrzeszenie Studentów. A także na nielegalne wydawnictwa i kierujące nimi osoby. Wydał władzom bezcenny sprzęt drukarski podziemia. Kablował m.in. na podziemnych działaczy: Mariana Piłkę, Tomasza Wołka, Mariusza Kobzdeja, Piotra Ogińskiego, jak również na 18-letniego harcerza o pseudonimie „Struś". Chłopak ukrywał się przed esbecją. A Luśnia obiecał esbekom, że gdy tylko „złapie kontakt" ze „Strusiem", to do nich zadzwoni.

...I ŁOWI KASĘ

Robert Luśnia robił to wszystko za pieniądze. Brał je i kwitował. W jego teczce znajduje się dziewięć podpisanych przez niego pokwitowań z ostatniego kwartału 1984 r., które opiewają na łączną sumę 21 200 zł. Z esbeckich raportów wynika, że dostał jeszcze więcej: 26 230 zł.

Obie kwoty znacznie przekraczają wysokość średniej pensji w latach 1983–1984 r.

Luśnia musiał lubić pieniądze. I nadal je lubi. Tyle że dzisiaj są to znacznie większe kwoty. Jest w końcu milionerem.

W 2001 r. Robert Luśnia, podobnie jak Macierewicz, został posłem z listy Ligi Polskich Rodzin – skrajnie prawicowej partii politycznej kierowanej przez Romana Giertycha, który wówczas głosił dużo bardziej ekstremalne poglądy niż dzisiaj. Gdy Luśnia znalazł się w Sejmie, media wzięły pod lupę jego majątek. 6 lutego 2004 r. gazeta „Metro" podała, że Robert Luśnia jest najbogatszym posłem. Dziennikarze Aleksandra Pawlicka i Jakub Stachowiak napisali o jego rozliczeniach z firmą Herbapol Lublin. Okazało się, że Luśnia dostał od tej spółki niemal 15 mln zł, z czego 11 mln w gotówce. Przekonał jednak urząd skarbowy, że nie musi płacić od tego podatku [!][1].

„Nonparel" zawsze umiał walczyć o swoje.

LUŚNIA I MACIEREWICZ – PARTNERZY W BIZNESIE

Jak to możliwe, że Antoni Macierewicz – pogromca „układu" zwalczający esbeków w polityce i gospodarce – współpracuje z człowiekiem pokroju Luśni? Co może mieć wspólnego z esbeckim konfidentem i milionerem? Przez ostatnie 30 lat Macierewicz przyzwyczaił nas do tego, że robi rzeczy szokujące. Jednak w tym wypadku mamy do czynienia z totalnym podeptaniem własnego wizerunku.

Zbadałem tę sprawę i okazało się, że obaj panowie współdziałają od bardzo dawna. Nie tylko politycznie, lecz także biznesowo.

Zacznijmy od biznesu.

W latach 90. Robert Jerzy Luśnia, jako wiceprezes i współwłaściciel Herbapolu Lublin, przekazywał pieniądze tej spółki firmie Dziedzictwo Polskie. Przypomnę: współwłaścicielem firmy był Antoni Macierewicz. Firma wydawała gazetę „Głos", której redaktorem naczelnym był znowu Macierewicz. Luśnia, jako wiceprezes Herbapolu Lublin, przekazywał też znaczące kwoty firmie Amarant. Amarant to spółka, w której pracował Marcin Gugulski – jeden z najbliższych i najwierniejszych współpracowników Antoniego Macierewicza. W ciągu ostatniego ćwierćwiecza Gugulski był publicystą gazety Macierewicza „Głos", członkiem stworzonej przez Macierewicza komisji ds. weryfikacji Wojskowych Służb Informacyjnych oraz członkiem zespołu ba-

1 http://metro.gazeta.pl/metro/1,50145,1902841.html

dającego katastrofę smoleńską – również stworzonego przez Macierewicza. Zasiadał także we władzach dobrze nam znanej fundacji Głos.

Transakcje przeprowadzone przez Luśnię na rzecz firm Dziedzictwo Polskie i Amarant wiązały się z nieprawidłowościami i podejrzeniem popełnienia przestępstwa. W marcu 2002 r. poseł Grzegorz Kurczuk wystosował w tej sprawie interpelację. W tym samym miesiącu odpowiedział mu na nią ówczesny prokurator krajowy Karol Napierski. Z dokumentów wynika, że Luśnia pieniądze firmom Dziedzictwo Polskie i Amarant przekazywał bezprawnie. Robił to bez wiedzy innych członków władz Herbapolu Lublin. Prokuratura nie zaprzeczyła, że było to nieprawidłowe. Uznała jednak, że czyn nie wyczerpuje wszystkich znamion przestępstwa. W odpowiedzi prokuratora Napierskiego czytamy: „Od dnia 21 stycznia 2000 r. prowadzono dochodzenie, a następnie w dniu 7 marca 2000 r. wszczęto śledztwo w sprawie nieprawidłowości zaistniałych w latach 1996–1998 w związku z zarządzaniem majątkiem spółki Herbapol Lublin SA i wyrządzeniem szkody majątkowej w wielkich rozmiarach, tj. o przestępstwo z art. 296 § 1 i 3 kk. Śledztwo obejmowało szereg wątków dotyczących podejmowania przez byłego wiceprezesa Herbapolu Lublin SA Roberta Luśnię decyzji gospodarczych jednoosobowo, z naruszeniem uprawnień przyznanych mu statutem spółki i regulaminem pracy zarządu, w tym [...] współpracy spółki Herbapol Lublin z firmami Bemka z Gdańska, Dziedzictwo Polskie z Warszawy i Sandrax z Lublina, i wypłaty na ich rzecz łącznej kwoty 52 000 zł za usługi akwizycyjne i reklamowe [...]. W dniu 23 maja 2001 r. umorzono postępowanie w części dotyczącej nadużycia w latach 1996–1998 przez wiceprezesa zarządu Herbapolu Lublin SA Roberta Luśnię przysługujących mu uprawnień poprzez zlecenie dokonywania bez wiedzy pozostałych członków zarządu wypłat środków pieniężnych spółki firmom marketingowym, agencyjno-reklamowym i prasowo-informacyjnym za rzekome usługi marketingowe, analizy polityczno-gospodarcze i reklamy, przez co wyrządził Herbapolowi SA znaczną szkodę majątkową w wysokości 143 960 zł, tj. o przestępstwo z art. 296 § 1 kk – wobec braku ustawowych znamion czynu zabronionego”[1]. Z tej odpowiedzi wynika, że Luśnia przelał Dziedzictwu Polskiemu pieniądze za reklamy Herbapolu Lublin w piśmie Macierewicza „Głos”.

1 http://orka2.sejm.gov.pl/IZ4.nsf/main/6A5AEEFB

Spędziłem około tygodnia w Bibliotece Narodowej na dokładnym przeglądaniu wszystkich egzemplarzy „Głosu" z lat 1996–2002. **Nie znalazłem tam żadnej reklamy Herbapolu Lublin**. W piśmie tak ubogim w reklamy przeoczyć je byłoby trudno. Na wszelki wypadek raz jeszcze przejrzałem wszystkie egzemplarze z tamtych lat. I znowu nic nie znalazłem.

Trafiłem tylko na cennik reklamowy pisma. Powierzchnia reklamowa była w nim tania, nawet jak na owe czasy. Z cennika wynikało, że gdyby Luśnia kupił od Dziedzictwa Polskiego powierzchnię reklamową w „Głosie" za 5 tys. zł, to Herbapol Lublin miałby w tym piśmie pięć reklam na całą stronę! Pięć wielkich reklam – albo np. 200 małych ogłoszeń. Tak czy inaczej byłoby to nie do przeoczenia.

Ale w „Głosie" nie było ani reklam Herbapolu Lublin, ani np. ogłoszeń firm zależnych od Herbapolu. Nawet w formie luźnych wkładek, tzw. insertów (w egzemplarzach zachował się jeden insert, ale nie była to reklama Herbapolu Lublin, tylko ulotka-pocztówka z Matką Boską). Artykułów sponsorowanych promujących produkty Herbapolu też nie było.

21 czerwca 2016 r. w TVP Info rzecznik Macierewicza, słynny Bartłomiej Misiewicz, zarzucił mi niedbałość. Dokładnie powiedział tak: „Te reklamy zostały zamieszczone. To, że «Gazeta Wyborcza» wybiórczo, jak to ma w zwyczaju, przejrzała materiały zgromadzone w Bibliotece Narodowej i nie znalazła... Bardzo przepraszam, te reklamy są zamieszczone, trzeba przejrzeć każdy egzemplarz i dopiero wtedy można o tym pisać"[1].

Dwa dni później na łamach „Gazety Wyborczej" poprosiłem rzecznika, żeby wskazał mi te reklamy. Odpowiedzi nie było. Tak samo jak nie było reklam Herbapolu Lublin w gazecie Macierewicza.

Ale skoro reklam nie było, to za co Luśnia płacił Macierewiczowi? Czyżby to była przysługa dla kolegi z fundacji?

Jeden z moich lubelskich informatorów sugeruje, że mogła to być odpłata za przysługę. Dodajmy: odpłata za przysługę, dzięki której Luśnia stał się milionerem.

1 http://www.tvp.info/25600705/21062016-0747

WARSZAWIAK Z PIENIĘDZMI W LUBLINIE

W latach 60., 70., i 80. Luśnia był niezamożnym warszawiakiem. Ale w połowie lat 90. pojawił się nagle w Lublinie z dużymi pieniędzmi. I wykupił udziały w Herbapolu, stając się jej drugim głównym udziałowcem. Skąd Luśnia miał pieniądze?

Według niektórych informatorów na przełomie lat 80. i 90. handlował z Rosjanami na Stadionie Dziesięciolecia (na słynnym Jarmarku Europa, reklamowanym wtedy jako największy bazar na naszym kontynencie). Luśnia miał handlować ciuchami albo – jak podaje jedno ze źródeł – komputerami i częściami komputerowymi.

Handel z Rosjanami – brzmi ciekawie. A na pewno efektownie. Ale czy na bazarze Luśnia mógł się dorobić aż takich pieniędzy? Mój informator z Lublina, związany z tamtejszym wymiarem sprawiedliwości, sugeruje, że Luśnia czerpał zyski z bardziej lukratywnego biznesu. I że konkretnymi pieniędzmi dysponował już na początku lat 90.: „W 1991 r. Luśnia kupił wytwórnię odczynników chemicznych. Nie byłoby w tym nic sensacyjnego, gdyby nie to, że [...] prokuratorzy dopadli dwie wytwórnie amfetaminy pod Warszawą. Bo wcześniej szwedzcy policjanci w Ystad dopadli niejaką panią J. Ona miała cztery butle gazowe wypełnione amfetaminą zamiast gazu [...]. Szwedzi powiadomili nas. Namierzając kontakty pani J., trafiliśmy na dwie wytwórnie pod Warszawą. Tam była polska technologia wytwarzania amfetaminy. Okazało się, że polska amfetamina jest robiona z BMK. Taka substancja. No i wtedy sobie przypomnieliśmy, że u Luśni, w jego wytwórni odczynników chemicznych, zaginęło półtorej tony BMK... Jednak śledztwo niczego nie mogło wykazać – było spóźnione o jakieś 9 lat, bo toczyło się w 1999 r.".

Ale lubelski informator mówi też o jeszcze innym źródle kapitału Luśni. Kasę miał dać... Antoni Macierewicz. Tym razem chodzi o wydarzenia z 1992 r. „Macierewicz otrzymał misję od Zjednoczenia Chrześcijańsko-Narodowego [prawicowej partii, której Macierewicz był członkiem do roku 1992 – przyp. T.P.]. Wyjechał do Stanów Zjednoczonych zebrać kasę na kampanię wyborczą dla ZChN-u. To wiem od Wasiutyńskiego. [Wojciech Wasiutyński to wybitny działacz narodowy, po wojnie był na emigracji w Wielkiej Brytanii i USA, zmarł w roku 1994 – przyp. T.P.]. Macierewicz zebrał mnóstwo pieniędzy, co najmniej kilkadziesiąt tysięcy dolarów, a ZChN nie dostał ani grosza. To poszło na nową partię Macierewicza, Ruch Katolicko-Narodowy. Tam przybocznym Macierewicza od gospodarki był właśnie Luśnia".

W tym samym czasie prywatyzowano Herbapol Lublin, wtedy jeszcze należący do państwa. Ministerstwo Przekształceń Własnościowych oraz sami pracownicy firmy szukali dla niej inwestora prywatnego. „I Macierewicz wystawił Luśnię jako inwestora" – opowiada dalej mój informator. „Za kasę biednych Polonusów z Ameryki". To by znaczyło, że Luśnia miał się za co odwdzięczać Macierewiczowi, gdy parę lat później wykupywał nieistniejące reklamy Herbapolu Lublin w piśmie „Głos".

Ważna uwaga: wiele informacji, które uzyskałem od tego lubelskiego informatora, znalazło później potwierdzenie. Częściowo i ta o wytwórni odczynników chemicznych. Nie wiem, co z niej znikało i za czyją sprawą, ale wiem, że Luśnia faktycznie ją miał. Gdy został posłem i media prześwietliły jego majątek, dopatrzyły się również wytwórni odczynników.

15 listopada 2001 r. „Dziennik Wschodni" w artykule „Oporne ujawnianie majątku" napisał tak: „Z 13 ujawnionych majątków największy ma poseł Robert Luśnia (LPR). Ma liczne akcje, w tym ponad 101 tys. akcji Herbapolu Lublin i 900 Herbapolu Białystok, 100 proc. udziałów w spółce z o.o. ARL Skład Celny i **prawie 10 tys. udziałów w Przedsiębiorstwie Odczynników Chemicznych** [podkreślenie – T.P.], gdzie też zasiada w radzie nadzorczej. Swój ubiegłoroczny dochód z akcji Herbapolu wycenił na 80 960 zł. Oszczędności posła Luśni to 1,1 mln zł i 25 tys. dolarów. Ma też dwa mieszkania (60 i 64 mkw.), dwie inne nieruchomości (nie pisze jakie), samochód terenowy Ssangyong Musso i trzy, liczące po mniej więcej 10 lat, dostawcze mercedesy"[1].

W żaden bezpośredni sposób nie udało mi się potwierdzić informacji o tym, jakoby Macierewicz dał Luśni pieniądze na wykupienie udziałów w Herbapolu Lublin. Trafiłem jednak na coś, co świadczy o tym, że tego rodzaju operacje finansowe nie były w wypadku Macierewicza czymś niezwykłym. Być może przyzwyczaił się do takiego dysponowania pieniędzmi jeszcze w czasach podziemia.

1 http://www.dziennikwschodni.pl/praca/oporne-ujawnianie-majatku,n,1000019576.html

Inny z moich informatorów – który zgodził się wystąpić pod nazwiskiem – opowiedział mi o podobnym transferze „kasy z USA". Również dziwnym i również wykonanym przez Macierewicza... Tyle że w latach 80. Skala transakcji była mniejsza, ale schemat ten sam. Pieniądze przywiezione z Ameryki daje się zaufanemu podstawionemu człowiekowi – a wszystko odbywa się w mocno niejasnych okolicznościach. W tym wątku występuje też Piotr Naimski. To wieloletni przyjaciel i najbliższy współpracownik Macierewicza. Dzisiaj sekretarz stanu w kancelarii premiera i pełnomocnik rządu ds. strategicznej infrastruktury energetycznej.

Mówi Paweł Barański, dobry znajomy Macierewicza i Naimskiego jeszcze z harcerstwa: „Działo to się w latach 80. Byłem bez roboty. Przyszedł do mnie Naimski i mówi, że oni – Macierewicz i Naimski – dadzą mi pieniądze, regularną pensję! Mam tylko powiedzieć, ile chcę. Powiedziałem, że chcę tyle, ile zarabiałem wcześniej w Bibliotece Uniwersytetu Warszawskiego (głodowa pensja). I Naimski co miesiąc mi płacił. Moim zadaniem było założenie biznesu na swoje nazwisko i kupno niezbędnych maszyn. Naimski mówi: nieważne, jaki to będzie biznes, oni to sfinansują. Może np. wyrób torebek z inicjałami... Wszystko jedno, jaki to będzie pomysł. I wszystko na twoje nazwisko, choć ty nie robisz nic, my ci płacimy pensję, dopóki to nie ruszy. Może to był 1985 r. Minęło pół roku, nic nie zrobiłem, maszyny nie kupiłem. Mówię Naimskiemu: nie wezmę nic więcej, bo nic nie zrobiłem. On mnie namawiał, żebym próbował dalej, a ja nie. Skąd Naimski miał te pieniądze? Załatwił je od Ireny Lasoty [działaczki emigracyjnej z Ameryki – przyp. T.P.] w czasie stanu wojennego, gdy Naimski był w USA".

WOJNY HERBAPOLOWE

Mamy zatem kilka hipotez co do tego, jak zaczęła się przygoda Luśni z Herbapolem Lublin.

A jak się skończyła? Gdy Luśnia miał udziały w Herbapolu Lublin, większościowym udziałowcem i prezesem tej firmy był Józef Godlewski – były działacz antykomunistycznego podziemia. Obaj panowie nawzajem się zwalczali. Według Godlewskiego Luśnia rozbijał firmę. Otaczał się ludźmi z byłych komunistycznych służb specjalnych, ostentacyjnie okazywał antysemityzm, wreszcie spróbował przejąć firmę na walnym zgromadzeniu akcjonariuszy. Oskarżył wtedy Godlewskiego – także przed prokuraturą – o bezprawne reprezentowanie innych udziałowców. Były nimi firmy związane z farmaceutycznym potentatem Jerzym Starakiem (do którego jeszcze wrócimy). Firmy te kupiły wcześniej część akcji od Godlewskiego i uczyniły go swym pełnomocnikiem. Sprawa została umorzona.

Godlewski też poszedł do prokuratury. Zgłosił jej, że Luśnia samowolnie przekazuje pieniądze Herbapolu Lublin innym firmom. Była wśród nich spółka Macierewicza, Dziedzictwo Polskie, a także firma Amarant, w której pracował Marcin Gugulski, wieloletni współpracownik Macierewicza, członek władz fundacji Głos.

Śledztwo przekazano prokuraturze krakowskiej, a ona 23 maja 2001 r. umorzyła postępowanie. Godlewski uważa, że to Lech Kaczyński – wówczas minister sprawiedliwości i prokurator generalny – osłonił Luśnię. W krakowskiej prokuraturze pracowali wtedy ludzie oddani Kaczyńskiemu, związani także z bliskim mu Zbigniewem Wassermannem. Ten ostatni pełnił obowiązki prokuratora krajowego, choć nie został powołany na to stanowisko (według mediów przyczyną były zastrzeżenia ówczesnych służb specjalnych co do osoby Wassermanna).

Wracając do Luśni – oskarżał on Godlewskiego o powiązania z farmaceutycznym potentatem Starakiem. Godlewski podejrzewa jednak, że było odwrotnie. To Luśnia mógł działać na rzecz Staraka. Dokładnie rzecz biorąc, Godlewski uważa, że podstawieni przez Staraka ludzie pchali go, aby pozbył się Herbapolu Lublin i sprzedał go potentatowi.

Ich metodą było szerzenie chaosu w firmie po to, żeby Godlewski się zmęczył i zrozumiał, że nie da rady jej prowadzić. A jednym z głównych rozsadników tego chaosu miał być Luśnia.

„Kiedy wyszedł ostry konflikt z Luśnią, zwróciłem się do Staraka, czy nie byłby zainteresowany odkupieniem akcji Herbapolu. Czy to była moja naiwność? Czy byłem jak mąż, który myśli, że w domu rządzi, a żona żyje z innym? Być może oni prowadzili jakieś rozmowy. Był taki moment, że Luśnia rozmawiał z firmą niemiecką i jeździł tam na kilka spotkań, raz nawet mnie wziął... Najpierw Niemcy się pojawiali, a później Starak" – opowiada Godlewski.

Jak się zakończyły „wojny herbapolowe"? W latach 2001–2002 zarówno Godlewski[1], jak i Luśnia całkiem pozbyli się swoich udziałów na rzecz Staraka.

Kim jest Starak?

Jerzy Starak to polski oligarcha, a zarazem operujący na światowych rynkach miliarder, gigant branży farmaceutycznej. Związany jest m.in. z Polpharmą. W dokumentach tej firmy występuje przede wszystkim jako przewodniczący rady nadzorczej[2]. Jednak w mediach piszących o branży farmaceutycznej i biotechnologicznej czytamy, że Starak kontroluje holenderską firmę Genefar BV, która jest jedynym właścicielem Polpharmy[3]. W 2007 r. „Dziennik" podał, że niektóre dokumenty dotyczące prywatyzacji Polpharmy – którą Starak kupił od państwa polskiego w roku 2000 – tajemniczo zaginęły, być może zostały zniszczone. Chodziło o potwierdzenia wypłat dokonywanych na rzecz firm konsultingowych, za których radą Polpharmę sprzedano Starakowi[4].

Nie tylko w Polsce Starak działa przebojowo. Potentat robi interesy w wielu krajach świata, także na obszarze byłego Związku Sowieckiego. Pisze o tym m.in. biznesowy magazyn „Forbes"[5]. Według doniesień licznych mediów – np. „Pulsu Biznesu" z 14 grudnia 2012 r. – nasz oligarcha kupił jedną z największych rosyjskich firm farmaceutycznych – Akrikhin – i planował dalszą ekspansję w Rosji[6].

Wcześniej, w latach 70., Starak robił biznes we Włoszech. A dokładnie – między Włochami a Polską. W latach 80. stworzył tzw. firmę polonijną Comindex i wylansował markę Billy (kultowe wówczas sosy)[7]. W tym samym czasie współpracował z komunistyczną Służbą Bezpieczeństwa.

W 2007 r. „Dziennik", a za nim liczne inne media[8] ujawniły, że według dokumentów IPN-u Jerzy Starak przez 21 lat był informatorem SB.

---

1 http://diamenty.forbes.pl/herbapol-sukces-maja-w-naturze,artykuly,203881,1,1.html
2 http://www.polpharma.pl/upload/2016/07/polpharma-csr-report-eng.pdf
3 http://www.fiercebiotech.com/biotech/press-release-gedeon-richter-announces-proposed-combination-polpharma
4 http://wiadomosci.dziennik.pl/polityka/artykuly/191852,zginely-dokumenty-z-najwiekszych-prywatyzacji.html
5 http://ktojestkim.forbes.pl/jerzy-starak-kim-jest-krol-polskiej-farmacji-,sylwetka,139473,1,1.html
6 https://www.pb.pl/jerzy-starak-kupuje-na-potege-697303
7 http://ktojestkim.forbes.pl/jerzy-starak-kim-jest-krol-polskiej-farmacji-,sylwetka,139473,1,1.html
8 https://www.wprost.pl/kraj/109873/Jeden-z-najbogatszych-Polakow-spotykal-sie-z-SB.html

Wstępne kontakty między Starakiem a podporucznikiem SB Michałem Figlem nawiązano w 1979 r. Rok później biznesmen podpisał oświadczenie: „Jako lojalny obywatel zobowiązuję się dobrowolnie poinformować Pracowników Służby Bezpieczeństwa PRL o wszelkich negatywnych faktach godzących w żywotne interesy PRL i zachowam ten fakt w tajemnicy przed osobami trzecimi". Podporucznik Figiel przyjął ten dokument i od tej pory on oraz jego koledzy regularnie spotykali się ze Starakiem. Aż do roku 1990[1].

Jerzy Starak dokonał czegoś niezwykłego. W komunistycznej Polsce odniósł kapitalistyczny sukces. Czy rozmowy z esbekami jakoś mu w tym pomogły? Nie wiemy. On sam o tych kontaktach nie mówi wiele. Nie zaprzecza swym spotkaniom z esbecją – twierdzi jednak, że uczestniczył w nich biernie, bo SB go „nagabywało"[2].

Ciekawostka: prawicowy pisarz i publicysta Bronisław Wildstein przedstawił Staraka w swojej powieści „Dolina nicości". Występuje on tam jako Albin Nowak – czarny charakter, wszechpotężny oligarcha o komunistycznych korzeniach, demoniczny władca esbeckiego układu.

MILIARDER I MILIONER

Jak wyglądają stosunki Staraka z Luśnią?

Przejęcie Herbapolu Lublin przez Staraka bardzo się Luśni opłaciło. Gdy zrezygnował ze swych udziałów w firmie, dostał za to niemal 15 mln zł. Cytowana przeze mnie wcześniej gazeta „Metro" podaje, że przy tej transakcji Luśnia nie zapłacił podatku. Czemu? Bo zastosowano ciekawą, akrobatyczną sztuczkę rozliczeniową. Spędziłem pół dnia w archiwum warszawskiego Sądu Gospodarczego, próbując zrozumieć, o co w tej sztuczce chodziło. Spróbuję streścić ją tak: Herbapol Lublin i firma Luśni ARL wymieniły się udziałami. Następnie z powrotem oddały sobie te udziały, ale przy tej okazji Luśni wypłacono kilkanaście milionów jako coś w rodzaju wyrówna-

1 http://www.tvn24.pl/wiadomosci-z-kraju,3/jeden-z-najbogatszych-polakow-spotykal-sie-z--sb,27523.html

2 http://www.tvn24.pl/wiadomosci-z-kraju,3/jeden-z-najbogatszych-polakow-spotykal-sie-z--sb,27523.html

nia. Bo udziały ARL, które Luśnia dostał z powrotem, były warte mniej niż udziały w Herbapolu Lublin, które wcześniej za nie dostał...

Czemu ta zasada nie działała przedtem, w drugą stronę? Czemu Luśnia dostał od Herbapolu tanio, by to samo oddać Herbapolowi drożej? Czyżby Jerzy Starak jakoś szczególnie cenił sobie Luśnię?

Dodam jeszcze, że na swej stronie internetowej firma Intrograf Lublin – należąca do Luśni i produkująca opakowania do leków – chwali się tym, że obsługuje wielkich klientów. Wymienia wśród nich Polpharmę Jerzego Staraka[1].

PIERWSZY BANKSTER TRZECIEJ RZECZPOSPOLITEJ

Odbiegniemy na chwilę od Luśni i jego powiązań biznesowych. Ale zostaniemy przy amerykańsko-polskich transferach gotówki. I przy mglistych początkach kapitalizmu w naszym kraju. To będzie kolejna opowieść o kimś, kto przyjechał z Ameryki i żonglował cudzymi pieniędzmi. W tym samym mieście, w którym działał Luśnia, aczkolwiek nieco wcześniej.

Wyobraźmy sobie człowieka, któremu udaje się wyemigrować z komunistycznego Związku Sowieckiego do USA w 1976 r. Spragniony wolności emigrant zostaje przedsiębiorcą w liberalnej Ameryce. I wyobraźmy sobie, że po 12 latach – w roku 1988 r. – nasz bohater znowu ucieka. Tym razem ze Stanów do... komunistycznej Polski. Dlaczego? Bo w USA ścigają go za oszustwa podatkowe. Ten niezwykły dżentelmen nazywa się David Bogatin.

Co robi Bogatin po przybyciu do Polski? Oczywiście zajmuje się biznesem. Zakłada prywatne przedsiębiorstwo Sun-Pol, eksportujące mrożone warzywa i szyjące ubrania. Jakim cudem komunistyczne władze na to pozwalają? Komuna się kończy, polscy komuniści zachęcają obywateli do przedsiębiorczości. Żeby rozkręcić gospodarkę, zapraszają zagranicznych inwestorów... Ale raczej nie przestępców. I na pewno nie chcą, żeby plątali im się pod nogami jacyś emigranci z ZSRR. Oni przecież zdradzili ojczyznę światowego komunizmu!

1 http://www.intrograf.com.pl/oferta/nasi-klienci

Przypomnę: w krajach komunistycznych emigracja na Zachód była traktowana jak zdrada. Czasy się zmieniały i wrogość wobec Stanów Zjednoczonych malała, niemniej obecność w Polsce takiego zdrajcy jak emigrant z ZSRR do USA ciągle mogła drażnić „radzieckich towarzyszy". A oni wciąż mieli w Polsce dużo do powiedzenia. Mimo to Bogatin rozpoczął działalność w PRL-u bez przeszkód. Jakby był pod czyjąś specjalną ochroną.

Dziennikarz śledczy Jacek Łęski, który zajmował się wtedy sprawą Bogatina w Lublinie, wspomina: „Przyleciał ze Stanów... i wszyscy się nim zachwycili. Jego głównym wspólnikiem był niejaki A., uważany w Lublinie za szarą eminencję. Wywodził się z prywatnego biznesu, ale wskazywano go jako człowieka służb".

W 1991 r. Bogatin założył Pierwszy Komercyjny Bank w Lublinie (drugi prywatny bank w Polsce). Miał w nim 97,5 proc. akcji. Pod koniec 1991 r. bank zatrudniał już 200 pracowników. Polacy powierzyli mu ponad 800 mld starych złotych (80 mln nowych złotych – co wtedy było znaczącą sumą nawet dla bankiera). Piszę „Polacy", nie „lublinianie", bo bank zaczął otwierać oddziały w innych miastach. Szefem warszawskiej placówki został poseł SLD, wcześniej PZPR – Wiesław Kaczmarek. Tak, ten sam, który później był ministrem skarbu w rządzie Leszka Millera. Według Łęskiego Kaczmarek oprowadzał Bogatina po warszawskich salonach i zapoznawał go z wpływowymi osobami w stolicy.

Kapitał zakładowy na rozpoczęcie działalności bankowej Bogatin uzyskał z PKO SA. Wyłudził te pieniądze jako kredyt na inną, fikcyjną inwestycję. Dla niepoznaki pieniądze, zanim trafiły z jednego banku do drugiego, jeszcze nieistniejącego, przepuszczono przez Austrię.

Jeden z informatorów twierdzi, że to „kredytowe wypompowanie" pieniędzy poszło gładko, bo w V Oddziale PKO SA pracowała niejaka Grażyna C. Pani C. była kochanką pana A., polskiego wspólnika Bogatina. To ona miała zadbać, żeby jej facet i jego kolega dostali swój kredyt.

Zdaniem tego samego informatora pan A. był „opiekunem" Bogatina z ramienia komunistycznych służb specjalnych. Służby te lubiły przydzielać takich opiekunów zagranicznym inwestorom, żeby ich przypilnować i w miarę możności oskubać.

Ale w 1991 r. komunistycznych służb specjalnych już nie było. Był Urząd Ochrony Państwa, powołany w wolnej Polsce. W lubelskim oddziale pracował Zbigniew Niezgoda, człowiek wówczas młody, dziś już niestety nieżyjący. Niezwiązany z poprzednim systemem i według tych, którzy go znali, uczciwy. Szybko zaczął podejrzewać Bogatina i jego bank o łamanie prawa. Kolega Niezgody z lubelskiego UOP-u mówi tak: „Badaliśmy sprawy własnościowe nowo powstałych spółek. I Niezgoda w Rejestrze Handlowym znalazł «chachmęty» przy Pierwszym Komercyjnym Banku Bogatina". Na czym one polegały? Nie tylko na „pompowaniu" pieniędzy z PKO SA. „Wypompowany" kapitał zakładowy dodatkowo został „podpompowany". Bogatin i jego wspólnik A. udawali, że mają więcej pieniędzy. Żeby uzyskać prawo do wejścia na giełdę, przedstawili państwowym organom nadzoru dokumenty zawierające nieprawdę, m.in. przedstawili się jako właściciele koncernu Sun-Pol Holding. Tymczasem takiego koncernu w ogóle nie było – było tylko przedsiębiorstwo mrożonkowo-krawieckie Sun-Pol SA. Na łamach „Gazety Wyborczej" wspomniany dziennikarz śledczy Jacek Łęski opisał „pompowanie" kapitału przez bank Bogatina. Gazeta dowiedziała się też, że „pan z Ameryki" jest w tej Ameryce ścigany za oszustwa podatkowe. Wybuchła panika. Klienci rzucili się do banku, aby wycofywać z niego pieniądze. Bogatin próbował ich powstrzymać[1]. Obiecał, że każdy klient, który przez rok nie wycofa swego depozytu, weźmie udział w losowaniu nagród specjalnych. Miały to być mieszkania i samochody[2]. Ale i to nie pomogło. Szczególnie po tym, jak funkcjonariusz Niezgoda z lubelskiego UOP-u osiągnął swój cel i aresztował Bogatina.

MASZYNKA DO NIEPŁACENIA PODATKÓW

Zanim odkryła ją „Gazeta Wyborcza", nikt w Polsce nie wiedział o przestępczej działalności Bogatina w Stanach Zjednoczonych. A jeśli ktoś wiedział, to siedział cicho. Co to była za działalność?

30 kwietnia 1992 r. „New York Times" poświęcił Davidowi Bogatinowi cały artykuł[3]. Wynika z niego, że Bogatin stworzył w USA „maszynkę do

1 http://biznes.onet.pl/wiadomosci/kraj/bogatingate/0eqrb
2 http://www.nytimes.com/1992/04/30/nyregion/entrepreneur-who-left-us-is-back-awaiting-sentence.html
3 http://www.nytimes.com/1992/04/30/nyregion/entrepreneur-who-left-us-is-back-awaiting-sentence.html

niepłacenia podatków". Był to złożony mechanizm polegający na wielkiej liczbie transferów pieniężnych z wykorzystaniem fikcyjnych papierów i firm. Dzięki temu wynalazkowi Bogatin nie zapłacił podatku od 15 mln galonów benzyny, które sprzedał stacjom paliwowym. W procederze razem z Bogatinem uczestniczyła grupa innych imigrantów z Rosji i Europy Wschodniej. Porządku pilnował Michael Franzese, „kapitan" nowojorskiej mafijnej rodziny Colombo.

Sycylijczyk i Rosjanie? Nic w tym dziwnego.

SOJUZ? BENISSIMO!

Dekadę wcześniej włosko-amerykańscy i rosyjscy przestępcy w Nowym Jorku zawarli sojusz. Pisało o tym wielu ekspertów. Przede wszystkim wybitny dziennikarz śledczy Robert I. Friedman, który dokładnie opisał to przymierze w słynnej książce „Czerwona mafia..."[1].

Jeden z pierwszych bossów rosyjskiej mafii – Jewsiej Agron – mimo swego legendarnego okrucieństwa nie do końca umiał podporządkować sobie nowojorskich rosyjskich bandytów. Nic dziwnego, skoro byli wśród nich ludzie tacy jak wspomniany już w tej książce morderca Monia Elson.

Według oficjalnych doniesień Elson ma na sumieniu co najmniej sto ofiar. Część z nich zabił z udziałem swej żony Mariny[2]. W latach 90. gazety pisały, że Monia Elson nosi w swoim ciele pięć kul wystrzelonych przez wrogich mu gangsterów. Z kolei pani Elson aż czternaście[3]. Na lotniskach oboje mają z tym problem – wykrywacz metalu zawsze dzwoni, gdy przechodzą przez bramkę... Monia zajmował się też przemytem narkotyków. W latach 80. potrafił pojawić się nagle w samym środku południowoamerykańskiej dżungli, żeby wydostać towar od producenta. Nie znał nawet wówczas hiszpańskiego[4]. Można się domyślać, że rozmawiał za pomocą pistoletu.

---

1 http://robert-friedman-red-mafiya.blogspot.com/2007/09/robert-friedman-red-mafiya-jewish-mafia_253.html

2 http://robert-friedman-red-mafiya.blogspot.com/2007/09/robert-friedman-red-mafiya-jewish-mafia_253.html

3 Z. Basara, *Rosyjska ośmiornica*, „Gazeta Wyborcza", 5 grudnia 1997 r.

4 http://robert-friedman-red-mafiya.blogspot.com/2007/09/robert-friedman-red-mafiya-jewish-mafia_253.html

Jak zapanować nad takimi dżentelmenami? Szukając wsparcia, rosyjski boss Agron zwrócił się do potężnej sycylijskiej rodziny Genovese. Nie uchroniło go to od śmierci i w maju 1985 r. został zamordowany. Najpewniej za sprawą swojego doradcy Marata Bałaguły, który zajął jego miejsce. Ale Bałaguła jeszcze ściślej współpracował z rodziną Genovese i innymi Włochami. Według Friedmana kontrola nad stacjami paliwowymi w Nowym Jorku umocniła pozycję nowego bossa i zaskarbiła mu szacunek włoskiej mafii[1].

Jaki biznes robił Bałaguła? Sprzedawał benzynę stacjom paliw i nie płacił podatków od przychodów z tej sprzedaży, ukrywając je w gąszczu fikcyjnych firm i papierów.

Jednym słowem robił to co Bogatin. A raczej Bogatin robił to co Bałaguła. I najprawdopodobniej dla niego albo z nim. W końcu to Bałaguła był królem rosyjskich przekrętów w Nowym Jorku. Zaznaczę jednak: królem w Nowym Jorku, nie carem na świecie. Za nowojorską mafią rosyjską kryły się jeszcze potężniejsze siły. Nad Bogatinem i Bałagułą stał groźniejszy przestępca.

WSZYSTKO ZGODNIE Z INSTRUKCJĄ

Skąd bandyci z Moskwy, Leningradu i Odessy wzięli się w Nowym Jorku? I dlaczego tak łatwo dogadali się z Włochami?

W latach 70. i 80. sowieckie służby specjalne zaczęły wypuszczać do USA bandytów z ZSRR. Na początku było wśród nich wielu Żydów – dlatego rosyjską mafię w Nowym Jorku nazywano „Kosher Nostra". Z czasem przybywało coraz więcej bandytów „rdzennie rosyjskich". Pojawiali się także przedstawiciele muzułmańskich narodów ZSRR. Więzi etniczne na pewno pomagały cementować organizację. Jednak najważniejszym spoiwem było co innego.

Bandyci przed wyjazdem otrzymywali odpowiednie instrukcje od sowieckich służb specjalnych. Przestępcy wiedzieli, że dostają wolność w zamian za posłuszeństwo. Mieli nie tylko dzielić się łupem

1 http://robert-friedman-red-mafiya.blogspot.com/2007/09/robert-friedman-red-mafiya-jewish--mafia_7785.html

z sowieckimi służbami, ale także infiltrować amerykańskie środowiska przestępcze i biznesowe. A gdyby się dało, to również werbować agentów dla swoich mocodawców.

Te „służbowe" wytyczne były ważniejsze niż etniczna duma. Dlatego sowieccy gangsterzy szybko dogadali się z sycylijskimi rodzinami, które rządziły większą częścią miasta i stanu Nowy Jork. Panowie czasem do siebie strzelali, bo w tej branży to nieuniknione. Ale zwykle woleli wspólnie zarabiać.

Od czasu do czasu tworzył się morderczo-biznesowy rosyjsko-sycylijski przekładaniec. Specjalista od przestępczości zorganizowanej Jerry Capeci opisuje taką sytuację z początku lat 90.: bandyta Wiktor Zylber, prowadzący rosyjski night club „Rasputin", musiał płacić haracz Elsonowi, poprosił więc sycylijskiego kolegę, Anthony'ego Palumbo, żeby ten Elsona zabił. Palumbo był chętny, ale najpierw musiał uzyskać zgodę swego bossa – niejakiego Daniela Pagano, związanego z potężnymi sycylijskimi rodzinami Gambino i Genovese. Tymczasem Pagano zarabiał na każdym galonie benzyny sprzedawanym przez Rosjan. Gdy usłyszał o planowanym zabiciu Elsona, krzyknął: „Pojebało was?! Nie ma, kurwa, mowy! Jeśli to zrobicie, będziemy mieć duży problem z ruskimi"[1].

ŁEBSKI BOSS I JEGO BOGATIN

Daniel Pagano miał rację. W latach 90. Monia Elson znaczył coraz więcej w mafii rosyjskiej, nie tylko tej nowojorskiej, ale i globalnej. Stał się wspólnikiem Siemiona Mogilewicza – Łebskiego Bossa.

Przypomnijmy: Mogilewicz to wybitnie inteligentny gangster-finansista, który cieszy się największym zaufaniem rosyjskich służb. Z ramienia Kremla kontroluje organizacje przestępcze w wielu krajach świata. Dlatego też jest dobrze znany w mafijnych środowiskach włoskich po obu stronach oceanu – włącznie z neapolitańską kamorrą[2].

W gronie ludzi Mogilewicza był też nasz bankster z Lublina, David Bogatin. W książce „Czerwona mafia..." Friedman szczegółowo opisuje dzia-

1 http://www.huffingtonpost.com/jerry-capeci/feared-russian-hitman-sav_b_706892.html
2 http://www.villagevoice.com/news/the-most-dangerous-mobster-in-the-world-6419460

łalność brata Davida, Jacoba, który był wykonawcą finansowych operacji wymyślonych przez Mogilewicza. Realizował je m.in. w Kanadzie. Robił to, co jego brat w USA i w Polsce: tworzył firmy wydmuszki. Tyle że w wypadku Jacoba Bogatina cel tych wydmuszek był inny. Chodziło o wprowadzenie na amerykański rynek mafijnego kapitału Mogilewicza w taki sposób, żeby nikt się nie zorientował. W Kanadzie nadzór finansowy nad spółkami był słabszy niż w Ameryce i lis łatwiej mógł się wśliznąć do kurnika. A potem prześliznąć do Stanów Zjednoczonych, bo Amerykanie mieli zaufanie do kanadyjskich firm[1].

O samym Davidzie Bogatinie Friedman pisał tak: „Jedna z najważniejszych postaci rosyjskiej przestępczości w Ameryce. Kiedyś walczył w Wietnamie Północnym w sowieckiej jednostce przeciwlotniczej, a teraz odsiaduje ośmioletni wyrok za wielomilionowe oszustwa podatkowe w branży paliwowej. Przed procesem David Bogatin [...] uciekł do Polski, gdzie zakładał pierwsze komercyjne banki w tym kraju, które przerzucały wielkie sumy pieniędzy na zlecenie rosyjskich gangsterów [...]. Jego europejskie biznesy zostały przejęte przez Siergieja Michajłowa [szefa związanej z Mogilewiczem mafii sołncewskiej, o której była mowa we wstępie – przyp. T.P.]". Friedman dodaje jeszcze: „Zanim [David Bogatin – przyp. T.P.] uciekł z Ameryki, przekazał członkowi rodziny Genovese pięć spłacanych przez siebie apartamentów w Trump Tower. Hipoteki zostały unieważnione, a fundusze – przelane do mafijnego banku na Manhattanie"[2].

Ta informacja dodatkowo upewnia nas, że Bogatin współdziałał z Bałagułą – skoro obaj współpracowali z rodziną Genovese. Ale najciekawszy jest inny fragment tekstu Friedmana, ten o walkach w sowieckiej jednostce przeciwlotniczej w Wietnamie Północnym. Jeżeli David Bogatin rzeczywiście walczył w sowieckim oddziale działającym za granicą – to musiał mieć kontakty z sowieckim wywiadem wojskowym GRU. Gdy ZSRR wysyłał swych żołnierzy w świat, zawsze towarzyszyli im wywiadowcy.

Dodam, że informacje podawane przez Friedmana zwykle się potwierdzają. Nikt tak jak on nie poznał rosyjskiej mafii w USA. „Zaangażowany

1 http://robert-friedman-red-mafiya.blogspot.com/2007/09/robert-friedman-red-mafiya-jewish--mafia_1596.html
2 http://robert-friedman-red-mafiya.blogspot.com/2007/09/robert-friedman-red-mafiya-jewish--mafia_1596.html

zawodowiec [...]. Pozwy i groźby śmierci szły za nim przez całe życie [...]. Ale od sądów nie ucierpiał, bo nigdy nie popełnił poważniejszego błędu [...]. Jego reportaże miały moc niewygodnej prawdy" – pisano o nim po jego śmierci w roku 2002[1].

Rosyjski wywiad wojskowy GRU w tej opowieści jeszcze powróci. Na razie my powróćmy do Lublina. I do funkcjonariusza UOP-u Zbigniewa Niezgody.

ZAGINIONE PAPIERY LUŚNI

Niestety, Zbigniew Niezgoda zmarł w roku 2015, ale zostawił wielu przyjaciół, którzy chętnie go wspominają. O nieżyjących zwykle nie mówi się źle – jednak nawet o zasłużonych zmarłych rzadko można usłyszeć tyle dobrych słów: „Kryształowa postać", „Państwowiec", „Honorowy człowiek".

Jednym z przyjaciół Niezgody był Włodzimierz Blajerski – prokurator krajowy w stanie spoczynku. W PRL-u działał w antykomunistycznym podziemiu. W latach 1983–1984 był więziony przez komunistów. W wolnej Polsce był działaczem ZChN-u, pełnił też funkcję wiceministra spraw wewnętrznych. W 1993 r. zaczął pracować jako prokurator. Kierował Prokuraturą Apelacyjną w Lublinie. Jest też współzałożycielem inicjatywy Ujawnić Prawdę – grupy weteranów podziemia, która walczy o demaskację byłych esbeków.

Gdy w czerwcu 2016 r. napisałem o związkach Macierewicza z Luśnią, na portalu Fronda do sprawy odniósł się prawicowy dziennikarz Wojciech Sumliński[2], który zaprezentował Macierewicza jako niewinną ofiarę przewrotnych esbeckich intryg Luśni. Obok Macierewicza ofiarą takich samych intryg miał być Blajerski. Jednak sam Blajerski sprawę Macierewicza widzi inaczej. Jego relację przedstawiłem w „Gazecie Wyborczej" w grudniu 2016 r.[3]. Przekazał mi to, co usłyszał od Niezgody. W lubelskim UOP-ie Niezgoda miał się dowiedzieć o dokumentach obciążających Roberta Luśnię i o tym, że Macierewicz je ukrył, aby Luśnię chronić. Było to w tym

1 http://www.villagevoice.com/news/inconvenient-truth-6413027
2 http://www.fronda.pl/a/sumlinski-wyjasnia-dlaczego-atakuje-sie-antoniego-macierewicza-dowiedz-sie,73873.html
3 http://wyborcza.pl/7,75398,21081694,zaginiona-teczka-czlowieka-macierewicza.html

samym czasie, w którym Niezgoda tropił Bogatina. To ciekawa zbieżność. Spójrzmy: Niezgoda śledzi człowieka, który przerzuca nieswoje pieniądze z lewa na prawo. I trafia na Luśnię, o którym nie wiadomo, skąd wziął swoje pieniądze...

Czy Zbigniew Niezgoda odkrył ślady jakichś przekrętów finansowych? Czy Macierewicz krył ewentualne związki Luśni z Bogatinem?

Według Blajerskiego chodziło o esbeckie sprawy. Prokurator uważa, że papiery znalezione przez Niezgodę dotyczyły współpracy Roberta Luśni z komunistyczną Służbą Bezpieczeństwa. Konfidencka przeszłość Luśni nie była wtedy powszechnie znana. Publicznie i ostatecznie zdemaskowano go dopiero w latach 2003–2006. W latach 90. „esbeckie kwity" byłyby dla niego kompromitujące.

Jak dokładnie wyglądała sprawa lubelskich dokumentów Luśni?

TAJEMNICE PEWNEGO AWANSU...

Gdy w latach 90. Blajerski kierował lubelską prokuraturą, nieraz musiał się kontaktować z miejscowym oddziałem UOP-u. Siłą rzeczy – gdy dochodzenia prowadzone przez UOP nabierały rozpędu, trafiały do prokuratury. Aczkolwiek lubelskie źródła mówią, że gdy Macierewicz był ministrem spraw wewnętrznych, UOP w Lublinie popadł w dziwną stagnację. Nie było wielu dochodzeń i nie było rozpędu.

Na początku 1992 r. szefem UOP-u w Lublinie był Adam Taracha. Funkcję jego zastępcy pełnił Jerzy Portka – za komuny esbek działający w strukturach milicji. Ich najwyższym zwierzchnikiem w resorcie spraw wewnętrznych był minister Antoni Macierewicz. A bezpośrednim – główny szef UOP-u Piotr Naimski. Tak, ten sam przyjaciel Macierewicza z harcerstwa. Jego prawa ręka w różnych partiach i instytucjach.

Na przełomie lutego i marca 1992 r. Macierewicz z Naimskim awansowali Tarachę i Portkę. Nagle i niespodziewanie. Jak to tłumaczy prokurator Blajerski? „Ludzie Portki wynosili tajne dokumenty lubelskiego UOP-u" – powiedział mi w roku 2016. „Dzięki tym dokumentom Portka wkupił się w łaski Kaczyńskiego. **Awansowali za to, że dali Macierewiczowi dokumenty na Luśnię.** Portka na miejsce Tarachy został szefem lubelskiego UOP-u. Taracha został zastępcą szefa UOP-u krajowego, w Warszawie. Wiem to wszystko od innego jego zastępcy, Zbyszka Niezgody. Oni Zbyszka eliminowali z UOP-u, jak mogli. Dużo by mógł powiedzieć, ale nie żyje. Niestety, nie zawsze słuchałem wszystkiego, co mówił. Nie zawsze wiedziałem, które informacje są istotne. A on nizał te informacje, wiązał ze sobą".

Czy to znaczy, że Macierewicz krył Luśnię? „Tak. Portka znajdował im kwity na różnych ludzi. Przez to oni mogli ukrywać te kwity, ukrywać prawdę o tych ludziach. I mieć ich w ręku" – odpowiedział Blajerski. Według niego ukrycie dokumentów znalezionych w Lublinie pomogło Luśni, bo opóźniło jego demaskację. Ale w takim razie dlaczego ludzie Macierewicza nie usunęli materiałów kompromitujących Luśnię we wszystkich esbeckich archiwach? Gdyby wyczyścili to warszawskie, Luśnia nigdy nie zostałby zdemaskowany. Czy Macierewicz aż do tego stopnia nie panował nad swoimi archiwami? A może lubelskie papiery bardziej kompromitowały Luśnię? Bardziej nawet niż to, co zostało w Warszawie? Może dotyczyły spraw i powiązań jeszcze brudniejszych niż esbeckie? Może dlatego zajęto się nimi w pierwszej kolejności?

Na resztę mogło zabraknąć czasu. W czerwcu 1992 r. upadł prawicowy rząd Jana Olszewskiego. Razem z rządem upadł Macierewicz.

...I PEWNEJ DYMISJI

Adam Taracha i Jerzy Portka awansowali nagle w dniach od 29 lutego do 1 marca 1992 r. Co ciekawe, w aktach sprawy lustracyjnej Roberta Luśni czytamy, że właśnie wtedy był on sprawdzany przez UOP. Dokładnie w tym samym czasie... I jakimś cudem UOP nie znalazł w przeszłości Luśni niczego złego. „Nonparel" został zdemaskowany dopiero w latach 2003–2006.

Kto wie, może prokurator Blajerski ma rację i tajemnicze zniknięcie lubelskich papierów przyczyniło się do opóźnienia tej demaskacji?

Trzy miesiące później, pod koniec maja, Sejm przyjął „uchwałę teczkową". Realizując ją, Macierewicz opublikował słynną „listę agentów", na której zamieścił współpracowników esbecji razem z ludźmi niewinnymi. To spowodowało upadek rządu Olszewskiego. Po tym upadku, a dokładnie na początku czerwca Macierewicz z Naimskim musieli opuścić Ministerstwo Spraw Wewnętrznych i UOP. 7 lipca 1992 r. stanowisko stracił Taracha, ale Portka pozostał szefem lubelskiego oddziału przez następny rok. I według wielu informatorów tak kierował tą placówką, że doprowadził Zbigniewa Niezgodę do odejścia ze służby. Czy prześladował go za to, że Niezgoda nie chciał się pogodzić z ukryciem dokumentów obciążających Luśnię? I z rolą, jaką Portka odegrał w całej sprawie? A może mścił się za aresztowanie Bogatina?

Możliwa jest też hipoteza, według której sprawa Luśni i sprawa Bogatina łączyłyby się ze sobą. Wtedy zemsta dotyczyłaby obu tych spraw.

Tak się składa, że znany dominikanin, o. Ludwik Wiśniewski, był przewodnikiem duchowym Niezgody. Zakonnik powiedział mi, że jego przyjaciel honorowo opuścił służbę. Poszło o zasady. Jeden z kolegów Niezgody, wieloletni pracownik lubelskiego UOP-u, opowiada o całej historii bardziej szczegółowo. „Portka to było nieporozumienie" – mówi. Przyznaje, że Niezgoda mógł być w sporze ze swoim szefem Tarachą. A spór ten mógł dotyczyć Portki. Możliwe, że Portka chciał odciąć Niezgodę od esbeckich dokumentów. Kolega Niezgody dodaje też, że dużym zaskoczeniem było nagłe i trwałe zbliżenie między Tarachą a Macierewiczem i Naimskim. „To nie było naturalne, Taracha wywodził się z zupełnie innych środowisk" – stwierdza.

Żeby dowiedzieć się więcej, zwróciłem się do osób, które zaraz potem przejęły kierowanie lubelskim UOP-em. Tadeusz Żywiec pełnił obowiązki szefa w pierwszych dniach po odejściu Portki. Zapytałem go o przyczyny konfliktu Niezgody z jego przełożonymi Tarachą i Portką.

W odpowiedzi Żywiec się roześmiał: „Proszę zadzwonić za dwa tygodnie. Zastanowię się, czy z panem o tym rozmawiać". Po dwóch tygodniach zadzwoniłem. „Nie, nie będę z panem o tym rozmawiał" – westchnął Żywiec.

Po Żywcu szefem lubelskiego UOP-u został Marek Pawlikowski. Miałem do niego tzw. „dobre dojście". Pawlikowskiemu zarekomendował mnie jego stary znajomy, dziennikarz. I Pawlikowski powiedział mi, że chce rozmawiać. Ale poprosił, żeby najpierw wysłać pytania drogą e-mailową. Wysłałem... i kontakt się urwał. Pawlikowski nie odpowiadał na e-maile i SMS-y. Nie odbierał telefonu. Tych SMS-ów, maili i telefonów było co najmniej kilkanaście. Ale adresat nie odpisywał, nie reagował. Nie napisał nawet, żeby dać mu spokój. Jak gdyby kontakt ze mną też mógł być źródłem kłopotów.

Odbyłem również rozmowy z dwoma byłymi dowódcami służb specjalnych. Jeden z nich wywodzi się z opozycji antykomunistycznej. Drugi to stary PRL-owski wyga. Obaj mają stopień generała.

Pierwszy z generałów powiedział mi, co następuje. Awans Tarachy z Lublina do centrali faktycznie był spektakularny. Zaraz po tym awansie Naimski spotkał się równocześnie ze wszystkimi szefami lokalnych oddziałów UOP-u. „Powiedział im coś takiego: «Patrzcie, od was niczego nie można się dowiedzieć. Trzeba was pytać. Nic sami nie mówicie»".

Czy w ten sposób stawiał im za wzór Tarachę? Czy chciał im powiedzieć: „Spójrzcie, kolega sam z siebie coś mi przyniósł ze swojego oddziału – i zobaczcie, jak wysoko zaszedł!"?

Drugi generał nie chciał mówić. Ale przyznał, że pamięta Portkę. A jeszcze bardziej to, co o nim mówiono w SB. Otóż w PRL-u Portka miał być szkolony na „nielegała" (szpieg działający za granicą i posługujący się fałszywą zagraniczną tożsamością). Ale w końcu nie wysłano go w świat. Nie został Jamesem Bondem na Zachodzie, tylko milicjantem w Lublinie. Według generała Portka miał o to żal do kierownictwa SB.

Po tej rozmowie przejrzałem jeszcze raz swoje notatki, ponownie przesłuchałem nagrania. Okazało się, że przegapiłem coś ciekawego, co powiedział mi jeden z lubelskich rozmówców. Coś, co być może stanowi odpowiedź na jedno z pytań, które sobie zadawałem.

Otóż niedługo po tym, jak Portka wypchnął Zbigniewa Niezgodę ze służby, sam stracił swoje stanowisko. A w 1996 r. został usunięty z UOP-u. Dlaczego? Powody mogły być różne i skomplikowane (piszę o nich dalej w podrozdziale „Losy Jerzego Portki"). Tutaj zacytuję swojego lubelskiego rozmówcę: „I jeszcze rzecz, którą usłyszałem od jednego z funkcjonariuszy. Były zgłaszane czyjeś nieewidencjonowane kontakty z białoruskim KGB [cywilne służby specjalne w dawnym ZSRR i w krajach postsowieckich – T.P.]. Gdzieś poza Lublinem. Potem Portka dość szybko pożegnał się z firmą. Mogło być więcej takich historii".

Gdy znowu przeczytałem tę wypowiedź, zadałem sobie pytanie, jak często rozżalenie na kierownictwo pchało polskich esbeków do wiązania się ze służbami zza wschodniej granicy.

W PRL-u to nie była zdrada. Albo „prawie nie była".

Oczywiście, mówię o funkcjonariuszach komunistycznego aparatu represji, którzy poczuwali się do lojalności nie tylko wobec „Polski Ludowej", ale całego sowieckiego imperium. Oni mogli to traktować jak coś w rodzaju apelacji. Mocno nieregulaminowe, ale jednak odwołanie się do zwierzchników swoich zwierzchników... Choć oczywiście polscy szefowie nie powinni o tym „nieregulaminowym odwołaniu" wiedzieć!

Ta kwestia w naszej opowieści jeszcze powróci.

MACIEREWICZ WIEDZIAŁ OD DAWNA

Podsumujmy: według prokuratora Blajerskiego już w roku 1992 Macierewicz wiedział o kompromitującej przeszłości Luśni. Zapewne o jego współpracy z SB. Być może o czymś jeszcze gorszym. Mimo to zdecydował się go kryć. Wiemy, że świadomie współpracował z Luśnią przez następne lata. I jeszcze dziś, gdy piszę te słowa, figuruje razem z nim we władzach fundacji Głos.

A może dla Macierewicza lubelskie papiery Luśni nie były żadnym zaskoczeniem? Może już wcześniej wiedział o jego roli konfidenta?

W latach 80. niektórzy działacze podziemia szeptali o współpracy Luśni z SB. Albo nawet mówili o tym półgłosem. Tomasz Wołek – wówczas aktywista Ruchu Młodej Polski, obecnie publicysta – wspomina, że w pierwszej połowie lat 80. obracał się w środowiskach od Luśni „odległych". Ale pamięta, że nawet w tych środowiskach była mowa o „esbeckich konszachtach" Luśni.

Inne źródło – działacz Niezależnego Zrzeszenia Studentów – mówi, że Robertowi Luśni zarzucano współpracę z SB już w roku 1983. Wyglądało to tak: drukarnia NZS potrzebowała papieru do produkcji nielegalnych ulotek. Luśnia go dostarczył i okazało się, że jest to papier kremowy specjalnej jakości. Wówczas dysponowało nim wyłącznie komunistyczne Ministerstwo Spraw Zagranicznych. Sprawa wzbudziła podejrzenia – i jeden z działaczy oskarżył Luśnię o układ z władzą.

Jeszcze inne źródło – wybitny duchowny – podaje, że w tamtym okresie członkowie młodzieżowych wspólnot wyznaniowych, nie tylko zresztą katolickich, ostrzegali się nawzajem przed Luśnią: „On coś kombinuje z SB".

Czy w tamtych latach Macierewicz mógł o tym wszystkim nie wiedzieć?

POZWU NIE BYŁO

W grudniu 2016 r. opublikowałem w „Gazecie Wyborczej" artykuł, w którym zacytowałem oskarżenia Włodzimierza Blajerskiego. Każdy mógł przeczytać, że według prokuratora krajowego Antoni Macierewicz ukrył teczkę konfidenta SB Roberta Luśni, aby go chronić i szantażować.

Ministerstwo obrony zapowiedziało, że pozwie „Gazetę Wyborczą" za moje publikacje.

Do tej pory tego nie zrobiło.

CZĘŚĆ DRUGA

SPRAWA LUŚNI

POLITYKA I SOWIECKI WYWIAD GRU

Napisałem, że Macierewicz współpracował z Luśnią, wiedząc o jego kompromitującej przeszłości. Jak bliska była to współpraca? W poprzedniej części opisałem biznesowe związki Macierewicza i Luśni. Jednak współpraca biznesowa była częścią znacznie szerszej współpracy politycznej. Jako politycy Macierewicz i Luśnia byli dosłownie nierozłączni – przynajmniej do 2003 r. Aczkolwiek wiele wskazuje na to, że mieli kontakty także i później.

Sam Macierewicz przyznaje, że zna Luśnię od 37 lat. Gdy w czerwcu 2016 r. opublikowałem pierwszy tekst o ich wieloletniej współpracy, ministerstwo oświadczyło, co następuje: „Minister Antoni Macierewicz poznał Roberta Luśnię poprzez Wojciecha Ziembińskiego [działacza opozycji niepodległościowej – przyp. T.P.], który polecił go jako młodego człowieka do pomocy w Ośrodku Badań Społecznych w 1980 r."[1].

Chodzi o Ośrodek Badań Społecznych przy słynnym opozycyjnym związku zawodowym NSZZ „Solidarność". W tym ośrodku Macierewicz pełnił funkcję sekretarza naukowego (przychylne ministrowi źródła internetowe podają nawet, że faktycznie kierował placówką).

W następnych latach ta znajomość trwała. I wszystko wskazuje na to, że panowie dobrze się dogadywali.

Esbecki szyfrogram z 12 lutego 1982 r. podpisany przez majora Aleksandra Siwka (naczelnika Wydziału III-Z Komendy Stołecznej Milicji Obywatelskiej) podaje, że Luśnia to „zaufany kontakt Macierewicza". Tę informację potwierdza Maciej Wrześniowski, w latach 80. drukarz antykomunistycznego podziemia.

1 http://centrumprasowe.pap.pl/cp/pl/news/info/57078,25,oswiadczenie-mon-ws-artykulu-w-gazecie-wyborczej-(komunikat)

Według Wrześniowskiego Luśnia był ambitnym młodym człowiekiem z biednej, proletariackiej rodziny. Macierewicz się nim zaopiekował, a potem ciągnął go za sobą przez całe życie.

Wiele źródeł mówi o młodym Luśni podobnie. Opisują kogoś w rodzaju Misiewicza. Niczym słynny rzecznik ministerstwa obrony Luśnia miał być naiwnym młodzieńcem ślepo wpatrzonym w Macierewicza, a jego mentor i guru miał mu odpłacać opieką oraz żelazną lojalnością – podobnie jak odpłaca dzisiaj Misiewiczowi.

NIEROZŁĄCZNI ZAKŁADACZE I ROZBIJACZE

Po upadku komunizmu Macierewicz i Luśnia razem tworzyli kolejne partie i grupy polityczne. Gdzie był Antoni, tam i Robert. W 1989 r. obaj panowie wspólnie zakładali Zjednoczenie Chrześcijańsko-Narodowe. A potem wspólnie je rozbijali. Na początku lat 90. Macierewicz oskarżał przewodniczącego tej partii, legendarnego działacza niepodległościowego Wiesława Chrzanowskiego, o współpracę z komunistycznymi służbami specjalnymi w latach 50. Z różnych źródeł wiem, że w akcji Macierewicza uczestniczył Luśnia. Co więcej, po publikacji mojego pierwszego artykułu o Luśni słynny adwokat i polityk Roman Giertych wystąpił na antenie TVN24 i powiedział, że w 1992 r. Macierewicz wysłał Luśnię do Chrzanowskiego z pistoletem. W ten sposób miał sugerować Chrzanowskiemu popełnienie samobójstwa...

Do końca nie wiadomo, czy w tej sprawie Roman Giertych jest bezstronnym źródłem. On sam miał problemy z oboma panami.

Wyglądało to tak: po burzliwym odejściu z ZChN-u Macierewicz i Luśnia tworzą Ruch Katolicko-Narodowy. Partia ta nawiązuje sojusz wyborczy z Ligą Polskich Rodzin, na której czele stoi właśnie Giertych. Dzięki temu w 2001 r. Macierewicz i Luśnia wchodzą do Sejmu z list LPR-u.

Ale gdy Giertych zakłada w Sejmie poselski klub LPR, Macierewicz z Luśnią zaraz mu go rozbijają. Wspólnie z niego wychodzą, pociągając za sobą jeszcze trzy osoby. I zakładają odrębne koło posłów RKN.

Jak widać, Macierewicz z Luśnią razem zakładali i razem rozbijali. Razem wchodzili i razem wychodzili... Aż przyszedł rok 2003.

SOLIDARNI WOBEC LUSTRACJI (LUŚNI)

W 2003 r. Rzecznik Interesu Publicznego – odpowiedzialny za weryfikację ewentualnej esbeckiej przeszłości parlamentarzystów – oskarżył posła Luśnię o kłamstwo lustracyjne.

Tym samym ujawnił jego współpracę z SB.

Co wtedy zrobił Macierewicz?

Gdy w czerwcu 2016 r. opublikowałem pierwszy artykuł o Luśni, ministerstwo obrony przedstawiło swoją wersję tamtych wydarzeń: „O zarzutach współpracy Roberta Luśni z SB minister Macierewicz dowiedział się w momencie, gdy informację tę przekazał Rzecznik Interesu Publicznego, weryfikując oświadczenia poselskie. Od razu Robert Luśnia został zawieszony, a następnie wydalony z Ruchu Katolicko-Narodowego i z koła poselskiego [...]. Minister Macierewicz NIE utrzymuje żadnych kontaktów z Robertem Luśnią. Natychmiast po uzyskaniu wiedzy o współpracy pana Luśni został on wydalony z RKN, było to kilkanaście lat temu. Od tamtego czasu minister Macierewicz nie widział się i nie rozmawiał z Robertem Luśnią"[1].

Tymczasem prokurator krajowy Włodzimierz Blajerski mówi nam, że minister o współpracy Luśni z SB wiedział już w roku 1992. Komu wierzyć?

Ja na pewno bardziej wierzę Blajerskiemu. Chociażby dlatego, że w innej części oświadczenia ministerstwo skłamało w sposób jawny i łatwy do sprawdzenia. Według ministerstwa Luśnia został zawieszony w RKN, a następnie wydalony z tej partii „kilkanaście lat temu". Doszło do tego „natychmiast po uzyskaniu wiedzy o jego współpracy", czyli wtedy, „gdy informację tę przekazał Rzecznik Interesu Publicznego, weryfikując oświadczenia poselskie".

Zatem to wszystko miałoby się stać w roku 2003. Zaraz po tym, jak zaczęła się sprawa lustracyjna Luśni.

Jednak w aktach sądowych czytamy coś zupełnie innego. Wpis w VII Wydziale Rejestrowym Sądu Cywilnego w Warszawie mówi wyraźnie, że **do 2010 r. Luśnia pozostawał w partii Macierewicza, a nawet w jej władzach**. Zatem przez siedem lat po oskarżeniu go o kłamstwo lustracyjne przez Rzecznika Interesu Publicznego. Trzy lata po tym, jak Sąd Najwyższy ostatecznie uznał go za kłamcę i konfidenta.

---

1 http://centrumprasowe.pap.pl/cp/pl/news/info/57078,25,oswiadczenie-mon-ws-artykulu-w-gazecie-wyborczej-(komunikat)

Każdy, kto chce, może sprawdzić ten wpis w internecie, na stronie Internetowego Monitora Sądowego i Gospodarczego[1].

Gorzej: z innego wpisu w IMSiG wynika, że w 2004 r. Luśnia został członkiem zarządu głównego partii Macierewicza. A więc w rok po tym, jak Luśnia został oskarżony o kłamstwo lustracyjne przez Rzecznika Interesu Publicznego. W rok po tym, jak Macierewicz miał go wyrzucić z partii!

Wpis ten – z którego usunąłem adresy osób w nim wymienionych – brzmi tak: „Postanowieniem z dnia 4.10.2004 r. Sąd Okręgowy w Warszawie, Wydział VII Cywilny Rejestrowy, w składzie: Przewodniczący SSO Beata Karczewska-Mazur, po rozpoznaniu w dniu 4.10.2004 r. na posiedzeniu niejawnym sprawy z wniosku Partii Ruch Katolicko-Narodowy o wpisanie do ewidencji partii politycznych zmian, postanawia wpisać do księgi ewidencji partii politycznych pod numerem ewidencyjnym 76: 1) w rubryce 5: imiona, nazwiska i adresy osób wchodzących w skład organów reprezentowania:

Antoni Macierewicz – Prezes – [...]

Jerzy Czerwiński – członek Zarządu Głównego – [...]

Robert Luśnia – członek Zarządu Głównego – [...]".

Również ten wpis jest dostępny na stronie IMSiG[2].

W oświadczeniu ministerstwa czytamy też, że Macierewicz nie spotykał się z Robertem Luśnią od chwili, w której Rzecznik Interesu Publicznego postawił Luśni zarzut kłamstwa lustracyjnego i współpracy z SB. Czyli najpóźniej od roku 2003.

Cytuję raz jeszcze: „O zarzutach współpracy Roberta Luśni z SB minister Macierewicz dowiedział się w momencie, gdy informację tę przekazał Rzecznik Interesu Publicznego, weryfikując oświadczenia poselskie [...]. Minister Macierewicz NIE utrzymuje żadnych kontaktów z Robertem Luśnią. Natychmiast po uzyskaniu wiedzy o współpracy pana Luśni został on wydalony z RKN, było to kilkanaście lat temu. Od tamtego czasu minister Macierewicz nie widział się i nie rozmawiał z Robertem Luśnią".

To znowu nieprawda. Są źródła i są świadkowie, według których po 2003 r. Macierewicz nadal spotykał się z Luśnią.

1 http://www.imsig.pl/pozycja/2010/151/9867,RUCH_KATOLICKO-NARODOWY
2 http://www.imsig.pl/pozycja/2004/235/12638,Partia_Ruch_Katolicko-Narodowy

I W KOŚCIELE, I POD SĄDEM

W czerwcu 2016 r., po moim pierwszym artykule o Macierewiczu i Luśni, skontaktował się ze mną mój znajomy, Maciej Wrześniowski. Znam Macieja z branży reklamowej. Wiedziałem, że w latach 1982–1985 działał w antykomunistycznym podziemiu, że komuniści zamknęli go w areszcie na Białołęce, gdzie prowadził strajk głodowy...

Nie miałem jednak pojęcia, że znał Luśnię.

„Poznałem Roberta Luśnię około 1983, 1984 r." – powiedział mi po przeczytaniu mojego artykułu. „Był kolegą Marty Umińskiej, matki mojego pierwszego dziecka". O tym, że Luśnia był konfidentem, Maciej dowiedział się po roku 2001: „Wydarzyło się to przy okazji tamtych wyborów do Sejmu. Luśnia zdobył mandat i musiał złożyć oświadczenie lustracyjne, które zweryfikowano potem negatywnie. Nie widziałem Luśni przez wiele lat, bo chodzimy innymi drogami. Ku mojemu wielkiemu zaskoczeniu spotkałem go na pogrzebie matki Marty Umińskiej". Kiedy był ten pogrzeb? – zapytałem. „W roku 2014" – odpowiedział Maciej. „Poszedłem wtedy na mszę żałobną na Mokotowie, do kościoła zaraz przy Spartańskiej, gdzie nieboszczka mieszkała. Tam zobaczyłem Luśnię w towarzystwie Antka Macierewicza oraz innych ludzi, których znałem z czasów, gdy wydawali w latach 80. magazyn podziemny «Wiadomości». Wywodzili się z drużyny harcerskiej «Czarna Jedynka» i określali siebie jako prawicę KOR-owską. Bardzo mnie zdziwiło, że udokumentowany kłamca lustracyjny, czyli po prostu współpracownik SB, pojawił się na takim spotkaniu w towarzystwie ludzi, którzy byli bardzo radykalni w ocenie moralnej tego rodzaju współpracy". Może tylko szli w kondukcie pogrzebowym, a Luśnia sam się do nich przyłączył? „Nie. Oni stali razem w kościele, obok siebie. Nie rozmawiali, bo nie była to okoliczność sprzyjająca dyskusjom. Ale ewidentnie stanowili grupę, byli razem. Przywitali się". Podali sobie ręce? – dociekałem. „Tak" – rozwiał wszelkie wątpliwości Wrześniowski.

Wrześniowski przypomniał sobie o tym spotkaniu w kościele rok później. Wtedy, gdy Ludwik Dorn – przez lata kolega Macierewicza z antykomunistycznego podziemia, potem ze środowisk prawicowych – zdecydował, że w wyborach do Sejmu wystartuje z listy PO.

Macierewicza zapytano wtedy o tę decyzję Dorna. „Dorn? Kto to jest Dorn?" – odpowiedział.

„Wtedy znowu stanęło mi przed oczami to, co widziałem podczas nabożeństwa: uścisk dłoni z Luśnią".

Po tym, jak skończyliśmy tę rozmowę, Maciej Wrześniowski dosłał mi jeszcze krótkie oświadczenie w sprawie Luśni. Odniósł się w nim również do tego, że Luśnia w latach 80. wydał Służbie Bezpieczeństwa sprzęt drukarski, na którym pracowali jego koledzy z podziemia. Cytuję: „Moi koledzy i ja w 1982 czy 1983 r. nie mieliśmy praktycznie żadnego sprzętu poligraficznego. Próbowaliśmy robić farbę z sadzy i jakiegoś oleju, używaliśmy matryc woskówkowych i pociętych płatów flaneli. Prawdziwy powielacz był prawdziwym marzeniem, o offsecie nawet nam się wtedy nie śniło. I z tego punktu widzenia wydawanie sprzętu w ręce SB lub co gorsza sprzedawanie go milicji było podłością najwyższego kalibru. Dlatego tak zadziwia mnie Macierewicz. Z jednej strony utrzymuje kontakty z konfidentem wyjątkowo paskudnym. A z drugiej strony zagadnięty przez dziennikarza o Ludwika Dorna, który tylko wystartował do Sejmu z listy PO, pyta: «Kto to jest Dorn?», traktując go jak *persona non grata*".

Oświadczenie Wrześniowskiego zamieściła „Gazeta Wyborcza"[1]. Po tej publikacji do gazety napisał Luśnia. Zaprzeczył, jakoby w 2014 r. spotkał Macierewicza w kościele. Zaprzeczył też kilku innym faktom, które ujawniłem. Stwierdził, że nie mógł samowolnie, bez zgody innych członków władz Herbapolu Lublin przelać pieniędzy spółki firmie Macierewicza. Bo, jak tłumaczył, w Herbapolu nie można było wydać dyspozycji przelewu, nie mając zgody drugiego członka władz. W związku z tym wszystkim Luśnia zażądał sprostowania.

Prawnicy „Gazety Wyborczej" poprosili go wtedy, żeby sprecyzował, w jaki sposób przekazał te pieniądze firmie Macierewicza, skoro ich nie przelał...

Bardzo słusznie. Są przecież tacy, co wożą walizki pełne banknotów. Po tej odpowiedzi Luśnia zamilkł. A w każdym razie nie dotarło do mnie żadne kolejne jego pismo w tej sprawie.

Ale nie tylko Wrześniowski widział Antoniego Macierewicza w towarzystwie TW „Nonparela" po jego demaskacji. Rozmawiałem z pewnym człowiekiem – nazwijmy go panem Z. – który zobaczył Macierewicza i Luśnię, podczas gdy sprawa „Nonparela" była już w sądzie. Panowie spotkali się pod

1 http://wyborcza.pl/1,75398,20320059,macierewicz-lusnia-i-spotkanie-w-kosciele.html

budynkiem sądowym, w którym miała się zacząć rozprawa lustracyjna. Był z nimi adwokat Luśni, Andrzej Lew-Mirski. Pan Z. powiedział mi: „W razie potrzeby mogę wystąpić w sądzie i zeznać pod przysięgą, że widziałem to spotkanie".

MECENAS I JEGO SYN

Kim jest mecenas Andrzej Lew-Mirski? To zaufany prawnik Macierewicza, a zarazem obrońca Luśni. Reprezentował go przed sądem aż do samego końca, do ostatecznego wyroku z 2006 r.

Lew-Mirski współpracuje z Macierewiczem od lat. Był jego przedstawicielem w licznych procesach. Teraz, gdy Macierewicz został ministrem obrony, Lew-Mirski podpisał kontrakt z jego ministerstwem. Ten kontrakt zapewnia mecenasowi ok. 120 tys. zł rocznie. Za co? Za usługi szczególnej wagi: prawnik reprezentuje ministerstwo w sprawach cywilnych związanych z katastrofą smoleńską. A dokładnie w procesach, podczas których decyduje się o wysokości odszkodowań dla rodzin ofiar katastrofy[1].

Warto odnotować również, że syn adwokata – Maciej Lew-Mirski – w 2007 r. był członkiem komisji ds. weryfikacji Wojskowych Służb Informacyjnych (WSI). Komisja zmierzała do zlikwidowania ówczesnego wywiadu i kontrwywiadu wojskowego; przez ponad rok przewodniczył jej Macierewicz[2].

Prawicowe media określają Macieja Lew-Mirskiego jako współtwórcę SKW, czyli Służby Kontrwywiadu Wojskowego, założonej przez Macierewicza w miejsce WSI[3]. Syn adwokata w grudniu brał udział w nocnym wtargnięciu ludzi Macierewicza do Centrum Eksperckiego Kontrwywiadu NATO[4], mimo że nie pełnił wtedy żadnej formalnej funkcji w kontrwywiadzie wojskowym...

1 http://wyborcza.pl/1,75398,20197332,posady-w-mon-i-skw-dla-adwokatow-antoniego-macierewicza-niejasne.html

2 http://www.hfhrpol.waw.pl/przeszlosc-rozliczenia/images/stories/rozliczenia/2008-11-25_hfhr_pismo_mon.pdf

3 http://wpolityce.pl/polityka/170878-milczenie-zolnierzy-wsi-oznacza-ze-oni-juz-siedza-przy-stole-przy-ktorym-wazy-sie-przyszly-ksztalt-kontrwywiadu-wojskowego-nasz-wywiad-ze-wspoltworca-skw

4 http://wyborcza.pl/1,75248,19376782,pis-pruje-szafy-nato-centrum-kontrwywiadu-zajete.html

Obecnie – w maju 2017 r. – Lew-Mirski junior zarządza Polską Grupą Zbrojeniową (PGZ)[1]. Według IMSiG od lutego 2016 r. jest członkiem zarządu koncernu[2].

PGZ jako koncern państwowy podlega Macierewiczowi. O nominacjach w tej spółce decyduje minister obrony. Gdy piszę te słowa, wciąż jeszcze tak jest, chociaż po głośnej aferze z ciepłą posadką w PGZ dla Bartłomieja Misiewicza władza nad koncernem miała zostać Macierewiczowi odebrana. Polską Grupę Zbrojeniową miał przejąć wicepremier Mateusz Morawiecki i jego Ministerstwo Rozwoju. Mówiono, że taką decyzję podjął sam prezes PiS-u, Jarosław Kaczyński. Ale niedługo potem zdarzyło się coś bardzo podobnego do powyborczej sytuacji z niedoszłym ministrem obrony Jarosławem Gowinem.

Wicepremier i minister rozwoju Mateusz Morawiecki za pośrednictwem TVN24 oraz licznych innych mediów oświadczył, że wcale nie chce PGZ!

25 kwietnia 2017 r. cała Polska usłyszała od wicepremiera, że koncern znajduje się w stanie „bardzo dobrej podległości" wobec ministerstwa obrony. „Nie chciałbym, by Polska Grupa Zbrojeniowa podlegała mojemu resortowi" – powiedział[3].

Czy wicepremier dostał jakąś „propozycję nie do odrzucenia"? Można by zapytać, po co Macierewiczowi adwokat, skoro rzuca na kolana nawet Morawieckiego – wicepremiera i finansistę.

Mecenas Andrzej Lew-Mirski jednak się przydaje. Sprawa Luśni pokazuje, że podejmuje się on zleceń, których inni mogliby się brzydzić. O czym zaraz się przekonamy.

---

1 http://wyborcza.pl/1,75398,20197332,posady-w-mon-i-skw-dla-adwokatow-antoniego-macierewicza-niejasne.html

2 http://www.imsig.pl/pozycja/2016/27/KRS/29976,POLSKA_GRUPA_ZBROJENIOWA_SP%C3%93%C5%81KA_AKCYJNA

3 http://www.pap.pl/aktualnosci/news,911484,morawiecki-nie-chcialbym-by-pgz-podlegala-mojemu-resortowi.html

SMOLEŃSKI TW „NIL" I JÓZEF NADWORSKI

W 2013 r. pisarz i dziennikarz śledczy Tomasz Sekielski zaszokował polską opinię publiczną. W programie „Po prostu" na antenie TVP ujawnił nieznane dotąd informacje o jednym z „ekspertów smoleńskich" Macierewicza[1]. Ogłosił, że profesor Chris (Krzysztof) Cieszewski figuruje w esbeckich archiwach jako TW „Nil".

Cieszewski jest specjalistą od drzew (a dokładnie od biometrii leśnej). To on twierdzi, że brzoza, z którą prawdopodobnie zderzył się smoleński tupolew, nie mogła spowodować katastrofy. Określano go nieraz jako członka Zespołu Parlamentarnego ds. Zbadania Przyczyn Katastrofy Tu-154M (tzw. zespołu ekspertów Macierewicza). Profesor jednak podkreśla, że członkiem tego zespołu nie był – współpracował z nim tylko jako konsultant naukowy. Cieszewski doradza również ministrowi środowiska, Janowi Szyszce, w kwestii wycinki Puszczy Białowieskiej. Na przełomie lat 70. i 80. był działaczem antykomunistycznego podziemia. Należał do Niezależnego Zrzeszenia Studentów i kolportował „Głos" – gazetę Macierewicza. W 1983 r. legalnie wyjechał na Zachód.

W świetle rewelacji Sekielskiego to ostatnie mogło wyglądać jak nagroda za współpracę z esbecją. Kto z ramienia SB opiekował się Cieszewskim? Oficer Józef Nadworski. Tak się składa, że ten sam esbek zajmował się Robertem Luśnią. Nadworski był głównym opiekunem Luśni, tzw. oficerem prowadzącym. Słuchał jego donosów, płacił mu, udzielał rad i wskazówek. To on go zwerbował.

Co ciekawe, w wypadku Cieszewskiego ktoś próbował zniszczyć ślady relacji między nim a Józefem Nadworskim. Sekielski znalazł w archiwach notatkę dotyczącą Cieszewskiego i podpisaną przez Nadworskiego. Ten podpis zaczerniono. Na szczęście dziennikarz ze swoją ekipą zdołał go odtworzyć.

Nadworski wystąpił w programie Sekielskiego pod nazwiskiem (choć nie pokazał twarzy)[2]. Próbował wtedy bronić Cieszewskiego. Mówił, że pamięta go ze swojej pracy. Ale zarazem nie przypominał sobie, aby Krzysztof Cieszewski był zarejestrowany jako TW.

1 https://www.youtube.com/watch?v=snC6rnDDH6g
2 https://www.youtube.com/watch?v=-rQRyugA-bc

To dziwne – tym bardziej że Nadworski jednocześnie bronił wiarygodności esbeckich archiwów i rzetelności procedur SB. Upierał się, że ktoś zarejestrowany jako konfident na pewno jest konfidentem. Twierdził, że to wykluczone, by Cieszewski mógł legalnie wyjechać na Zachód bez zgody Służby Bezpieczeństwa.

Same sprzeczności, których esbek w rozmowie z Sekielskim nie wyjaśnił.

Profesora Cieszewskiego bronił również sam Macierewicz, który wystąpił w telewizji i zarzucił Sekielskiemu użycie sfałszowanych dokumentów[1].

Był to niezwykły spektakl. Bo dotąd Antoni Macierewicz – jak się wydawało – bardzo wierzył w esbeckie papiery. Posługiwał się nimi, by oskarżać swoich przeciwników o współpracę z SB... Tu jednak chodziło o sojusznika, nie o wroga, więc Macierewicz bardzo elokwentnie podważał autentyczność znalezionych przez Sekielskiego materiałów. Jednak dziennikarz i jego eksperci przekonująco odpierali te zarzuty[2].

Poświęcone Cieszewskiemu odcinki „Po prostu" nadal dostępne są w internecie. Warto się z nimi zapoznać w całości[3].

W lutym 2015 r. sąd lustracyjny w Warszawie wszystkie wątpliwości rozstrzygnął na korzyść Cieszewskiego. Kto przy tej okazji reprezentował go w sądzie, a nawet w mediach? Znowu mecenas Lew-Mirski. Tym razem wybronił podsądnego.

KUPA ŚMICHA?

To interesujące, że obu podejrzanych współpracowników Macierewicza bronił jego zaufany prawnik. To intrygujące, że obaj podejrzani współpracownicy Macierewicza byli pod opieką tego samego esbeka.

Czy Józef Nadworski jest kluczem do tajemnicy Macierewicza? Albo jednym z kluczy?

Dzięki pomocy Tomasza Sekielskiego w maju 2016 r. udało mi się dotrzeć do Nadworskiego. Rozmawiałem z nim przez trzy godziny. Za jego

1 https://www.youtube.com/watch?v=-rQRyugA-bc
2 https://www.youtube.com/watch?v=-rQRyugA-bc
3 https://www.youtube.com/watch?v=snC6rnDDH6g oraz https://www.youtube.com/watch?v=--rQRyugA-bc

zgodą nagrałem tę rozmowę. Do tej pory mam to nagranie – podobnie jak redakcja „Gazety Wyborczej". Zapytałem go o Cieszewskiego. Powiedział mi więcej niż w TVP Info. Przyznał, że się z nim spotykał. I że wciąż ma dostęp do jego teczki...

„Przed chwilą zobaczyłem tam jakąś teczkę tego Cieszewskiego. Kim jest Cieszewski? [...] Kupa śmicha, kupa śmicha [...]. On był tak samo zasłużony, jak ja jestem chudy. Dupek po prostu" – powiedział. Ale zaraz potem dodał, że ten „dupek" oszukał SB: „Wyjechał, bo nas zrobił w konia [...]. Panie, bezpieka wypuściła kogoś, dała paszport. Bo ktoś się okazał cwańszy od nas. Ja nie mówię ode mnie, ja nie byłem od paszportów. Oczywiście byłem tym, który go pilnował".

Spytałem, czy Cieszewski był tajnym współpracownikiem SB, czy też osobą „rozpracowywaną" (a więc człowiekiem tropionym przez esbecję). „Ani to, ani to. Ja parę razy z nim rozmawiałem, ale nie był nikomu do niczego potrzebny" – odpowiedział esbek. Uderzyło mnie to. Bo Nadworski używał bardzo podobnych słów, gdy chwilę wcześniej rozmawialiśmy o Luśni. Też bagatelizował jego rolę. „Wiedza, którą od niego uzyskiwałem dzięki naszym spotkaniom, nie była mi niezbędna [...]. Nie był mi do niczego potrzebny".

ESBEK ROZTRZĘSIONY

To nie była przyjemna rozmowa, aczkolwiek mój rozmówca starał się być uprzedzająco grzeczny. Jest dziś człowiekiem zniszczonym, ciężko chorym, rozżalonym. O ile wiem, niedomaga także finansowo po tym, jak esbekom odjęto przywileje emerytalne.

Gdy rozmawialiśmy, miałem wrażenie, że miota się między dwoma sprzecznymi pragnieniami. Chciał mi powiedzieć jak najmniej, żeby nie robić sobie kłopotów. I równocześnie chciał opowiedzieć jak najwięcej, żeby się wyżalić, pogrzać się w cieple cudzego zainteresowania, wyrzucić z siebie nienawiść do wrogów.

Przede wszystkim pragnął się wybielić. Długo opowiadał o swoim rzekomym esbeckim liberalizmie, o swym „przychylnym" nastawieniu do opozycjonistów, których przecież szpiegował. Przedstawiał siebie jako zwolennika miękkich metod – w przeciwieństwie do „twardogłowych" z wywiadu wojskowego przeniesionych za czasów Jaruzelskiego do Służby Bezpieczeństwa (był to wstrząs dla cywilnej SB, która miała wieloletni konflikt z „wojskówką"). Starał się kontrolować, co mówi. A mimo to od czasu do czasu robił coś absurdalnego – może po to, żeby sprawdzić, jak bardzo ja się kontroluję.

Wiedział, że antysemitą nie jestem – jednak roztaczał przede mną swe antyżydowskie obsesje. Nie powstrzymywałem go. W końcu opowiedział mi wprost o swojej wielkiej nienawiści do Adama Michnika.

O Macierewiczu też mówił źle, ale z mniejszym zaangażowaniem. Określał go jako „chama", bo jego zdaniem Macierewicz zachowywał się niegrzecznie wobec przesłuchujących go esbeków. Nie obyło się bez szczegółów: „Macierewicz pierdział na przesłuchaniach. Pierdział i bekał, żeby pokazać im, gdzie ich ma".

W pewnym momencie Nadworski powiedział: „Gdyby Macierewicz był czyimś agentem, to na pierwszym miejscu obstawiałbym Izrael lub Watykan. Dopiero na trzecim miejscu ruskich". To były dziwne wstawki. Nadworski był roztrzęsiony – ale tylko w kilku chwilach odniosłem wrażenie, że całkiem poddaje się emocjom. Nerwy brały górę, gdy mówił o swoim kompanie Marku Zielińskim.

NAJLEPSZY SZPIEG GRU W POLSCE

Marek Zieliński był kolegą Nadworskiego z SB. Pracował w jednostce o bardziej elitarnym charakterze niż ta, w której działał Nadworski – w Zespole Analiz. Ale obaj blisko ze sobą współpracowali przy zwalczaniu Ruchu Młodej Polski (gdzie tkwił Luśnia).

Wspólnie wydali też pracę naukową z dziedziny socjologii, poświęconą „młodej opozycji"[1].

Po upadku komunizmu zostali wspólnikami biznesowymi. Mieli razem agencję ochrony Dakota. Z niektórych wypowiedzi Nadworskiego wynika, że współdziałali też w branży drukarsko-wydawniczej.

1 J. Nadworski, M. Zieliński, *Geneza i działalność Ruchu Młodej Polski 1976-1985*, Polska Zjednoczona Partia Robotnicza, Akademia Nauk Społecznych, Centrum Studiów Polityki i Propagandy: http://katalog.nukat.edu.pl/lib/item?id=chamo:344956&theme=nukat

Dwaj esbecy do dziś są sąsiadami. Mieszkają w tym samym warszawskim bloku, w tej samej klatce schodowej, na tym samym piętrze.

Ale Zieliński – kolega ze służby, wspólnik biznesowy, sąsiad i współpracownik naukowy Nadworskiego – był kimś więcej niż tylko wybitnym esbekiem. W latach 1981–1993 Marek Zieliński był najważniejszym sowieckim, a potem rosyjskim szpiegiem w Polsce.

Bez wiedzy swoich szefów z SB pracował dla wojskowego wywiadu GRU. Informację tę można znaleźć m.in. w publikacji Konstantego Wojtaszczyka „Polskie Służby Specjalne: słownik" (renomowana praca, polecana przez uczelnie, specjalistów i media, np. „Rzeczpospolitą"), w głośnej książce Grzegorza Chlasty „Czterech" i w wielu innych miejscach[1].

Według tych źródeł Zieliński najpóźniej od 1981 r. donosił „radzieckim towarzyszom" na opozycję i kolegów z SB. Był świadomym i przedsiębiorczym członkiem sowieckiej siatki. Pracował, by ją rozszerzyć, typując kolejnych Polaków do zwerbowania, nierzadko spośród esbecji. Jego raporty trafiały od razu do Biura Politycznego Komunistycznej Partii Związku Radzieckiego. Czyli do najwyższego i najwęższego grona kierującego sowieckim imperium. Towarzysze z Biura Politycznego zapewne chętnie pochylali się nad „przesyłkami od Zielińskiego". Dzięki niemu mogli czytać tajne dokumenty polskich esbeków bez wiedzy szefów SB.

W katalogu IPN-u czytamy, że w 1990 r. Zieliński odszedł z resortu spraw wewnętrznych[2]. Założył wtedy firmę ochroniarską, a potem związek pracodawców ochrony[3]. Według Wojtaszczyka i Chlasty mogło to wynikać z jego pracy dla służb sowieckich: Zieliński wkracza do branży ochroniarskiej i zostaje jej liderem na polecenie GRU.

Ochroniarstwo to znakomita przykrywka dla agentów. Gdy ochroniarz chodzi nocą po biurze, przyglądając się wszystkiemu włącznie z koszami na śmieci, a za dnia pilnie odnotowuje każdego gościa lub interesuje się oprogramowaniem zabezpieczającym komputery – nie budzi to zdziwienia. Przecież on tylko wykonuje swoją robotę...

1 Np. na stronie internetowej TVP Info: http://www.tvp.info/1239477/podsluchuja-werbuja-i-wpadaja
2 http://katalog.bip.ipn.gov.pl/informacje/57402
3 http://www.tvp.info/1239477/podsluchuja-werbuja-i-wpadaja

W 1993 r. Zieliński został aresztowany. I to „na gorącym uczynku" – Urząd Ochrony Państwa zatrzymał go, gdy przekazywał ważne dokumenty niejakiemu Władimirowi Łomakinowi[1].

Kim był Łomakin? Wojskowym attaché rosyjskiej ambasady w Warszawie. Jak łatwo się domyślić, pełnił funkcję łącznika między Zielińskim a GRU. Mógł nawet być jego oficerem prowadzącym. Bo według licznych doniesień medialnych Łomakin był wysokim funkcjonariuszem tego wywiadu[2].

Łomakina wydalono z Polski, a Zieliński usłyszał wyrok. Dziewięć lat więzienia – na tyle skazano byłego esbeka, polskiego superszpiega GRU. Ale Zieliński wyszedł na wolność przed końcem wyroku, już po kilku latach. Od wielu informatorów słyszałem, że znów zajął się działalnością gospodarczą. Aczkolwiek w internetowych rejestrach firm czytamy, że jego interesy prowadzi bliska osoba o tym samym nazwisku. Zapewne trudno się afiszować, gdy dostało się wyrok za szpiegostwo... I trudno też wrócić do branży ochroniarskiej. Dlatego Zieliński obecnie zarządza budynkami i innymi nieruchomościami. Kolejna działalność zawodowa, która daje dużo okazji do szpiegowania.

NADWORSKI SIĘ POGRĄŻA

Gdy rozmawialiśmy o Marku Zielińskim, Nadworski klął. Twierdził, że został przez niego „zasypany". Po swojej wpadce i zatrzymaniu Zieliński miał „wrabiać" Nadworskiego we współpracę z Rosjanami. Ale równocześnie sam Nadworski powiedział, że to on poznał Zielińskiego z jego sowieckim oficerem prowadzącym [!].

Co więcej, w latach 1992–1993, czyli wtedy, gdy śledzono i zatrzymano Zielińskiego, Nadworski też został aresztowany. Spędził rok w areszcie śledczym. Pod jakim zarzutem? Przewodzenie zorganizowanej grupie przestępczej. Grupa miała handlować bronią, czerwoną rtęcią i niewolnicami seksualnymi. To ten sam rodzaj handlu, jakim zajmowała się i wciąż zajmu-

1 http://www.tvp.info/1239477/podsluchuja-werbuja-i-wpadaja
2 Można o tym przeczytać np. tu: http://www.money.pl/gospodarka/wiadomosci/artykul/jak;starzy;szpiedzy;moskwy;pomagaja;polskiej;gospodarce,209,0,128721.html

je organizacja Mogilewicza. Ten sam rodzaj handlu, jaki w latach 90. robiło się z „ruskimi" i „ruskimi służbami".

Spytałem Nadworskiego, czy jego aresztowanie było jakoś związane ze sprawą Zielińskiego. Zaprzeczał temu żarliwie, ale opowiadając o swych ówczesnych kontaktach z rosyjskim szpiegiem, narysował obraz zdumiewający. Polskie służby śledziły Zielińskiego, potem go aresztowały. Zieliński „zasypał" Nadworskiego. Ten się o tym dowiedział, jednak przez cały czas robił z Zielińskim biznesy! Kupił od niego 65 proc. udziałów w agencji ochrony Dakota. Przypomnijmy: mogła to być przykrywka dla działalności szpiegowskiej na rzecz Rosjan. Potem spotkał się z nim, żeby znów odsprzedać te udziały „Zielińskiej, ale i Zielińskiemu". Chciał je odsprzedać tanio, a więc w sposób korzystny dla drugiej strony. Czemu? W rozmowie ze mną sugerował, że chciał się ich pozbyć jak najszybciej – przez wstręt do Zielińskiego.

Powiedział też, że przy tym spotkaniu zdrajcę „strzelił z byka" (znokautował głową). Miało do tego dojść w pawilonach handlowych na warszawskiej Sadybie. „Przybiegł ochroniarz, patrzy na Zielińskiego, który leży na ziemi. «Co to?» pyta. Zobaczyłem plamkę na podłodze, to wycieram ją szmatą. Tak mu powiedziałem" – Nadworski do dziś jest dumny z riposty.

Równocześnie twierdzi, że z Zielińskim wciąż mówią sobie dzień dobry.

PRZERWANA KARIERA OFICERA

W październiku 1985 r. Józef Nadworski odszedł ze służby. Przeniesiono go do rezerwy kadrowej. Z końcem 1987 r. całkowicie usunięto go z SB.

Nadworski twierdzi, że był to efekt długiego konfliktu z nowymi zwierzchnikami, których w stanie wojennym przesunięto ze służb wojskowych do cywilnej SB. To przesunięcie było decyzją generałów Jaruzelskiego i Kiszczaka. Esbek nie może im tego darować – szczególnie Kiszczakowi. Opowiada, że przybysze z wojska nie rozumieli metod pracy SB. Przedstawia ich jako wojaków-zupaków, tępych służbistów, którzy w esbecji zaprowadzali militarny rygor... Wśród nich szczególną niechęcią Nadworski darzył szefa Departamentu III MSW, generała Dankowskiego.

W lipcu 1985 r. Dankowski został zastępcą szefa SB. Być może dlatego konflikt między nim a Nadworskim się zaostrzył. „Powiedziałem wtedy głośno coś takiego, że byłem pewny: zemszczą się, zniszczą mnie. Na szczęście miałem lekarza, do którego mogłem pójść. Pobiegłem do niego i dostałem taką diagnozę, że trudno im było się do mnie zabrać" – wspomina Nadworski. Mówi też, że kierownictwo SB go zastraszało, żądało oddania broni służbowej. W końcu przeniosło go do rezerwy. Prawdziwego tła konfliktu można się tylko domyślać.

Antoni Wręga z RMP pamięta, że w lutym 1982 r. niejaki kapitan Czyszkiewicz odwiedził go w ośrodku internowania i epatował „tajną wiedzą" o Związku Sowieckim, o przyszłości[1]... „Kapitan Czyszkiewicz" to fikcyjne „nazwisko operacyjne", pod którym działał Józef Nadworski. Może szefowie Nadworskiego dowiedzieli się o jego bliskości z „radzieckimi towarzyszami"? Może wiedzieli, że jego współpracownik Zieliński jest szpiegiem GRU?

Może bali się dotknąć samego Zielińskiego – w końcu był agentem wielkiego sojusznika ze Wschodu – ale starali się izolować go od kolegów, którzy mogli być mu pomocni? W takim razie musieli używać dyskretnych metod. Bez aresztowań czy oskarżeń... Przesunięcie do rezerwy kadrowej pasowałoby w sam raz.

NADWORSKI – AGENT DOBRA?

W 2006 r. Wirtualna Polska podała, że sędzia Andrzej Deptuła – członek Sądu Najwyższego rozpatrujący sprawę Luśni – uznał Nadworskiego za wiarygodnego świadka. Dlaczego? Według sędziego Nadworski w pewnym momencie miał przejść na stronę antykomunistycznego podziemia[2]!

Problem w tym, że człowiek, z którym rozmawiałem w 2016 r., nie wyglądał na bohatera. Może jednak nim był, na swój sposób? Może ukarano go za zbliżenie z opozycją, nie z Sowietami? Zapytałem go o to. Machnął tylko ręką. Nie chciał o tym rozmawiać.

---

1 http://archiwum.dlapolski.pl/informacje/articles.php?article_id=5631
2 http://wiadomosci.wp.pl/sad-najwyzszy-oddalil-kasacje-lustracji-bylego-posla-lusni-6037389712393345a

Czemu? Zrozumiałem, gdy po wielu perypetiach IPN udostępnił mi akta sprawy lustracyjnej Luśni. Zrozumiałem, że było to „bohaterstwo" lukratywno-łapówkowe... Albo coś znacznie gorszego.

Akta sprawy lustracyjnej wiele mi wyjaśniły. Wcześniej miałem tylko dostęp do teczki Luśni z archiwum SB – a to nie to samo. W teczce znaleźć można zdawkowe świstki i chaotycznie, pośpiesznie spisywane raporty. Podczas procesu sądowego zeznają świadkowie. I wyjaśniają znaczenie świstków, porządkują chaos. Pojawia się wiele nowych informacji. Rysuje się obraz całości.

OKOLICZNOŚCI ŁAGODZĄCE?

Zanim więc wrócimy do Nadworskiego, rzućmy okiem na te nowe informacje.

Dysponując aktami, mając głębszy wgląd w sprawę, moim obowiązkiem było jeszcze raz dokładnie zbadać, czy jest coś, co świadczy na korzyść Luśni i Macierewicza. Może konfident nie był aż takim łajdakiem? Może są jakieś okoliczności łagodzące – słuszne powody, dla których Macierewicz go chroni? Może wina Luśni nie do końca została udowodniona? A po upadku komuny stał się innym, dojrzalszym człowiekiem, którego trudno karać za błędy młodości?

Oto, co mówią akta. Proces toczył się w latach 2003–2006. Sądy rozpatrywały sprawę Luśni przez trzy lata. Nie tylko Sąd Najwyższy, lecz także wszystkie poprzednie instancje uznały, że Luśnia był konfidentem i jest kłamcą lustracyjnym. Postępowanie ruszyło w 2001 r., gdy Luśnia został wybrany posłem. Złożył wtedy oświadczenie lustracyjne, w którym podał, że nigdy nie współpracował z komunistycznymi służbami specjalnymi. Oświadczenie to zakwestionował Rzecznik Interesu Publicznego (dokładnie rzecz biorąc, zastępca rzecznika Krzysztof Lipiński). W 2002 r. Lipiński przesłuchał Luśnię, a następnie skierował sprawę do sądu.

Zatem najpierw Rzecznik Interesu Publicznego, potem Sąd Apelacyjny w Warszawie, wreszcie Sąd Najwyższy zgodnie uznały Luśnię za konfidenta. Przy czym Sąd Apelacyjny zrobił to dwukrotnie (zgodnie z lustracyjną procedurą wystąpił jako pierwsza i druga instancja).

Podczas całej sprawy poseł Luśnia kręcił i kłamał. Na rozprawach stawiał się jak najrzadziej, co niezwykle wydłużyło proces. Przedstawiał zaświadczenia lekarskie o rzekomych chorobach, które miały mu uniemożliwiać przybycie do sądu. W tym samym czasie jednak uczestniczył w obradach parlamentu. Sąd pytał o to kancelarię Sejmu, a ta potwierdzała: tak, poseł Luśnia podpisał listę obecności. Pojawiły się również wątpliwości co do uprawnień lekarza – nie było jasne, czy w ogóle miał prawo wystawiać takie „zwolnienia".

Pewnego razu Luśnia na odległość powiadomił sąd, że jest w... Australii i nie zdąży na rozprawę, bo zgubił paszport. Tu wypada dodać, że wycieczka do Australii nie musiała być wyssana z palca. Luśnia od dziesięcioleci jest zapalonym krótkofalowcem (aczkolwiek i w tym środowisku bywa różnie oceniany). Od lat zwiedza różne egzotyczne miejsca, żeby sprawdzać swe krótkofalowe umiejętności we wszelkich możliwych warunkach. Robi to nawet w okolicach podbiegunowych.

Przejdźmy do następnej kwestii. Jak się zachowywał Luśnia, gdy w końcu stawiał się przed Rzecznikiem Interesu Publicznego i sądem? Zacznijmy od tego, jak w 2002 r. tłumaczył się przed rzecznikiem. Otóż sugerował, że obciążające go kwity zostały sfałszowane: „Oświadczam, że nie jest mi znany taki dokument i nie jest to ani moje pismo, ani mój podpis na tym dokumencie" – powiedział Luśnia, gdy rzecznik Lipiński pokazał mu podpisane przez niego zobowiązanie do współpracy z kontrwywiadem PRL-u (przesłuchanie przed Rzecznikiem Interesu Publicznego z dnia 26 listopada 2002 r.).

Ekspertyza grafologiczna wykazała jednak, że to jego pismo i podpis. Analizę grafometryczną przeprowadzili eksperci Centralnego Laboratorium Kryminalistycznego przy Komendzie Głównej Policji. Znaleźli ogromną liczbę zbieżności między próbkami pisma posła Luśni i pismem „Nonparela" z esbeckich dokumentów.

Z tą opinią biegłych Luśnia musiał się zmierzyć przed Sądem Apelacyjnym w Warszawie. Tam przyznał, że jednak podpisał zobowiązanie do współpracy, ale potem znów zaczął kłamać. „Nigdy jednak tego zobowiązania nie wypełniłem treścią", „Nigdy nie spotykałem się z funkcjonariuszem SB o nazwisku Józef Nadworski". „Nie przypominam sobie, aby mi kiedykolwiek jakiekolwiek zadania zlecono i abym jakiekolwiek zadania wykonywał" – twierdził.

Jednak ze wszystkich raportów i pokwitowań wynika niezbicie, że swoje zobowiązanie do współpracy Luśnia wypełnił bardzo konkretną treścią. Donosił na podziemne organizacje, do których należał (wspomniane Ruch Młodej Polski i Niezależne Zrzeszenie Studentów). Donosił na konkretnych kolegów z tych organizacji. I wielokrotnie spotykał się z oficerem SB, Józefem Nadworskim.

W teczce Luśni, oprócz zobowiązania do współpracy, znajdziemy m.in.:

- 9 podpisanych przez niego pokwitowań zapłaty z ostatniego kwartału 1984 r. na łączną sumę 21 tys. 200 zł (o pokwitowaniach pisałem już wcześniej, w pierwszej części książki),
- 8 raportów/notatek/charakterystyk napisanych głównie przez Nadworskiego, dotyczących przebiegu współpracy z Luśnią i wypłacanych mu honorariów (czytamy tam, że Luśnia „udzielał wielu interesujących informacji", które w konfrontacji z innymi informacjami i pracą analityczną okazywały się wartościowe – co po przetłumaczeniu na zwykły ludzki język znaczy, że mogły szkodzić kolegom z podziemia),
- oświadczenie o przekazaniu SB podziemnych publikacji, podpisane przez Luśnię.

Przed sądem Luśnia przyznał, że rozmawiał z SB o niezależnych wydawnictwach. Tak się składa, że w działalność wydawniczą był najgłębiej wtajemniczony (jako kolporter i technik z niepełnym wykształceniem inżynierskim).

O podpisanych przez siebie pokwitowaniach Luśnia przed sądem mówi tak: „O ile pamiętam, to nie zostały sporządzone przeze mnie. Moją odpowiedź na to pytanie można rozumieć w ten sposób, że nie wykluczam, iż nakreślone zostały moją ręką".

Swoje poprzednie kłamstwa – te o zobowiązaniu do współpracy i charakterze pisma – próbuje wyjaśnić dezorientacją i zdenerwowaniem. Złożenie fałszywego oświadczenia lustracyjnego tłumaczy zaś pośpiechem, aczkolwiek dodaje, że nic by w tym oświadczeniu nie zmienił.

Zatem nadal twierdzi, że jest niewinny. I że z SB właściwie nie współpracował. Choć w momencie słabości podpisał jakieś zobowiązanie do współpracy, a w chwilach nieuwagi mógł podpisać pokwitowania opiewające na jakieś kwoty...

Dowody są miażdżące, a Luśnia nie jest w stanie ani się wybronić, ani usprawiedliwić. To raczej świadek Nadworski, jego oficer prowadzący, próbuje robić to za niego. Według Nadworskiego Luśnia był w kiepskiej sytuacji materialnej. Świadek próbuje przekonać sąd, że esbeckie honoraria to były zapomogi, które SB dawało Luśni z dobrego serca, bo np. zmarła mu babcia [!].

Rzecz jasna, SB nie było instytucją charytatywną. A już na pewno nie wspomagało opozycjonistów z przyczyn humanitarnych. Sędziowie nie dali wiary bajkom, tym bardziej że Luśnia dumnie zaprzeczył: „Nie dostałem żadnej zapomogi od esbeków z powodu śmierci babci!". I wdał się w rozważania o swojej sytuacji rodzinnej, które miały zaprzeczyć opowieściom Nadworskiego...

DLACZEGO SZEDŁ W ZAPARTE?

W aktach sprawy lustracyjnej Luśni trudno się dopatrzeć istotnych okoliczności łagodzących dla jego konfidenckiej przeszłości. Mogę się mylić – ale taka jest moja ocena po wielokrotnym przeczytaniu tych akt.

Ambicja wiele tłumaczy, bieda wiele usprawiedliwia. Ale czy ambicja i bieda mogą usprawiedliwić np. donoszenie na 18-letniego chłopca? Na ukrywającego się przed esbecją harcerza „Strusia"?

Jeszcze trudniej mi zrozumieć postawę Luśni przed Rzecznikiem Interesu Publicznego i przed sądem. Gdyby się przyznał i poprosił o wybaczenie, prędzej mógłby liczyć na ludzką wyrozumiałość. Wróciłby do swoich biznesów i byłby milionerem z brzydkim epizodem w przeszłości, z epizodem nawet bardzo brzydkim – ale rozliczonym.

Podkreślam „byłby milionerem", gdyż bogactwo wiele ułatwia. Nie chroni przed wrogością i pogardą. Ale pomaga się od nich odizolować.

A jednak Luśnia szedł w zaparte, choć już na samym początku przedstawiono mu miażdżące dowody. Musiał wiedzieć, że taka strategia ma znikome szanse na powodzenie. Ale ją zastosował.

Czy ktoś kazał mu zaprzeczać?

Nie znalazłem okoliczności łagodzących. Znalazłem za to kolejne zagadki.

Przede wszystkim tę z lat 1984–1988.

CZTERY LATA WYRWANE Z ŻYCIORYSU?

Według esbeckich raportów Luśnia przerwał współpracę z SB pod koniec 1984 r. Nadworski potwierdził to przed sądem, zeznając pod przysięgą. Jeśli mu wierzyć, to w dniu rezygnacji Luśni natychmiast powiadomił o niej swego zwierzchnika. Był nim pułkownik Służby Bezpieczeństwa Tadeusz Zawadzki.

Ale w takim razie czemu w teczce Luśni pułkownik Zawadzki odnotował zakończenie współpracy z konfidentem dopiero cztery lata później? W październiku 1988 r.? Nadworski nie umie tego wyjaśnić. Zdaniem Nadworskiego Zawadzki powinien odnotować tę rezygnację i wyrejestrować TW „Nonparela" w ciągu miesiąca. Najpóźniej po kilku miesiącach, nie po czterech latach.

Zeznając przed sądem, Nadworski wykluczył możliwość tak wielkiego spóźnienia ze strony swego przełożonego. To kolejna niespójność, która pojawia się w opowieściach esbeka. Podobnie jest wtedy, gdy Sekielski i ja pytamy go o Cieszewskiego. Cieszewski musiał być konfidentem, choć nie był konfidentem... Nie mógł wyjechać na Zachód bez zgody SB, chociaż to zrobił bez zgody SB...

Co przez te cztery lata działo się z Luśnią – tajnym współpracownikiem, niby byłym, ale wciąż niewyrejestrowanym? Czy pułkownik Zawadzki wiedział coś o dalszej współpracy Luśni, czego nie wiedział Nadworski? A może Nadworski wie coś, o czym nam nie mówi?

To ciekawe, że przez parę lat konfident i jego oficer prowadzący tkwią w dziwnym zawieszeniu. Nadworski w rezerwie kadrowej – z niejasnych przyczyn. Luśnia – niby już nie konfident, a jednak wciąż zarejestrowany – z nieznanych powodów.

Dodajmy jeszcze, że osobliwa dwoistość zaczęła się wcześniej. Na samym początku konfidenckiej kariery „Nonparela". Luśnia podpisał zobowiązanie do współpracy z SB w dniu 15 kwietnia 1983 r. Tydzień później zrezygnował ze współpracy. I dopiero po tej rezygnacji... zaczął regularną współpracę! Regularną i płatną – świadczą o tym liczne pokwitowania z następnego roku.

Same zagadki. Same pytania, które wiodą do następnych pytań.

I bardzo dobrze. Przekonamy się dalej, że odpowiednia liczba właściwie postawionych pytań może przybliżyć nas do prawdy. Dlatego zajmijmy się kolejną zagadką. Jak Nadworski „przeszedł na stronę opozycji"?

NIEZWYKŁE ESBEKA PRZYPADKI

Świadek obrony w sprawie lustracyjnej Luśni, Piotr Ogiński z Ruchu Młodej Polski, podczas procesu składa zdumiewające zeznania. Mówi, że jego koledzy z podziemia zrobili zrzutkę na lekarza dla Nadworskiego. Po to, żeby esbek mógł spokojnie odejść ze służby i zająć się działalnością gospodarczą. W aktach sprawy lustracyjnej czytamy, że chodziło o biznes drukarsko-wydawniczy. Esbek Nadworski uprawiał go razem z... działaczami podziemia. A dokładnie z podziemnymi drukarzami, biegłymi w tym fachu.

Obrońca Luśni – mecenas Lew-Mirski – próbuje zdyskredytować esbeka jako świadka, wskazując na: „interesujące okoliczności, m.in. odnośnie do stanu jego zdrowia, karalności dyscyplinarnej czy zwolnienia ze służby. W pewnym czasie Nadworski zbliżył się do działaczy podziemia i z ich pomocą odszedł ze służby, bo zwolnienie lekarskie, które mu to umożliwiło, zostało kupione przez Macieja Kuncewicza [działacza podziemia – przyp. T.P.]. Wynika to z zeznań świadka Ogińskiego. Nadworski i w czasie służby, i po odejściu na emeryturę prowadził z Kuncewiczem swego rodzaju działalność gospodarczą polegającą na drukowaniu i rozprowadzaniu różnych wydawnictw, przy czym chodziło też o wycięcie konkurencji na ówczesnym rynku poligraficznym".

Czy na tym polegało zbliżenie Nadworskiego z opozycją? Czy został przez nią skorumpowany? Czy ludzie podziemia zaoferowali mu możliwość wspólnej lukratywnej działalności gospodarczej? Czy załatwili mu to zwolnienie lekarskie, o którym mi opowiedział? Zwolnienie, które pozwoliło mu się uwolnić od służby i generała Dankowskiego, z którym był w konflikcie.

Lew-Mirski twierdzi też – na podstawie akt osobowych funkcjonariusza Nadworskiego – że esbek był karany za przekręty finansowe. Nadworski w rozmowie ze mną mówił, że jego przełożeni kwestionowali rachunki z restauracji, do których zapraszał działaczy podziemia.

Może więc chodziło głównie o kasę? Może skorumpowany esbek pozwolił opozycji jeszcze bardziej się skorumpować?

Ale z drugiej strony kto tu kogo korumpował? Młodzi opozycjoniści doświadczonego esbeka? Czy jednak odwrotnie?

Robienie biznesu z przeciwnikiem to znakomity sposób na to, żeby go zinfiltrować i przekupić. Nadworski musiał to wiedzieć. Oczywiście generał Dankowski mógł być zbyt zasadniczy, by pozwolić na tego rodzaju grę. Może Nadworski uprawiał ją jednak dla zupełnie innych przełożonych, którzy nie mieli takich skrupułów?

CO TAM SĄDY! O TYM, KTO JEST KONFIDENTEM, DECYDUJE MACIEREWICZ

Spójrzmy teraz, jak w sprawie Luśni występował Andrzej Lew-Mirski, obrońca konfidenta i zarazem zaufany prawnik Macierewicza. Jaką linię obrony przygotował dla „Nonparela"? Niezwykłą.

Zaczęło się od tego, że adwokat powołał na świadka Piotra Ogińskiego. Kim jest Ogiński? To ceniony działacz podziemnego Ruchu Młodej Polski. W wolnej Polsce pracował w branży energetycznej i telewizyjnej, a wcześniej, w 1992 r., współpracował z Ministerstwem Spraw Wewnętrznych kierowanym przez Macierewicza. Znajomi oceniają Ogińskiego jako zapaleńca. Mówią o nim, że jest „zakręcony", ale prawdomówny – i ma ogromną wiedzę.

Gdy Ogiński występował w sprawie lustracyjnej Luśni, musiał być jeszcze bardziej prawdomówny niż zwykle. Jako świadek zeznawał pod przysięgą. Przyjrzyjmy się temu, co powiedział.

Akta sprawy lustracyjnej Roberta Jerzego Luśni (IPN, sygnatura V AL 13/03), zeznanie Ogińskiego: „W perspektywie przełomu lutego i marca 1992, na zlecenie ówczesnego ministra Antoniego Macierewicza, Piotr Naimski, wówczas szef UOP-u, odbył ze mną cykl spotkań o charakterze służbowym, przygotowujących powołanie struktur równoległych w UOP-ie. Mówiąc o strukturach równoległych, mam na myśli powołanie urzędu, który miał działać w ramach ministerstwa gospodarki. Urząd ten miał się zajmować procesem certyfikacji spółek ubiegających się o działalność gospodarczą. **W ramach wyłaniania kandydatów do pracy w tym urzędzie jedną z osób, o której sprawdzenie występowałem, był Robert Luśnia**. Przez Piotra Naimskiego jako szefa UOP-u ani przez urząd, którym on kierował, **nie zostało zgłoszone żadne zastrzeżenie w stosunku do kandydatury Roberta Luśni**" (cytat z protokołu rozprawy przed Sądem Apelacyjnym w Warszawie z dnia 19 lutego 2004 r., pogrubienia T.P.).

Gołym okiem widać, że to zeznanie nie tyle usprawiedliwia Luśnię, ile pogrąża Naimskiego (i jego wieloletniego przyjaciela Macierewicza, który w roku 1992 był Naimskiego zwierzchnikiem jako minister spraw wewnętrznych).

Jeśli Naimski chciał zatrudnić byłego konfidenta SB w „strukturach równoległych" wywiadu gospodarczego, to wykazał się karygodną niefrasobliwością. Jeśli Naimski i jego ludzie sprawdzali Luśnię, jeśli nie znaleźli przy tym śladów współpracy Luśni z SB (i powiązań jego oficera prowadzącego Nadworskiego z GRU!) – to okazali skrajną niekompetencję.

A może znaleźli te ślady – tylko nie powiedzieli Ogińskiemu? Może je ukryli, tak jak mówi prokurator Blajerski?

Ta ostatnia wersja wydaje się najbardziej prawdopodobna. Bo, jak pamiętamy, dokładnie w tym samym czasie Taracha i Portka z lubelskiego UOP-u zostali awansowani przez Macierewicza i Naimskiego. Na przełomie lutego i marca 1992 r.

Według Blajerskiego awansowano ich, bo znaleźli dokumenty obciążające Luśnię. Znaleźli i pomogli ukryć...

Zeznanie Ogińskiego jest katastrofalne dla ekipy Macierewicz–Naimski–Luśnia. A jednak adwokat Luśni i prawnik Macierewicza właśnie na tym zeznaniu oparł swoją linię obrony. Wykorzystał je, gdy wystąpił do Sądu Najwyższego o kasację wyroku potępiającego Luśnię. Zarzucił wtedy sądom niższych instancji, że nie wyciągnęły konsekwencji z zeznania Ogińskiego, bo nie przesłuchały Naimskiego i Macierewicza. I nie ustaliły, na podstawie jakich informacji oraz kryteriów UOP sprawdzał Luśnię w roku 1992.

Cytuję adwokata: **„Pominięcie tego dowodu pozbawiło prawdopodobnie oba sądy obu instancji niezwykle ważnych, niebędących już do odtworzenia dowodów w obecnej sprawie** [...]. Sąd całkowicie odrzuca wiarygodność ustaleń poczynionych w tym względzie, uznając, że «nie wiadomo, jakie materiały były wówczas analizowane», pomijając przy tym wiele istotnych kwestii. Podstawową z nich jest fakt, że postępowanie, o którym mowa, było przeprowadzone na zlecenie szefa Urzędu Ochrony Państwa (chodziło o realizację «słynnej» uchwały Sejmu RP z 28 maja 1992 r.), a więc bezpośredniego spadkobiercy archiwów SB i UB. I choć część tych akt została już wówczas zniszczona, to należy zauważyć, że proceder trwał jeszcze do roku 1993. **Oznacza to, że w momencie sprawdzania**

przez UOP, czy Robert Luśnia utrzymywał kontakty ze służbami PRL-u, istniała możliwość oparcia tej weryfikacji na materiałach obecnie już niedostępnych!" (cytaty z tekstu kasacji wystosowanej do Sądu Najwyższego przez obrońcę Luśni, pogrubienie czcionki zastosował sam adwokat).

Zauważmy: mecenas twierdzi, że Naimski i jego ludzie sprawdzali Luśnię na podstawie dokumentów, które potem stały się niedostępne, zostały zniszczone...

Zniszczone? Jeśli tak, to przez kogo? A może jednak schowane?

Zauważmy również: adwokat mówi, że Macierewicz był odpowiedzialny za rzekomą lustrację Luśni w roku 1992.

Według adwokata Luśnia został zlustrowany w ramach tzw. „uchwały teczkowej".

MACIEREWICZ LUSTRUJE POLSKĘ – I LUŚNIĘ?

Była to uchwała przyjęta przez Sejm w dniu 28 maja 1992 r. Nakazywała ona ministrowi spraw wewnętrznych – którym był Macierewicz – ujawnienie nazwisk posłów, senatorów, ministrów, urzędników państwowych (od wojewody wzwyż), sędziów, prokuratorów, adwokatów, radnych i członków zarządów gmin będących współpracownikami komunistycznych służb specjalnych (Urzędu Bezpieczeństwa w latach 1945–1956 i jego następczyni, Służby Bezpieczeństwa w latach 1956–1990).

Nie wiadomo, jak miałoby się to odnosić do Luśni. W 1992 r. nie był on parlamentarzystą, ministrem ani sędzią. Nie znalazłem niczego, co by świadczyło, że mógł on wtedy pełnić którąkolwiek z wymienionych funkcji.

Nie wiadomo też, czemu uchwała z 28 maja miałaby się odnosić do działań UOP-u z lutego i marca. Przypomnijmy – według Ogińskiego Naimski miał zacząć sprawdzać Luśnię w lutym i w marcu, nie w maju.

Najważniejsze jest jednak to, że Antoni Macierewicz zrealizował uchwałę teczkową w sposób skrajnie nierzetelny. 4 czerwca 1992 r. przedstawił w Sejmie tzw. listę Macierewicza. Znaleźli się na niej konfidenci komunistycznych służb – i ludzie całkowicie niewinni.

Jeżeli pod pretekstem tej uchwały Macierewicz i jego ludzie sprawdzali Luśnię, jeżeli po tym sprawdzeniu uznali go za czystego – byłby to dodatkowy dowód, że realizacja uchwały teczkowej była totalną kompromitacją.

Mecenas Lew-Mirski uważa odwrotnie – że Macierewicz realizował uchwałę rzetelnie i uczciwie... Co więcej, twierdzi, że „ustalenia" Macierewicza z 1992 r. są bardziej wiarygodne niż wyroki dwóch instancji sądu, które uznały Luśnię za kłamcę i konfidenta.

W 2006 r. przed Sądem Najwyższym Lew-Mirski tak oto chwalił wykonanie „uchwały teczkowej" przez Macierewicza: „Wbrew powszechnemu przekonaniu realizacja rzeczonej uchwały odbywała się w sposób sumienny, rzetelny".

I dalej: „**Tą** [!] **pamiętną pierwszą, opartą na niezwykle ostrych kryteriach ocennych lustrację przeszedł pozytywnie Robert Luśnia** [...], należałoby wnioskować, że lustrowany jednak nie współpracował z organami bezpieczeństwa PRL-u [...]. Sąd pierwszej instancji winien wystąpić do MSWiA z żądaniem udostępnienia procedur, a nadto przesłuchać na tę okoliczność Piotra Naimskiego i Antoniego Macierewicza" (cytaty z tekstu kasacji mecenasa Lew-Mirskiego, pogrubienie czcionki zastosował sam adwokat).

TAJEMNICZE STRUKTURY RÓWNOLEGŁE...

W 2016 r. zapytałem Macierewicza i Naimskiego, czemu 24 lata wcześniej uznali Luśnię za czystego. Przecież w teczkach SB są niezbite dowody jego winy (raporty esbeków, podpisane zobowiązanie do współpracy, pokwitowania podpisane, a nawet napisane ręcznie przez samego Luśnię). Odpowiedzi nie dostałem.

Pytałem ich też, czym były tajemnicze „struktury równoległe", do których Naimski chciał zwerbować Luśnię. Bo to jedno z najciekawszych pytań w tej sprawie. O tym, że takie struktury miały powstać, dowiedziałem się dopiero z zeznań Piotra Ogińskiego. Wcześniej nigdy o nich nie słyszałem.

Czy poza Macierewiczem i jego przyjaciółmi ktoś w ogóle o tym wiedział? Czy w roku 1992 władze Rzeczpospolitej Polskiej miały świadomość, że Macierewicz z Naimskim tworzą „struktury równoległe w UOP-ie"?

I co to w ogóle znaczy: „struktury równoległe w UOP-ie"? „Równoległe" do czego?

Jeśli miały być „równoległe do UOP-u", to w takim razie nie działałyby w Urzędzie Ochrony Państwa, tylko obok...

A może te struktury miały być „trochę w UOP-ie, trochę obok UOP-u"?

Macierewicz – jak się wydaje – lubi takie niejasne „struktury równoległe".

Tworzona przez niego amatorska Obrona Terytorialna (OT) jest właśnie taką niejasną „strukturą równoległą" do polskich sił zbrojnych. Niby stanowi część tych sił, ale nie podlega Sztabowi Generalnemu Wojska Polskiego, który z definicji jest instytucją centralną Sił Zbrojnych RP. Podlega bezpośrednio ministrowi Macierewiczowi...

Jak łatwo się domyślić, na pytanie o struktury równoległe w UOP-ie minister również nie odpowiedział. Podobnie jak Piotr Naimski.

...I TAJEMNICZE STRUKTURY „BARDZIEJ ZAKONSPIROWANE"

Odpowiedzi nie dostałem – ale za to przeczytałem dokładnie zeznania Ogińskiego. Wyjawił w nich wiele innych okoliczności sprawy Luśni. Są to okoliczności poboczne, ale prawdopodobnie istotne dla sprawy.

Świadek zeznał, że w ramach Ruchu Młodej Polski funkcjonowała „bardziej zakonspirowana struktura obejmująca też technikę". W ramach tej struktury Ogiński miał współdziałać z Luśnią.

Zaraz po tym zeznaniu – być może w związku z nim – świadek opowiedział sądowi o takiej strukturze podziemnej, niestandardowej i „technicznej". Według Ogińskiego struktura ta miała działać brawurowo. Korumpowała esbeków. Albo nawet z nimi współpracowała, ale tylko pozornie – żeby ich zwodzić i oszukiwać.

Jednym z esbeków skorumpowanych przez tę strukturę miał być nie kto inny jak Józef Nadworski. Ogiński stwierdza: „Wiem, że po tym okresie kapitan Nadworski podjął działalność wydawniczą w Wilanowie na maszynach zajętych przez SB. To skorumpowanie było za jego wiedzą i zgodą. Osobą, która uzyskała zgodę na skorumpowanie Józefa Nadworskiego, był Kuncewicz. Była taka sytuacja, że Nadworski podjął się niszczenia akt, ale czy do tego doszło, nie mam na ten temat żadnej wiedzy".

Wzmianka o tym, że Nadworski miał niszczyć esbeckie akta, jest intrygująca. Niszczyć – a może wynosić z SB i chować? W rozmowie ze mną esbek powiedział, że teczkę Cieszewskiego wciąż ma w domu. Poszedł nawet jej szukać do drugiego pokoju, ale nie mógł jej znaleźć. Nic dziwnego: miał tam dużo różnych papierów...

Z całego kontekstu wynika, że akta, o których niszczeniu mówi świadek Ogiński, były aktami działaczy podziemia. Może stąd się bierze dziwna luka dotycząca ewentualnej działalności Luśni jako konfidenta w latach 1984–1988?

W każdym razie tajemnicza struktura podziemna miała ułatwić Nadworskiemu rozpoczęcie własnej działalności biznesowej w branży drukarsko-wydawniczej. Zapewne chodziło o „kupienie" zaświadczenia lekarskiego, dzięki któremu esbek mógł odejść ze służby.

Czytam zeznania Ogińskiego po kilka razy. Na pierwszy rzut oka – jak mi się wydaje – mówi sądowi o dwóch zakonspirowanych strukturach. O tej, w której działał z Luśnią. I o tej, która korumpowała esbeków.

Ale między tymi dwiema strukturami występują liczne podobieństwa i zbieżności personalne.

„Techniczny" charakter, udział Ogińskiego i powiązania z Nadworskim – to wszystko łączy jedną i drugą strukturę. Do tego jeszcze korupcyjna współpraca / „niewspółpraca" z esbecją. Ta dwoistość może się kojarzyć z równie osobliwym wyrejestrowaniem / niewyrejestrowaniem Luśni jako konfidenta w latach 1984–1988...

Podobieństwa i zbieżności między dwiema strukturami Ogińskiego sugerują, że były one ze sobą związane, jeśli nie tożsame. „Bardziej zakonspirowana struktura techniczna" i „struktura korumpująca" mogły się pokrywać. Wynikałoby z tego, że w okresie, gdy Luśnia był wyrejestrowany / niewyrejestrowany jako konfident, mógł „korupcyjnie współpracować / nie współpracować" z esbekiem Nadworskim w ramach „bardziej zakonspirowanej / korumpującej struktury".

W „strukturze korumpującej" miał również działać Maciej Kuncewicz – jako wspólnik Nadworskiego w jego biznesie drukarsko-wydawniczym.

Ze wzmianek, które Nadworski rzucił w rozmowie ze mną, wynika, że jednym z jego partnerów w branży drukarskiej był wówczas Marek Zieliński. Superszpieg GRU w Polsce. Dlatego poczułem gęsią skórkę, gdy w aktach sądowych przeczytałem, że młodzi opozycjoniści rzucili się w wir interesów drukarsko-wydawniczych z Nadworskim...

Postanowiłem się spotkać z Maciejem Kuncewiczem. Uznałem, że ma ciekawe informacje (choć niekoniecznie musi chcieć się nimi dzielić).

Niestety, z tego, co się dowiedziałem, wynika, że Kuncewicz mieszka za granicą. Daleko od Polski, z którą rzadko się kontaktuje. Nie udało mi się do niego dotrzeć. O ile wiem, żyje.

Warto odnotować, że Chris Cieszewski – smoleński ekspert Macierewicza, którego przypadek opisałem wcześniej – ma o Kuncewiczu dużo do powiedzenia. 3 grudnia 2013 r. w jednym z najważniejszych prawicowych portali – wPolityce.pl – profesor Cieszewski bronił się przed zarzutem kolaboracji z SB. „To nie ja donosiłem, to Kuncewicz, to on był TW «Nilem», a nawet nie on, tylko jego firma" – tak można podsumować wypowiedzi profesora. Według jego relacji Maciej Kuncewicz miał być regularnym konfidentem, dzięki któremu esbecja osaczała Cieszewskiego.

Jednak osaczanie, które opisuje nam profesor, wygląda bardzo osobliwie. Z inwigilacją miesza się biznes, oczywiście drukarsko-wydawniczy. SB posiada swój sklep, swoją „markę drukarską" i znakuje nią wprowadzane do obiegu podziemne druki! Cieszewski jest inwigilowany, ma iść do więzienia, ale nie przeszkadza mu to wyjechać do Kanady...

Cytuję:

„Na początku zaangażowałem się w NZS, ale z uwagi na różnicę zdań na temat sposobu działania organizacji zrezygnowałem i poświęciłem się ruchowi Wola [grupie podziemnej zajmującej się działalnością wydawniczą – T.P.]. Osobą odpowiedzialną za inwigilowanie mojej grupy był Maciej Kuncewicz. Dowiedziałem się o tym niedługo po tym, kiedy zostałem aresztowany [...]. Kiedy zostałem aresztowany przez SB, powiedziałem, że niczego nie podpiszę i że wolę raczej trafić do więzienia. Funkcjonariusze odpowiedzieli na to, że jeśli pójdę siedzieć, to razem ze mną trafią do więzienia jeszcze inni związani ze mną ludzie, o których działalności SB dowiedziała się od Kuncewicza. Kiedy to usłyszałem, odpowiedziałem, że potrzebuję kilku dni do namysłu. Dostałem czas do poniedziałku, a w piątek wsiadłem na pokład samolotu odlatującego do Kanady. W poniedziałek funkcjonariusz SB zatelefonował do mojej matki, od której dowiedział się, że przebywam w Kanadzie. Esbek zmusił moją matkę do spotkania z nim, na nic jednak to się nie zdało. Matka była już weteranką odmawiania współpracy ze Służbą Bezpieczeństwa. Nikt z mojej grupy nie trafił do więzienia. [...] Ani moi przełożeni, ani też moi współpracownicy nigdy nie zostali złapani. [...] Służba Bezpieczeństwa posiadała sklep drukarski o nazwie Drukarnia NIL, z którym był związany Kuncewicz. Znakiem firmowym Drukarnia NIL został przez tego agenta o pseudonimie «Joanna» (czyli Macieja Kuncewicza, studenta Zoologii na SGGW) oznaczony jeden z naszych druków Woli"[1].

KONSPIRACJA KORUMPUJĄCA DŁUŻEJ DZIAŁAJĄCA?

Rozmawiałem z Aleksandrem Hallem i Tomaszem Wołkiem – liderami RMP w Gdańsku i w Warszawie. Hall i Wołek nic nie wiedzą o tym, jakoby w ich organizacji działały „struktury wewnętrzne", „bardziej zakonspirowane" i/lub „korumpujące".

Jednak o wewnętrznej „sekcji technicznej" w Ruchu Młodej Polski pisze Piotr Zaremba w obszernej i dobrze udokumentowanej książce „Młodopolacy..."[2]. Według Zaremby struktura ta była głęboko ukryta i... trwała w konspiracji nawet po upadku PRL-u!

Co więcej, osoby wiarygodne, jak Sławomir Czarlewski – wybitny działacz emigracyjny, potem dyplomata RP – potwierdzają inne niezwykle brzmiące doniesienia Ogińskiego (np. o urządzeniach podsłuchowych, które Ruch Młodej Polski otrzymywał z Paryża). Może więc istniała „struktura korumpująca", ale działała bez wiedzy liderów RMP?

Tomasz Wołek wspomina, że Ogińskiemu zginęła kiedyś duża ilość papieru drukarskiego. Działacz nie umiał się z niej rozliczyć. Wołek do dziś śmieje się z nieporadności Ogińskiego.

Czy słusznie?

A może cenny wówczas surowiec został użyty do „działań korumpujących"? Może trafił do świeżo upieczonego wydawcy-drukarza Nadworskiego?

---

1 http://wpolityce.pl/polityka/172615-tvp-lustruje-prof-cieszewskiego-naukowiec-dla-wpolitycepl-jezeli-ktos-twierdzi-ze-wspolpracowalem-klamie

2 P. Zaremba, *Młodopolacy: historia ruchu Młodej Polski*, Wydawnictwo Arche, Gdańsk 2000.

CHORA SYMBIOZA

Jak w tym wszystkim mógł funkcjonować Luśnia – między oficerem prowadzącym Nadworskim a kolegą z podziemia Ogińskim? Jakie stosunki łączyły go z tym ostatnim?

Z esbeckich raportów wynika, że w latach 1983–1984 Luśnia nieraz donosił Nadworskiemu na Ogińskiego. Mówił o przechowywanym przez Ogińskiego cennym sprzęcie i surowcach drukarskich. Obiecywał, że pozbawi go tego sprzętu i surowców. Ubolewał nad impulsywnym, buntowniczym charakterem kolegi. Potwierdzał obawy Nadworskiego, sugerując mu, że taki sprzęt w rękach Ogińskiego może być zagrożeniem dla wszystkich zainteresowanych.

Tymczasem – jak pamiętamy – podczas sprawy lustracyjnej Ogiński próbował bronić Luśni, twierdząc, że w 1992 r. Piotr Naimski i jego UOP nie mieli żadnych zastrzeżeń do konfidenckiej przeszłości jego kolegi.

Być może ta lojalność Ogińskiego ma związek z czymś, o czym Luśnia zeznał przed sądem lustracyjnym w dniu 6 listopada 2013 r.: „O moich przesłuchaniach przez SB i o tym, że zostałem zmuszony do podpisania [...] zobowiązania do współpracy, a następnie odwołaniu tego poinformowałem niewielkie grono. Nie pamiętam ile osób. Z pewnością natomiast poinformowałem Piotra Ogińskiego o tym, że jest w kręgu zainteresowań SB”?

W świetle całego materiału dowodowego to zeznanie brzmi albo niewiarygodnie, albo niepokojąco. Czy Ogiński współpracowałby z Luśnią – i to w ramach „bardziej zakonspirowanej struktury” – gdyby ludzie z ich środowiska wiedzieli o dziwnej współpracy / „niewspółpracy” Luśni z SB? Czy Ogiński współdziałałby z Luśnią w „głębszej konspiracji”, mając świadomość, że Luśnia rozmawiał o nim z esbekiem? Z esbekiem, który wie, że dzięki Luśni może trafić do Ogińskiego?

Z taką świadomością Ogiński zdecydowałby się na „głębszą konspirację” z Luśnią tylko wtedy, gdyby Luśnia w jakiś sposób przekonał Ogińskiego do swej współpracy / „niewspółpracy” z SB. Gdyby go do niej przekonał lub w nią wciągnął.

Jak to wszystko wygląda? Jak chora symbioza między działaczami podziemia a esbekiem Nadworskim.

Kto mógł odnieść najwięcej korzyści z tej symbiozy? Raczej nie entuzjasta i zapaleniec Ogiński. Bardziej stawiałbym na interesownego konfidenta Luśnię. A jeszcze bardziej na doświadczonego esbeka Nadworskiego. Szczególnie jeśli wspomagał go superszpieg sowieckiego wywiadu, Marek Zieliński.

CO ZOSTAŁO Z ZAPALEŃCA?

Symbioza zdaje się trwać. Bo Ogiński wciąż kryje Luśnię. W każdym razie kryje go przede mną. Gdy skontaktowałem się z nim oficjalnie w imieniu „Gazety Wyborczej", odmówił rozmowy na temat „Nonparela". Wcześniej udało mi się porozmawiać z nim przez chwilę w sposób mniej formalny. Zapytałem go o losy Luśni na początku lat 90. Odpowiedział, że wie o nich niewiele. Ani słowem nie wspomniał o kandydaturze konfidenta SB do „struktur równoległych" wywiadu gospodarczego w Trzeciej Rzeczpospolitej.

A jakie w Trzeciej Rzeczpospolitej były losy samego Ogińskiego? Ustaliłem, że zrobił karierę. Choć niezbyt spektakularną i konsekwentną. Przed laty kandydował do Krajowej Rady Radiofonii i Telewizji. Za pierwszych rządów PiS-u w latach 2005–2007 był wiceprezesem koncernu Energa. Później też pojawiał się w spółkach sektora energetycznego (przypomnijmy: z tym sektorem związany jest Piotr Naimski).

W opartym na Krajowym Rejestrze Sądowym serwisie Moje Państwo można przeczytać, że Ogiński jest prezesem zarządu i wspólnikiem w firmie Fabryka Prądu[1]. Informację tę potwierdza również IMSiG[2]. W latach 2007–2008 Ogiński był prezesem elektrowni wodnej we Włocławku[3]. W grudniu 2016 r. sam podawał na swoim facebookowym profilu, że pracuje w firmie Radpec SA (Radomskie Przedsiębiorstwo Energetyki Cieplnej).

1 https://mojepanstwo.pl/dane/krs_osoby/743639,oginski-piotr-michal (stan z maja 2017 r.).
2 http://www.imsig.pl/pozycja/2009/223/KRS/201248,FABRYKA_PR%C4%84DU_SP%C3%93%C5%81KA_Z_OGRANICZON%C4%84_ODPOWIEDZIALNO%C5%9ACI%C4%84
3 http://www.imsig.pl/pozycja/2007/207/KRS/171493,ELEKTROWNIA_WODNA_WE-_W%C5%81OC%C5%81AWKU_SP%C3%93%C5%81KA_Z_OGRANICZON%C4%84_ODPOWIEDZIALNO%C5%9ACI%C4%84 oraz http://www.imsig.pl/pozycja/2008/162/KRS/135639,ELEKTROWNIA_WODNA_WE-_W%C5%81OC%C5%81AWKU_SP%C3%93%C5%81KA_Z_OGRANICZON%C4%84_ODPOWIEDZIALNO%C5%9ACI%C4%84

W tym samym miesiącu odmówił mi odpowiedzi na pytania dotyczące Luśni. Niedługo potem dostałem informację, że został zatrudniony na stanowisku kierowniczym w państwowej Telewizji Polskiej (TVP). TVP jest całkowicie zdominowana przez obecną partię Macierewicza, czyli PiS. Czy ta posada ma wpływ na milczenie Ogińskiego?

Napisałem do rzecznika prasowego TVP z pytaniem, czy Piotr Ogiński jest tam zatrudniony.

Odpowiedzi nie dostałem. Po dwóch tygodniach napisałem znowu. I dołączyłem poprzedni e-mail wraz z adresem, na który został wysłany, aby rzecznik miał jakieś potwierdzenie, że naprawdę go wysłałem. 31 stycznia 2017 r. dostałem wreszcie odpowiedź, o ile w ogóle można to nazwać odpowiedzią. Odpisano mi, że mój poprzedni mail nie dotarł do rzecznika. I poproszono, żebym jeszcze raz dosłał tego pierwszego e-maila, włącznie z adresem, na który został wysłany. Chociaż już to zrobiłem w wiadomości, na którą mi właśnie odpisano! Odpowiedzi na pytanie, czy Ogiński jest zatrudniony w TVP, wciąż nie było. Napisałem do rzecznika po raz kolejny. Bez skutku.

Tymczasem dotarłem do dokumentu z dnia 5 stycznia 2017 r. Było to wyszczególnienie warunków przetargu rozpisanego przez TVP (dotyczącego rekonstrukcji starych materiałów audiowizualnych). Na jednej ze stron dokumentu znajdowała się nota: „Zatwierdził / Telewizja Polska SA / Ośrodek Dokumentacji i Zbiorów Programowych / Piotr Ogiński / Dyrektor". Dokument dostępny jest w internecie[1].

LOSY JERZEGO PORTKI

Z Jerzym Portką, mimo wielu starań, nie udało mi się porozmawiać ani jakkolwiek skontaktować. Szkoda. Na pewno mógłby nam wiele opowiedzieć.

Przypomnijmy: Jerzy Portka to były esbek, zastępca szefa lubelskiego UOP-u – według prokuratora Blajerskiego został awansowany za znalezienie i dostarczenie Macierewiczowi materiałów kompromitujących Luśnię (które minister ukrył).

1 http://bi.gazeta.pl/im/7/21331/m21331047,BA4B1EB7B71B89D9FB3878629AC3B2CA.pdf

Z doniesień medialnych wynika, że w życiu Portki zdarzyła się inna podobna sytuacja. Rzekomo wyniósł z UOP-u jeszcze jeden kompromitujący dokument. Ale tym razem przekazał go Jarosławowi Kaczyńskiemu, nie Macierewiczowi.

M.in. „Dziennik Wschodni" podał, że Portka był podejrzewany o dostarczenie Kaczyńskiemu słynnej instrukcji 0015 (**dokument UOP-u, który miał nakazywać funkcjonariuszom tej służby obserwację działań prawicowych polityków**). Sam Portka temu zaprzeczał[1]. W swoim czasie instrukcja 0015 była gorącym tematem. Zdaniem niektórych komentatorów dokument pozwalał agentom UOP-u na bezprawną inwigilację partii politycznych, a nawet na rozbijanie ich od środka. Środowisko Kaczyńskiego posługiwało się tą sprawą jako dowodem na prześladowanie prawicy w Polsce.

Jeśli chodzi o Luśnię, to według dwóch informatorów Jerzy Portka utrzymywał z nim bliskie kontakty w latach 90. Wykorzystując swoje esbeckie umiejętności i kontakty, pomagał mu w walce o Herbapol Lublin. Ci sami informatorzy mówią, że Portka przybrał swoje obecne nazwisko dopiero na przełomie lat 80. i 90. Wcześniej miał się nazywać Portko. Informatorzy nie wiedzą, czemu to zrobił.

„Dziennik Wschodni" podaje, że Portka został usunięty z UOP-u w 1996 r. Podejrzewano go o włamanie oraz kradzież złota i biżuterii (sprawę umorzono). W wywiadzie dla tej gazety Portka mówi, że wyrzucono go z UOP-u, bo nie chciał szukać haków na swojego poprzednika – Adama Tarachę[2].

O jakie haki mogło chodzić? Jak pisałem wcześniej, Taracha był szefem lubelskiego UOP-u, a Portka jego zastępcą. Według prokuratora Blajerskiego, gdy Portka znalazł dokumenty obciążające Luśnię, skontaktował się z Naimskim właśnie za pośrednictwem Tarachy.

Taracha i Portka razem przekazali te dokumenty Naimskiemu i Macierewiczowi. Razem też spektakularnie awansowali. Portka został szefem oddziału w Lublinie, a Taracha – zastępcą szefa krajowego UOP-u Piotra Naimskiego.

Czy w 1996 r. ktoś zainteresował się tą sprawą? Czy dlatego Portka musiał odejść z UOP-u? Nie wiadomo. A co Portka robił po odejściu z UOP-u?

1 http://www.dziennikwschodni.pl/lublin/wyciek-kwestionowany,n,1000048895.html
2 http://www.dziennikwschodni.pl/lublin/wyciek-kwestionowany,n,1000048895.html

„Dziennik Wschodni" podaje, że został dyrektorem szpitala w Lubartowie[1]. Czytamy o tym również w protokole z sesji rady powiatu w Lubartowie z dnia 28 sierpnia 2006 r. W szpitalu dochodziło do licznych **nieprawidłowości, być może nawet przestępstw**. Niegospodarność doprowadziła do olbrzymich strat i strajku pracowników. Indagowany przez radnych Jerzy Portka przyznawał, że tak było – prosił jednak, żeby się nie śpieszyć z potępianiem[2]...

Serwis Moje Państwo podaje, że Jerzy Portka jest prezesem zarządu Ośrodka Medycznego DMP w Lublinie[3]. 21 lutego 2012 r. dziennik „Polska The Times" napisał, że prezes tego ośrodka, Jerzy Portka, oskarżany jest przez konkurencję o składanie nierzetelnych ofert Narodowemu Funduszowi Zdrowia[4]. Ośrodek należy do firmy Portrubikon, której głównymi udziałowcami są Jerzy Portka oraz bliska mu osoba o tym samym nazwisku[5].

W internecie Jerzy Portka występuje też jako dyrektor lubelskiego hotelu o nazwie Rubikon[6].

LOSY ADAMA TARACHY

Wszystko wskazuje na to, że po 1992 r. kariera Adama Tarachy była blisko związana z Piotrem Naimskim, częściowo też z Antonim Macierewiczem.

Taracha jest prawnikiem i specjalistą od kryminalistyki, ale w pewnym momencie zaczął zajmować wysokie stanowiska w najważniejszych państwowych spółkach związanych z energetyką, czyli z sektorem, którym opiekuje się Naimski i którym opiekował się za pierwszych rządów PiS-u w latach 2005–2007.

„Naimski ma w państwowych spółkach więcej zaufanych ludzi – rozprowadził tam swoich dawnych współpracowników z UOP-u oraz Wydziału

1 http://www.dziennikwschodni.pl/lublin/wyciek-kwestionowany,n,1000048895.html
2 http://splubartow.bip.lubelskie.pl/upload/pliki/Protokol_XXXIV_06.pdf
3 https://mojepanstwo.pl/osrodek-medyczny-dmp-spolka-z-ograniczona-odpowiedzialnoscia (stan z maja 2017 r.).
4 http://www.polskatimes.pl/artykul/371746,lublin-przychodnia-z-kontraktem-a-szuka-specjalistow,id,t.html
5 https://mojepanstwo.pl/portrubikon (stan z maja 2017 r.).
6 http://lublin.naszemiasto.pl/artykul/pozar-w-hotelu-rubikon-nastolatek-podpalil-smietnik,2222902,art,t,id,tm.html

Studiów i Analiz MSW (gdzie przygotowywano listę Macierewicza). Teraz trafili oni przede wszystkim do firm w sektorze energetycznym. Adam Taracha, 14 lat temu wiceszef UOP-u, jest przewodniczącym rady nadzorczej Naftobazy zajmującej się magazynami ropy i paliw" – tak w 2006 r. napisał „Newsweek"[1].

W tym samym czasie Taracha razem z Macierewiczem zajmował się weryfikacją Wojskowych Służb Informacyjnych[2]. Obecnie Taracha zasiada w radzie nadzorczej PERN[3]. Jest to wielka spółka, która zajmuje się eksploatacją krajowej sieci rurociągów. Na jej stronie internetowej czytamy, że PERN jest odpowiedzialny za bezpieczeństwo energetyczne Polski[4].

Adam Taracha również odmówił odpowiedzi na moje pytania.

RĘKAS MIĘDZY LUBLINEM A KRYMEM

Stronnikiem Luśni w walce o przejęcie Herbapolu Lublin był niejaki Konrad Rękas. Przypomnijmy: wojny herbapolowe toczyły się pod koniec lat 90. i na przełomie tysiącleci. Ale jeszcze trzy lata temu – a więc całkiem niedawno – na portalu Konserwatyzm.pl Rękas opublikował artykuł, w którym atakował byłego prezesa Herbapolu Lublin, wspomnianego już Józefa Godlewskiego. W tym tekście określił Luśnię jako jednego z „nielicznych sprawiedliwych"[5].

Rękas jest wiceprzewodniczącym prokremlowskiej partii Zmiana, podejrzewanej o przyjmowanie rosyjskich pieniędzy. Jej szef Mateusz P. w maju 2016 r. został zatrzymany przez Agencję Bezpieczeństwa Wewnętrznego w związku z podejrzeniem o szpiegostwo na rzecz Rosji i Chin.

W mediach rosyjskich i polskich można znaleźć wypowiedzi Rękasa, w których atakuje on rząd Ukrainy (np. nazywa go „juntą", czyli wojskową dyktaturą).

1 *Poszukiwacz drugiego dna*, „Newsweek", 6 sierpnia 2006 r. http://www.newsweek.pl/polska/poszukiwacz-drugiego-dna,13618,1,1.html
2 http://www.hfhrpol.waw.pl/przeszlosc-rozliczenia/images/stories/rozliczenia/2008-11-25_hfhr_pismo_mon.pdf
3 http://pern.pl/o-nas/rada-nadzorcza/
4 http://pern.pl/o-nas/
5 „Papierowy moralizm Marka Jurka", 27 stycznia 2014 r.: https://konserwatyzm.pl/artykul/11597/papierowy-moralizm-marka-jurka/

W 2014 r. Konrad Rękas jako „zagraniczny obserwator" miał zaświadczyć o legalności „referendum" na zajętym przez Rosję Krymie. Wcześniej, w 2006 r. został skazany za posługiwanie się sfałszowanymi podpisami.

W internecie widać ślady dwuznacznych tekstów Rękasa o Macierewiczu. Przykładowo Rękas żałował „niedoszłego sojuszu" z 1983 r. (Macierewicz miał wtedy oferować komunistycznemu generałowi Jaruzelskiemu przymierze „patriotycznej opozycji" z „państwowotwórczym wojskiem", co zdaniem Rękasa było „najsympatyczniejszym pomysłem" chwiejnego opozycjonisty Macierewicza). Dziwnym trafem w ciągu ostatnich dwóch lat teksty te znikały z sieci.

W grudniu 2015 r. na kremlowskim portalu Sputnik Rękas chwalił ostre wypowiedzi Macierewicza skierowane przeciw Ukrainie[1].

Według Godlewskiego, Luśnia i Rękas od dawna się wspierają.

W czerwcu 2014 r. Rękas zaczął nadawać audycje w internecie, opatrzone wspólnym tytułem „NON SERVIAM Wywiady Niepokorne". Na pierwszy ogień poszła półgodzinna rozmowa z Robertem Luśnią. Jej tematem były sukcesy biznesowe Luśni, rzekoma nieuczciwość Ukraińców i rzekome zniewolenie obecnej Ukrainy przez Żydów. Luśnia atakował „Gazetę Wyborczą" i wspominał Jarosława Kaczyńskiego, nazywając go „Jarkiem". Z Rękasem byli na ty[2].

Zapytałem ministra Macierewicza o jego stosunki z Konradem Rękasem. W tym wypadku dostałem odpowiedź. Brzmiała ona tak: „Z panem Rękasem minister Macierewicz spotkał się raz na korytarzu w Sejmie, na początku lat 2000. Minister nie utrzymywał i nie utrzymuje żadnych kontaktów z panem Rękasem ani nie zna jego powiązań politycznych. Być może myli Pan Redaktor Konrada Rękasa z Aleksandrem Rękasem, który zmarł 2 lata temu i który był wieloletnim trenerem w skokach do wody ministra Macierewicza".

Gdy „Gazeta Wyborcza" opublikowała tę odpowiedź, na Facebooku odezwał się Konrad Rękas. I napisał, co następuje: „Ministra Antoniego Macierewicza raczy zawodzić pamięć. Ma wprawdzie rację, że nie jestem jego trenerem skoków do wody, ale myli się, ograniczając naszą znajomość do roku

1 Wywiad z dnia 23 grudnia 2015 r.: https://pl.sputniknews.com/opinie/201512231691509-PiS--Ukraina-Komorowski-Bandera-Macierewicz-Konrad-Rekas/

2 https://www.youtube.com/watch?v=2re7vVLTAT4

2000. Przeciwnie, np. jeszcze w 2005 r. Pan Minister osobiście, acz tylko na krótki czas i do określonych zadań **powołał mnie na pełnomocnika KW Ruch Patriotyczny** [pogrubienie T.P.] w okręgach lubelskim i chełmskim w wyborach do Sejmu RP. **Ostatni raz faktycznie spotkaliśmy się bodaj w roku 2011** [pogrubienie T.P.] w Krasnymstawie podczas jednej z kolejnych kampanii. Moje nazwisko można też na znaleźć na łamach czasopisma «Głos», redagowanego przez p. Antoniego Macierewicza, którego serdecznie pozdrawiam".

KW (Koalicja Wyborcza) Ruch Patriotyczny to nazwa sojuszu skrajnie prawicowych organizacji zawiązanego w 2005 r. z udziałem Ruchu Katolicko-Narodowego Antoniego Macierewicza. 30 maja 2005 r. sojusz został zarejestrowany jako partia polityczna Ruch Patriotyczny Rzeczpospolitej Polskiej. Ponieważ w skład tego tworu wchodziły inne partie (jak np. wspomniany RKN), określano go jako partię federacyjną. Ruch Patriotyczny wegetował przez następne kilka lat, ostatecznie wykreślono go z ewidencji partii politycznych w 2014 r.

SPRAWA LUŚNI – FINAŁ

11 lipca 2006 r. Sąd Najwyższy oddalił kasację mecenasa Lew-Mirskiego w sprawie Luśni.

I ostatecznie potwierdził: Robert Jerzy Luśnia jest kłamcą lustracyjnym. W latach 80. był TW SB i działał pod pseudonimem „Nonparel". „Kasacja w najmniejszym stopniu nie nadawała się do uwzględnienia" – czytamy w uzasadnieniu. „Obrońca przecenia fakt, że prowadzone w 1992 r. przez KOP [powinno być UOP – przyp. T.P.] postępowanie sprawdzające nie dostarczyło materiałów kompromitujących Roberta J. Luśnię. **Wnikliwość tamtego postępowania winna być oceniona na tle faktów ujawnionych dopiero w obecnie prowadzonym postępowaniu"**. Pogrubienie czcionki pochodzi od sądu – sędziowie najwyraźniej chcieli podkreślić, że lustracyjne działania Macierewicza były dalekie od rzetelności.

KRÓTKIE ZESTAWIENIE FAKTÓW W SPRAWIE LUŚNI

Podsumujmy naszą wiedzę, trzymając się pewników i ograniczając hipotezy do tych najbardziej prawdopodobnych. Oto, co wiemy.

Luśnia był konfidentem komunistycznych służb specjalnych.

Jego oficer prowadzący, Józef Nadworski, był powiązany z siatką sowieckiego wywiadu GRU w Polsce.

W 1992 r. ten sam funkcjonariusz UOP-u, Zbigniew Niezgoda, zajmował się Luśnią i mafijnym aferzystą Davidem Bogatinem, który:

- prawdopodobnie był związany z GRU;
- na pewno był związany z gangsterem-finansistą Siemionem Mogilewiczem ściśle współpracującym z rosyjskimi służbami.

Funkcjonariusz Niezgoda zajmujący się Luśnią i Bogatinem szybko popadł w konflikt z ludźmi Macierewicza, którzy w końcu pozbyli się Niezgody ze służby. Niedługo po tym, jak związany z Mogilewiczem gangster (agent?) Bogatin założył mafijny bank w Lublinie, pojawił się tam Luśnia. I w niewyjaśniony sposób stał się milionerem.

Nie wiemy, jak zdobył pieniądze, ale wiemy, że stało się to nagle, i dzięki nim został drugim głównym udziałowcem w Herbapolu Lublin.

Następnie spółkę tę przejął Jerzy Starak, miliarder z przeszłością informatora SB działający m.in. na rynkach byłego ZSRR. Na tym przejęciu Luśnia bardzo się wzbogacił.

Robert Luśnia utrzymuje przyjazne stosunki z Konradem Rękasem, wiceprzewodniczącym prokremlowskiej partii Zmiana (której szef Mateusz P. został aresztowany w związku z podejrzeniem o szpiegostwo na rzecz Rosji i Chin).

Macierewicz znał kompromitujące fakty na temat Luśni od dawna, najpóźniej od 1992 r. Wynika to niedwuznacznie z relacji prokuratora Blajerskiego – i z wystąpień mecenasa Lew-Mirskiego przed sądem lustracyjnym. Musiały to być fakty dotyczące współpracy Luśni z SB. Prawdopodobnie były to również fakty dotyczące powiązań ze Związkiem Sowieckim i/lub Rosją.

Mimo to Macierewicz przez lata współpracował z Luśnią politycznie i biznesowo. Kontaktował się z nim nawet wtedy, gdy esbecka przeszłość Luśni stała się publicznie znana.

W swoich partiach Macierewicz traktował Luśnię jako „człowieka od gospodarki". W 1992 r. Antoni Macierewicz i Piotr Naimski chcieli z Luśni zrobić agenta „równoległego" wywiadu gospodarczego.

Macierewicz i Luśnia wciąż zasiadają we władzach tej samej fundacji Głos.

CZĘŚĆ TRZECIA
ŚWIAT SENATORA D'AMATO

Przeniesiemy się za chwilę znowu do Nowego Jorku. Ale wcześniej – na polsko-litewskie pogranicze. A dokładnie na przejście graniczne w Ogrodnikach.

7 kwietnia 1990 r. „New York Times" opublikował artykuł pt. „Zamieszanie na Wschodzie: D'Amato zatrzymany na polskiej granicy". W artykule czytamy: „Ogrodniki, Polska, 6 kwietnia. Sowiecka straż graniczna powstrzymała senatora Alfonse'a M. D'Amato, gdy ten chciał wkroczyć na teren Litwy – kraju zamkniętego za sprawą zimnej wojny z Kremlem po ogłoszeniu niepodległości 11 marca [...]. Nowojorskiego republikanina, który został zaproszony na Litwę przez jej prezydenta Vytautasa Landsbergisa, pouczono, by wystąpił o sowiecką wizę.

PRZYBYCIE SENATORA DO POLSKI

«Pan Gorbaczow mówi jedno, robi drugie» – powiedział senator. «Gada o wolności, ale zabrania wstępu do wolnego kraju. To nieuczciwe».

Senator D'Amato przyleciał do Polski w czwartek, planując przybycie na Litwę bez sowieckiej wizy. Ani Związek Sowiecki, ani większość państw zachodnich nie uznała republiki za suwerenne państwo.

W towarzystwie litewskiego ministra spraw zagranicznych, Algirdasa Saudargasa, senator z szóstką swych współpracowników przejechał 200 mil wynajętym autokarem z Warszawy do Ogrodnik w północno-wschodnim zakątku Polski [...].

Major Vitas Buczis [...], rdzenny Litwin służący w rosyjskiej straży granicznej, powiedział senatorowi D'Amato, że przekroczenie granicy jest zabronione. «Przykro mi, ale regulamin to regulamin» – powiedział.

UŚCISK DŁONI PONAD GRANICAMI
Wyciągając swą rękę do senatora D'Amato, pan Saudargas powiedział: «Ściskamy dłonie nad tą granicą, co nas dzieli. Ale twoje poparcie wzmacnia naszego ducha [...]»"[1].

SENATOR LUBI GŁOŚNO

Kim jest Alfonse M. D'Amato, który 27 lat temu „przekroczył dłonią" granicę polsko-litewską? To były republikański senator, dziś wpływowy lobbysta blisko współpracujący z przemysłem zbrojeniowym. Przez 17 lat – od 1981 r. do 1998 r. – senator D'Amato reprezentował Nowy Jork w amerykańskim Senacie. Cenił wtedy rozgłos. Wyraziste gesty wykonywał nie tylko w Ogrodnikach, lecz także w Waszyngtonie.

Sam się chwali, że w 1986 r. wygłosił drugą co do długości mowę w historii Senatu USA. Podobno wszedł na mównicę i przez 23 godziny czytał waszyngtońską książkę telefoniczną. Chodziło o to, żeby zablokować pewną uchwałę dotyczącą armii... Sześć lat później, w roku 1992, D'Amato przemawiał przez 15 godzin. Chwilami śpiewał. Ten akurat wyczyn jest dobrze udokumentowany[2].

Ale wróćmy do roku 1990. I do Polski. Wiele się tu działo. Komunizm upadł, rodził się kapitalizm. Luśnia handlował z Rosjanami na Stadionie Dziesięciolecia w Warszawie. A może już przymierzał się do kupna wytwórni odczynników? Na pewno do założenia swego banku w Lublinie szykował się Bogatin. Zrobił to na początku następnego roku.

W ten gorący czas senator D'Amato przybył do Polski, a dokładnie na jej tzw. ścianę wschodnią. Happening na granicy Litwy w celu wsparcia jej niepodległości to czyn szlachetny. Chociaż rok czy dwa lata wcześniej na pewno wymagałby większej odwagi...

1 http://www.nytimes.com/1990/04/07/world/upheaval-in-the-east-d-amato-stopped-at-polish-border.html

2 http://www.politico.com/story/2007/10/second-longest-solo-filibuster-in-senate-history-staged-oct-5-1992-006209

Czy tylko dla tego happeningu D'Amato przyleciał do Polski? Gdyby tak było – to czy brałby ze sobą aż sześciu asystentów, jak podaje „New York Times"?

Oczywiście, taką obstawę można tłumaczyć charakterem senatora. Dygnitarz, który ceni rozgłos, zwykle lubi też liczną świtę. Ale, jak się dalej przekonamy, D'Amato pieniądze również kocha, i to bardzo. W 2015 r. gazeta „New York Daily News" napisała, że jako lobbysta D'Amato potrafi wziąć pół miliona dolarów za jedną rozmowę telefoniczną[1]. Stać go na fundowanie wyjazdów asystentom, chciałoby się powiedzieć. Ale w 1990 r. jeszcze nie był lobbystą... Czy sam zapłacił za podróż tak licznej ekipy? Czy obciążył tym amerykańskiego podatnika? A może miał jakiegoś prywatnego sponsora?

To uzasadnione pytania, bo D'Amato jest słynnym fundraiserem[2], czyli specjalistą od pozyskiwania sponsorów. Zdobywał licznych darczyńców nie tylko dla siebie, lecz także dla innych polityków.

POLSKIE PISKLĘ U AMERYKAŃSKIEGO ORŁA: EDMUND JANNIGER

Zanim jednak przejdziemy do tych sponsorów, wspomnijmy o tym, co pana D'Amato łączy z Polską. Tych związków jest znacznie więcej niż jeden wypad do Warszawy i Ogrodnik z szóstką amerykańskich asystentów.

Dzisiaj D'Amato ma polskiego asystenta. I to słynnego. Jest nim Edmund Janniger, 20-letni doradca Macierewicza.

W listopadzie 2015 r. polskie media obszernie informowały o 20-latku współpracującym z szefem resortu obrony. „Mianowanie na urząd Doradcy Ministra Obrony Narodowej to dla mnie wielki zaszczyt i zobowiązanie" – pisał w internecie młodzieniec.

Po medialnej burzy doradca-student odszedł z MON-u. Ale, jak pokazuje nam przypadek Luśni, Macierewicz niechętnie się rozstaje ze swoimi współpracownikami. W czerwcu 2016 r. „Dziennik Gazeta Prawna" podał

1 http://www.nydailynews.com/opinion/wayne-barrett-wizard-al-article-1.2256565
2 http://www.villagevoice.com/news/barrett-gillibrand-and-paterson-the-damato-connection-6691474

w wątpliwość dymisję Jannigera. Napisał, że mężczyzna wciąż występuje jako doradca, a nawet reprezentant Macierewicza („Specjalny Przedstawiciel Ministra Obrony Narodowej ds. Strategii Komunikacji Międzynarodowej" – takiego tytułu miał używać).

Sprawdziłem to – i okazało się, że Janniger faktycznie nosi taki tytuł w amerykańskiej organizacji Friends of Poland (Przyjaciele Polski). Na jej stronie internetowej właśnie tak został określony: „Special Representative for Global Strategic Communication of the Minister of National Defense".

Pierwszy raz zetknąłem się wtedy z organizacją Friends of Poland. Okazało się, że ma dwóch prezesów: byłego amerykańskiego senatora Alfonse'a Marcello D'Amato i... Antoniego Macierewicza. W jej władzach zasiadali też John Zagame i Kraig Siracuse – menedżerowie firmy lobbingowej Park Strategies, która należy do senatora D'Amato.

Gdy opublikowałem tę informację, witryna Friends of Poland zniknęła z internetu. Zamiast niej pojawiło się oświadczenie podpisane przez Johna Zagame. Teraz, gdy piszę te słowa, 9 kwietnia 2017 r. – ten osobliwy tekst wciąż jest dostępny w internecie. Można w nim przeczytać, że Friends of Poland wcale nie jest organizacją, tylko... stroną internetową dokumentującą poczynania pana D'Amato[1].

Jeden z internautów skomentował to tak: „Antoni Macierewicz – prezes strony internetowej". Powinien był napisać: „pomyłkowy prezes". Bo w swym oświadczeniu Zagame dodał, że Macierewicz został wymieniony na stronie Friends of Poland jako jej prezes... przez pomyłkę i bez jego wiedzy!

Zacząłem badać relacje Macierewicza i D'Amato. Okazało się, że Friends of Poland to wierzchołek góry lodowej.

1 http://www.friendsofpoland.org

MIĘDZY NIMI BYŁ POMOST

Pośrednie stosunki zaczęły się zawiązywać już w latach 80. Wieloletnim wspólnikiem biznesowym Macierewicza był Janusz Subczyński – amerykański lekarz, emigrant z Polski. Zmarły w 2014 r. Subczyński przez kilkanaście lat był właścicielem firmy Medinvest Corporation. Firma ta była głównym udziałowcem spółki Dziedzictwo Polskie, w której udziały miał – i wciąż ma – Macierewicz. Dziedzictwo Polskie wydawało gazetę Macierewicza „Głos", a Janusz Subczyński był jednym z jej głównych autorów. Pisał o polityce amerykańskiej i globalnej.

Odpowiadając na moje pytania, w czerwcu 2016 r. Macierewicz przyznał, że on i Subczyński byli wspólnikami w latach 1999–2014.

Tak się składa, że w latach 80. Subczyński działał w polonijnej prawicowej organizacji POMOST, a od 1987 r. był jej przywódcą. W internecie można przeczytać, że POMOST walczył o wolność Polski i powstrzymywał „pochód komunizmu w Ameryce Łacińskiej"[1]. W swoim czasie do organizacji należał słynny polsko-amerykański pisarz Leopold Tyrmand.

O stosunkach Macierewicza z POMOST-em polonijny portal amerykański Goniec pisze tak: „Przez dom dra J. Subczyńskiego przy Washington Road [...] gościnnie przewinęli się [...] Piotr Naimski i kilkakrotnie Antoni Macierewicz. Ci wielcy Polacy otrzymywali od POMOST-u wdzięczność, uznanie, moralne i finansowe wsparcie"[2].

W latach 80. POMOST utrzymywał bliskie związki z senatorem D'Amato. O tych związkach pisze obszernie Adam Władysław Kiernik w opracowaniu „Odrzucić Jałtę". Książka skupia się na – skądinąd słusznej – walce polskiej emigracji z tzw. postanowieniami jałtańskimi z 1945 r. Zgodnie z tymi postanowieniami władze amerykańskie uznawały, że Związek Sowiecki ma prawo do szczególnych wpływów w Europie Wschodniej, a więc i w Polsce.

Nie spotkałem się z zastrzeżeniami co do prawdziwości faktów zawartych w tej publikacji. Członek POMOST-u Andrzej Jarmakowski pisze o niej

1 http://www.videofact.com/pomost2.html
2 http://www.goniec.net/goniec/inne-dzialy/zycie-polonijne/odszed%C5%82-ostatni-lider-pomostu-uroczysto%C5%9Bci-pogrzebowe-%C5%9Bp-dr-janusza-subczy%C5%84skiego-ostatniego-lidera-ruchu-spo%C5%82eczno-politycznego-pomost-1-marca-2014-w-marco-island--n.html

tak: „Książka Adama Kiernika pokazuje, jak to było naprawdę, jak wyglądały starania o odwołanie Jałty”[1].

W 1984 r. amerykańscy Polacy zwrócili się do senatora D'Amato z prośbą o pomoc w odrzuceniu postanowień jałtańskich. Senator z początku odmówił. Ale potem z jakichś przyczyn zmienił zdanie.

Cytuję książkę Kiernika za jej wersją angielską („Renounce Yalta: a full report on the Worldwide Renounce Yalta Campaign”), która dostępna jest też w internecie[2]: „Mimo wysiłków nowojorskiego POMOST-u [...] nawet ci raczej konserwatywni republikańscy senatorzy, tacy jak Alfonse D'Amato, też z Nowego Jorku, uniknęli zmierzenia się z problemem” [s. 76]. „Około 1 kwietnia 1985 r. nowojorski przedstawiciel POMOST-u Dariusz Szczepańczyk otrzymał zobowiązanie, że wpływowy nowojorski senator Alfonse D'Amato poprze rezolucję senatora Kastena [dotyczącą odrzucenia postanowień jałtańskich – przyp. T.P.]. Była to tylko kwestia przygotowania mowy, którą D'Amato chciał wygłosić przed Kongresem Stanów Zjednoczonych” [s. 185]. Na stronach 203 i 204 czytamy, że D'Amato tę mowę wygłosił. Na stronie 215, że doprowadził do odczytania listu od największej polskiej organizacji antykomunistycznej – czyli związku zawodowego „Solidarność” – na posiedzeniu amerykańskiego Komitetu Helsińskiego, światowej organizacji walczącej z łamaniem praw człowieka, podzielonej na poszczególne komitety narodowe.

Skąd takie nawrócenie? I czemu w ogóle było potrzebne? Dlaczego prawicowy, antykomunistyczny senator nie chciał wystąpić przeciw komunistycznemu układowi w Europie Wschodniej? Co sprawiło, że zmienił zdanie i nagle zaczął współpracować z POMOST-em?

Portal Goniec podaje, że lider POMOST-u i wspólnik Macierewicza, Janusz Subczyński, był członkiem katolickiej organizacji Rycerze Kolumba (Knights of Columbus). Według Gońca Subczyński uzyskał w tej organizacji najwyższą rangę, został Rycerzem IV stopnia[3].

1 http://www.progressforpoland.com/archiwum/artykul/ksiazka-o-pomoscie-i-uniewaznieniu-jalty
2 https://pl.scribd.com/document/45733731/ksiazka
3 http://www.goniec.net/goniec/inne-dzialy/zycie-polonijne/odszed%C5%82-ostatni-lider-pomostu-uroczysto%C5%9Bci-pogrzebowe-%C5%9Bp-dr-janusza-subczy%C5%84skiego-ostatniego-lidera-ruchu-spo%C5%82eczno-politycznego-pomost-1-marca-2014-w-marco-island--n.html

Alfonse D'Amato również należy do Rycerzy Kolumba[1]. Wspierał też rezolucję amerykańskiego Senatu w sprawie upamiętnienia setnego jubileuszu tej organizacji[2].

Może POMOST dotarł do niego za pośrednictwem Rycerzy Kolumba?

Przynależność senatora do takiej organizacji – zamkniętej, o charakterze zakonu – nie powinna dziwić. W USA Rycerze Kolumba zdominowani są przez Amerykanów włoskiego pochodzenia. D'Amato zaś jest dumnym członkiem italo-amerykańskiej wspólnoty. W jej ramach współdziała też z organizacjami znacznie mniej zasłużonymi. I daleko mniej transparentnymi.

SENATOR SZCZEGÓLNIE RODZINNY

W 1992 r. „New York Times" podał, że D'Amato wywierał presję na Resolution Trust Corporation (federalna agencja kontrolująca koncentrację własności). Robił to w obronie mafijnego przedsiębiorcy Petera Castellany związanego z rodziną Gambino[3]. Tak, z tą samą rodziną Gambino, z którą związany był wspomniany wcześniej Daniel Pagano. Wspólnik rosyjskiej mafii i wybawca Moni Elsona – mordercy, który z kolei jest bliskim współpracownikiem globalnego gangstera-finansisty Siemiona Mogilewicza.

W 2013 r. ujawniono zdjęcie D'Amato w towarzystwie bandytów należących do rodziny Gambino. Według ich zeznań senator bawił się z nimi na imprezie, podczas której **zbierano pieniądze na rzecz jego kampanii wyborczej.**

„New York Post" skomentował to tak: „Nie po raz pierwszy D'Amato skrzyżował swe ścieżki z nowojorskimi gangsterami. W latach 80. świadczył na korzyść jednego z członków rodziny Lucchese na jego procesie. Innym razem D'Amato bezskutecznie naciskał na Rudy'ego Giulianiego, późniejszego burmistrza Nowego Jorku, wówczas federalnego śledczego, by złagodził zarzuty przeciw Mariowi Gigante z rodziny Genovese"[4].

1 http://prabook.com/web/person-view.html?profileId=321904
2 https://www.congress.gov/bill/97th-congress/senate-joint-resolution/167/cosponsors?overview=closed#tabs
3 http://www.nytimes.com/1992/09/06/nyregion/d-amato-letter-appeared-to-aid-reputed-mob-figure.html
4 http://nypost.com/2013/03/27/damato-mob-pic-emerges-in-brooklyn-court-at-slay-trial/

Tę ostatnią informację – świadczącą o związkach D'Amato z rodziną Genovese – potwierdza również gazeta „New York Daily News"[1]. Chodzi o ten sam klan, który najściślej współpracował z nowojorską mafią rosyjską. Z tą samą rosyjską mafią, która znajduje się pod opieką... Siemiona Mogilewicza.

Czy amerykański senator może regularnie współpracować z bandytami? Czy może – jak to było w wypadku rodziny Gambino – zbierać z nimi pieniądze na kampanię wyborczą?

SPECJALISTA OD ZDOBYWANIA KASY

Jeśli chodzi o zbieranie funduszy, to D'Amato nigdy nie miał wielkich skrupułów. Zapewne dzięki temu jest uważany za jednego z najskuteczniejszych fundraiserów w Ameryce[2]. W 2003 r. zdobywał fundusze wyborcze dla prezydenta George'a W. Busha. Według „Village Voice" sztab Busha zataił wtedy nazwiska niektórych fundraiserów, w tym D'Amato (ujawniła je dopiero organizacja Texans for Public Justice[3]). Być może przyczynę stanowiły mafijne powiązania byłego senatora.

Republikańskie barwy partyjne nie ograniczają D'Amato przed wspieraniem niektórych demokratów, np. gubernatora stanu Nowy Jork, Eliota Spitzera, i jego następcy, Davida Patersona[4].

Tu warto dodać, że Eliot Spitzer zamieszany był w skandal NYRA, czyli Nowojorskiego Towarzystwa Wyścigów Konnych[5]. We współpracy z kancelarią prawniczą Getnick & Getnick gubernator Spitzer chronił i wybielał tę organizację, która była siedliskiem afer hazardowo-dopingowych[6]. Tak się składa, że partnerem kancelarii Getnick & Getnick jest Luis Moreno Ocampo[7] – słynny argentyński prokurator, którego Macierewicz wynajął w celu

1 http://www.nydailynews.com/new-york/amato-buddied-mobsters-pic-revealed-vernace-trial-article-1.1299871
2 http://www.villagevoice.com/news/barrett-gillibrand-and-paterson-the-damato-connection-6691474
3 http://www.villagevoice.com/2003/10/21/the-bush-cheney-gazillions-tour/
4 http://www.nytimes.com/2009/02/05/nyregion/05damato.html
5 http://nypost.com/2007/09/03/joe-set-to-sic-probers-on-gov/
6 http://www.villagevoice.com/content/printView/6424380
7 http://getnicklaw.com/our-team/luis-moreno-ocampo/

odzyskania wraku tupolewa ze Smoleńska... Eliot Spitzer miał też szczególną relację ze wspomnianą rodziną Gambino. Jako prokurator na Manhattanie zwalczał ją w niezwykle łagodny sposób. Zamiast aresztować wymuszających haracze bossów klanu, zaoferował im wolność – za 12 mln grzywny i obietnicę wycofania się z branż, które opanowali[1].

Włoskie mafie, które lubiły rosyjską mafię, lubiły też senatora D'Amato. Ale korzystał on również z bezpośredniego wsparcia pewnego Rosjanina. Oczywiście, było to wsparcie finansowe. Wśród sponsorów senatora był Siemion Kislin, znany w USA jako Sam Kislin.

SENATOR D'AMATO I LUDZIE MOGILEWICZA

Kislin to emigrant z Rosji i potentat na nowojorskim rynku nieruchomości. Według Roberta I. Friedmana Kislin prał pieniądze rosyjskiej mafii. Robił to dla Wiaczesława Iwankowa[2]. Kim był Iwankow? Piszę „był", bo w 2009 r. został zastrzelony w Moskwie – w okolicznościach dotąd niewyjaśnionych. Jednak zanim zginął, stał się legendą.

Iwankow był jednym z najbardziej nietuzinkowych liderów przestępczości zorganizowanej w Rosji. Działał z niespotykanym rozmachem. Gdy trafił do syberyjskiego łagru, zarządzał z niego okolicznymi gangami, a nawet robił biznesy na odległość z Moskwą i Kanadą [!][3].Według amerykańskiej telewizji publicznej PBS, która powołuje się na rosyjską policję – w latach 80. to właśnie Iwankow założył sołncewską mafię[4].

Przypomnijmy: sołncewska mafia („Sołncewo") to organizacja, którą szczególnie opiekuje się gangster-finansista Siemion Mogilewicz. Ich związki opisywano wielokrotnie. Przede wszystkim zajmował się tym niestru-

---

1 *New Spitzer Biography Reveals 'Crusading Good Kid' With a Dark Side*, „The American Lawyer, 9 października 2006 r.: http://www.freerepublic.com/focus/news/1715805/posts

2 http://robert-friedman-red-mafiya.blogspot.com/2007/09/robert-friedman-red-mafiya-jewish--mafia_22.html

3 http://robert-friedman-red-mafiya.blogspot.com/2007/09/robert-friedman-red-mafiya-jewish--mafia_5895.html

4 http://www.pbs.org/wgbh/pages/frontline/shows/hockey/etc/yap.html

dzony Friedman[1], donosiły o tym także media takie jak „New York Times"[2], „Business Insider"[3] i wiele, wiele innych...

Ale jeszcze ściślejsze więzi niż z „Sołncewem" łączyły Mogilewicza z samym Iwankowem. U Friedmana czytamy, że Iwankow był wspólnikiem Mogilewicza w jego pierwszej „globalnej" spółce Arbat International (handlującej paliwami na międzynarodowym rynku)[4]. W opracowaniu „All Is Clouded By Desire: Global Banking, Money Laundering and International Organized Crime" („Wszystko skrywa mgła pragnień: globalna bankowość, pranie pieniędzy i międzynarodowa przestępczość zorganizowana") autorzy Alan Block i Constance Weaver potwierdzają tę informację. Piszą też, że w tej samej spółce lokował swoje pieniądze Siergiej Michajłow, uznawany za głównego szefa sołncewskiej mafii[5]. Ale to Iwankow miał największe powody do wdzięczności wobec Mogilewicza. Większe niż wprowadzenie na globalny rynek paliw.

Zarówno Friedman, jak i Block oraz Weaver podają, że to właśnie Mogilewicz wykupił Iwankowa z łagru. Zrobił to w 1991 r., płacąc niebotyczne łapówki sędziemu, prokuratorowi i byłemu ministrowi spraw wewnętrznych[6].

Friedman pisze, że w 1992 r. Iwankow został ojcem chrzestnym wszystkich rosyjskich gangów w Nowym Jorku. Aby skutecznie nimi kierować, jeszcze bardziej zacieśnił więzi łączące go z Mogilewiczem – i z sołncewską mafią w Rosji[7]. Rządził w Nowym Jorku do 1995 r., gdy aresztowali go Amerykanie.

W tym samym okresie miejscowy potentat rynku nieruchomości – Sam Kislin – prał pieniądze dla Iwankowa[8]. Zapewne nie odbywało się to bez

1 http://robert-friedman-red-mafiya.blogspot.com/2007/09/robert-friedman-red-mafiya-jewish-mafia_5895.html

2 http://www.nytimes.com/1999/09/11/world/reputed-russian-mobster-denies-tie-to-laundering-and-takes-umbrage.html?_r=0

3 http://www.businessinsider.com/semion-mogilevich-2014-11?IR=T

4 http://www.villagevoice.com/news/the-most-dangerous-mobster-in-the-world-6419460

5 A. Block, C. Weaver, *All Is Clouded By Desire: Global Banking, Money Laundering and International Organized Crime*, Greenwood Publishing Group 2004, s. 154.

6 http://robert-friedman-red-mafiya.blogspot.com/2007/09/robert-friedman-red-mafiya-jewish-mafia_5895.html

7 http://robert-friedman-red-mafiya.blogspot.com/2007/09/robert-friedman-red-mafiya-jewish-mafia_5895.html

8 http://robert-friedman-red-mafiya.blogspot.com/2007/09/robert-friedman-red-mafiya-jewish-mafia_22.html

udziału samego Siemiona Mogilewicza, który kierował operacją prania pieniędzy sołncewskiej mafii na Zachodzie. A jego główną pralnią był Nowy Jork[1].

W 1999 r. „New York Post" podał, że Sam Kislin rok wcześniej, w 1998, sponsorował kampanię D'Amato do Senatu[2]. Według serwisu OpenSecrets, który monitoruje wpływ sponsorów na politykę, Kislin finansował senatora D'Amato w latach 1995–1997[3].

Ale nie jest to jedyne powiązanie D'Amato z Siemionem Mogilewiczem.

BANKIER-WYWIADOWCA NA CZELE ROSYJSKIEJ PRALNI

W swej działalności fundraisingowej D'Amato współpracował z niejakim Thomasem Renyi (znanym również jako Tom Renyi). Podczas drugiej kampanii George'a W. Busha zarówno D'Amato, jak i Renyi byli przedstawicielami Nowego Jorku w grupie tzw. Pionierów. Tą nieformalną nazwą sztab Busha określał bardziej obiecujących fundraiserów, z których każdy miał zebrać dla prezydenta co najmniej 100 tys. dolarów[4].

D'Amato ze swoją firmą Park Strategies obsługiwał również fundację na rzecz budowy muzeum i pomnika ofiar zamachu z 11 września[5]. We władzach fundacji zasiada znowu Thomas Renyi[6].

Kim jest Thomas Renyi? W latach 1968–1970 służył w amerykańskim wywiadzie wojskowym w Wietnamie[7], czyli tam, gdzie nieco później walczył David Bogatin (tyle że ten ostatni służył po stronie sowiecko-komunistycznej). Jest jeszcze jedna ciekawa zbieżność z Bogatinem. Po zakończeniu kariery wojskowej Renyi też zajął się bankowością... I poszło mu znakomicie. W 1997 r. został dyrektorem operacyjnym Bank of New York

1 http://robert-friedman-red-mafiya.blogspot.com/2007/09/robert-friedman-red-mafiya-jewish--mafia_22.html
2 http://nypost.com/1999/12/22/rudy-donor-linked-to-russian-mob/
3 https://www.opensecrets.org/donor-lookup/results?name=Sam+Kislin
4 http://www.villagevoice.com/news/the-bush-cheney-gazillions-tour-6408910
5 http://www.muckety.com/National-September-11-Memorial-Museum-at-the-World-Trade-Center/5005321.muckety
6 http://mapper.nndb.com/maps/575/000009548/
7 https://www.thefreelibrary.com/THE+BANK+OF+NEW+YORK+COMPANY+ELECTS+RENYI+PRESIDENT,+DIRECTOR-a012016371

(drugi najstarszy bank w USA). Potem awansował na jego prezesa. Pod jego rządami Bank of New York stał się największą pralnią pieniędzy dla gangsterów z Rosji.

Jak się łatwo domyślić, tym transatlantyckim praniem pieniędzy kierował Mogilewicz. „Przez wiele lat Siemion Mogilewicz był ścigany przez amerykańskich i europejskich stróżów prawa, którzy opisywali go jako największego przywódcę rosyjskiej przestępczości zorganizowanej – stojącego na czele zbrodniczej siatki rozciągającej się od Moskwy po Filadelfię. Teraz amerykańscy i brytyjscy śledczy uważają, że jest on związany z możliwym praniem pieniędzy w Bank of New York" – pisał „New York Times" w dniu 11 września 1999 r.[1].

„Bank of New York został wykorzystany przez gangsterów rosyjskiej mafii, którzy od początku zeszłego roku wyprali w nim aż 10 mld dolarów. Sam bank to potwierdził" – podała tydzień później telewizja CNN[2].

W 1999 r. Thomas Renyi tłumaczył się z tego wszystkiego przed amerykańską Izbą Reprezentantów i Senatem. Tekst przesłuchań można znaleźć w internecie[3] oraz w opracowaniu „Russian Money Laundering: Congressional Hearing" („Rosyjskie pranie pieniędzy: przesłuchanie w Kongresie")[4]. Uznano jednak, że Renyi nie wiedział o niecnych czynach swoich podwładnych.

Gdy Bank of New York służył za rosyjską pralnię pieniędzy, przewodniczącym senackiej komisji ds. bankowości był senator Alfonse D'Amato[5].

SENATOR BARDZO BANKOWY

D'Amato ma liczne związki nie tylko z Thomasem Renyi, ale także z jego bankiem. W 1980 r. Bank of New York sfinansował pierwszą kampanię wyborczą D'Amato do Senatu. Na konto kandydata wpłynęła pożyczka w wysokości 130 tys. dolarów. Stało się to w tak szczególnych okolicznościach, że dochodzenie w tej sprawie przeprowadziło FBI.

1 http://www.nytimes.com/1999/09/11/world/reputed-russian-mobster-denies-tie-to-laundering-and-takes-umbrage.html?_r=0
2 http://money.cnn.com/1999/08/19/worldbiz/crime_a/
3 http://www.archive.org/stream/russianmoneylaun00unit/russianmoneylaun00unit_djvu.txt
4 James A. Leach, *Russian Money Laundering: Congressional Hearing*, DIANE Publishing 2001.
5 http://bioguide.congress.gov/scripts/biodisplay.pl?index=D000018

Wcześniej Alfonse D'Amato pracował w urzędzie miasta Hempstead pod Nowym Jorkiem. I podejmował decyzje dotyczące Bank of New York. Następnie dostał od tego banku pożyczkę na przyjaznych warunkach, która znacznie ułatwiła mu wejście do Senatu...

Nikomu nic nie udowodniono, ale D'Amato przyznał, że zachował się w sposób „niewrażliwy”[1].

W tej chwili D'Amato jako lobbysta obsługuje wielki koncern Lockheed Martin, produkujący m.in. słynne śmigłowce marki Black Hawk. Te same, dla których Macierewicz naraził na szwank stosunki polsko-europejskie, zrywając kontrakt na francuskie śmigłowce marki Caracal. Jak przyznało ministerstwo obrony, na kilka dni przed tą decyzją minister spotkał się z D'Amato[2].

Dodajmy, że Bank of New York – dzisiaj Bank of New York Mellon – jest jednym z udziałowców Lockheed Martin. Zajmuje 14. miejsce na liście współwłaścicieli koncernu[3]. A skoro mowa o relacjach biznesu z wojskiem, to odnotujmy jeszcze jedną okoliczność, w którą te relacje szczególnie się splątały.

RATUJMY ARMANDA!

Bank of New York jest starym klientem kancelarii prawnej Sullivan & Cromwell. Czytamy o tym nawet w „Moscow Telegraph”[4]... „Financial Times” pisze, że kancelaria Sullivan & Cromwell doradzała bankowi i jego szefowi (znany już nam bankier-wywiadowca Thomas Renyi) przy przejmowaniu wielkiej firmy Mellon Financial w roku 2006[5]. Po tym przejęciu Bank of New York zmienił nazwę na Bank of New York Mellon.

Powiązania między Bank of New York a kancelarią Sullivan & Cromwell sięgają bardzo dawnych czasów. W książce „Building the Kingdom of God

1 http://www.nytimes.com/1981/07/14/nyregion/d-amato-regrets-the-hint-of-campaign-loan-conflict.html
2 http://centrumprasowe.pap.pl/cp/pl/news/info/62928,25,mon-ws-artykulu-w-gazecie-wyborczej-(komunikat)
3 https://stockzoa.com/ticker/lmt (stan z marca 2017 r.).
4 http://www.moscowtelegraph.com/mt051801.htm
5 https://www.ft.com/content/635f3f98-83d7-11db-9e95-0000779e2340

on Earth..." Martina Erdmanna czytamy, że w latach 20. kancelaria urzędowała w budynku będącym własnością tego banku. Już wtedy zajmowała się bankowością. Jednym z jej głównych partnerów był John Foster Dulles – prawnik specjalizujący się w międzynarodowej bankowości i doradca banku Schrobanco, który mieścił się w tym samym budynku[1]. 30 lat później John Foster Dulles został sekretarzem stanu w rządzie Eisenhowera, prezydenta-generała. Jego brat Allen objął wówczas stanowisko szefa CIA.

Ale przenieśmy się do epoki nam bliższej. W latach 1993–1994 wciąż ta sama kancelaria Sullivan & Cromwell broniła przed sądem Armanda D'Amato, który jest bratem Alfonse'a D'Amato. W 1993 r. Armand został oskarżony o oszustwo polegające na wyłudzaniu pieniędzy od firmy Unisys, która uzyskiwała zlecenia od armii. Senator Alfonse D'Amato był zamieszany w tę sprawę i gorąco wspierał brata. W pierwszej instancji Armanda skazano.

„New York Times" opisywał to tak: „Oskarżyciel stwierdził, że Armand D'Amato nieuczciwie obciążył firmę za konsulting, każąc jej płacić za usługi, których nigdy nie wykonał. Dokładnie rzecz biorąc, według prokuratorów prawdziwą rolą Armanda D'Amato miało być wpływanie na senatora. W tym czasie Armand używał papieru firmowego swego brata, by pisać listy w interesie firmy Unisys, która starała się o rządowe zlecenia. Chociaż dwuletnie śledztwo Senackiej Komisji Etyki oczyściło senatora Alfonse'a D'Amato od zarzutów nadużywania swego wpływu w porozumieniu z bratem, to jednak komisja potępiła senatora za to, że pozwolił bratu używać swego biura i papieru firmowego. W oświadczeniu wydanym dzisiaj przez jego biuro senator D'Amato [...] mówi: «Bardzo kocham swojego brata i wierzę, że w apelacji zostanie uniewinniony»"[2].

Tak się stało – w październiku 1994 r. wyrok pierwszej instancji unieważniono[3]. Armand został ocalony.

1 M. Erdmann, *Building the Kingdom of God*, Wipf and Stock Publishers 2005, s. 92.
2 http://www.nytimes.com/1993/11/06/nyregion/d-amato-s-brother-sentenced-to-5-months-in-prison.html
3 http://law.justia.com/cases/federal/appellate-courts/F3/39/1249/512124/

KOSMICZNE INTERESY Z KREMLEM

Wróćmy do biznesów samego Alfonse'a D'Amato. Według serwisu OpenSecrets i innych licznych źródeł jego firma lobbingowa Park Strategies obsługuje koncern lotniczy Lockheed Martin oraz dwa inne podobne koncerny, United Technologies i GenCorp (ta ostatnia niedawno zmieniła nazwę na Aerojet Rocketdyne Holdings, w skrócie ARH)[1]. Wszystkie trzy firmy robią kosmiczne interesy z Kremlem. Lockheed Martin i GenCorp (ARH) kupują silniki rakietowe od Rosji. United Technologies zaś kupowało je do niedawna.

W listopadzie 2014 r. Agencja Reutera opublikowała specjalny raport dotyczący koncernu United Technologies[2]. Czytamy w nim rzeczy zaskakujące.

W latach 90. United Technologies i rosyjski kombinat Energomasz założyły na Florydzie pięcioosobową firmę RD Amross. Ta mała firma podpisała z Pentagonem kontrakt na dostawę silników do rakiet obsługujących... amerykańskie satelity szpiegowskie. I odtąd satelity te funkcjonują dzięki rosyjskim silnikom wyprodukowanym przez Energomasz.

Dziś brzmi to bardzo dziwnie, ale wtedy między Rosją a USA trwało zbliżenie. Firmy z obu krajów, także te o strategicznym charakterze, zaczęły współpracować.

Wiele z nich robi to do dziś – tylko ciszej. Jednak kontrakt Pentagonu z amerykańsko-rosyjską firmą wzbudził głośne wątpliwości. Według raportu Agencji Reutera firma RD Amross zawyżyła sobie koszty zlecenia o 93 mln dolarów. I Pentagon o tyle przepłacił – mimo ostrzeżeń audytorów[3].

W styczniu 2016 r. słynny republikański senator John McCain alarmował opinię publiczną. Ostrzegał, że uzależnienie od rosyjskich silników kosmicznych zagraża bezpieczeństwu narodowemu USA. Jego informacje potwierdził portal PolitiFact, specjalizujący się w sprawdzaniu medialnych newsów[4].

---

1 https://www.opensecrets.org/lobby/firmsum.php?id=D000036517&year=2017

2 http://www.reuters.com/article/us-russia-capitalism-rockets-special-rep-idUSKCN0J22BQ20141119

3 http://www.reuters.com/article/us-russia-capitalism-rockets-special-rep-idUSKCN0J22BQ20141119

4 http://www.politifact.com/arizona/statements/2016/jan/29/john-mccain/john-mccain-right-about-american-reliance-russian-/

Kim są Rosjanie, którzy sprzedają Amerykanom silniki do satelitów szpiegowskich? Agencja Reutera podaje, że kombinat Energomasz w 86 proc. należy do państwa rosyjskiego. Prywatnym udziałowcem jest Jurij Kowalczuk, wieloletni przyjaciel Putina i jego bankier. Z ramienia Kremla nadzór nad kombinatem sprawuje Dmitrij Rogozin, wicepremier ds. przemysłu obronnego i kosmicznego, znany z kontrowersyjnych wypowiedzi na arenie międzynarodowej. „Główny chuligan Putina i naczelny błazen" – można o nim usłyszeć w Moskwie. Po rosyjskiej agresji na Ukrainę Rogozin i Kowalczuk mają zakaz wjazdu do USA.

W interesach z Rosją koncern United Technologies nie ogranicza się do biznesu „silnikowego".

W 2014 r. „Wall Street Journal" podał, że United Technologies i Boeing wspólnie importują i magazynują ogromne ilości tytanu z tego kraju[1]. „Wall Street Daily" pisze o tym ostrzej. Twierdzi, że oba koncerny skazują amerykański przemysł lotniczy na niebezpieczne uzależnienie od rosyjskiego surowca[2]. Podobne ostrzeżenia formułował Daniel McGroarty, starszy doradca wydziału zagranicznego amerykańskiej Izby Handlowej[3].

W 2013 r. koncern United Technologies sprzedał swoje udziały w kremlowsko-amerykańskiej firmie RD Amross innemu koncernowi. Był to GenCorp (ARH), który obecnie jest wspólnikiem Energomaszu[4]. Lobbystą obsługującym GenCorp (ARH) też jest były senator D'Amato[5].

Co do Lockheed Martin, to koncern ten razem z Boeingiem założył spółkę United Launch Alliance[6]. Spółka zajmuje się wynoszeniem ładunków w przestrzeń kosmiczną.

United Launch Alliance też kupuje silniki od RD Amross, a więc od kremlowskiego kombinatu Energomasz. Firma kupowała je w 2013 r.[7] – i w roku 2017 robi to nadal[8].

---

1 https://www.wsj.com/articles/boeing-united-technologies-stockpiling-titanium-parts-1407441886
2 https://www.wallstreetdaily.com/2015/03/10/u-s-titanium-supply-russia/
3 http://www.realclearworld.com/articles/2014/08/12/how_long_can_the_us_rely_on_russian_titanium.html
4 http://labusinessjournal.com/news/2013/jun/14/rocketdyne-sale-completed/
5 https://www.opensecrets.org/lobby/firmsum.php?id=D000036517&year=2017
6 http://www.ulalaunch.com/about_quickfacts.aspx
7 http://www.ulalaunch.com/ula-receives-2013-delivery-of-atlas-v.aspx
8 http://www.ulalaunch.com/ula-successfully-launches-nrol79.aspx

KŁAMSTWO MA KRÓTKIE NOGI...

1 października 2016 r. opublikowałem pierwszy artykuł o związkach Macierewicza z D'Amato. Niedługo potem, 12 października, w TVN24 wystąpił zastępca ministra obrony, Bartosz Kownacki. Dziennikarz Bogdan Rymanowski zapytał go o te związki.

W odpowiedzi Kownacki oświadczył: „To nieprawda. Pan minister Macierewicz nie ma żadnych związków z osobą, którą pan wymienił. «Gazeta Wyborcza» słynie z tego rodzaju insynuacji"[1]. Ale 27 kwietnia 2016 r. renomowany portal Politico opublikował artykuł pt. „D'Amato for Polish arms company" („D'Amato na rzecz polskiej firmy zbrojeniowej"). Czytamy w nim: „Park Strategies, firma byłego senatora D'Amato, podpisała z polskim koncernem obronnym Polska Grupa Zbrojeniowa kontrakt konsultingowy na 15 tys. dolarów miesięcznie. Firma D'Amato będzie promować polskie przedsięwzięcia militarne [...], docierać do dziennikarzy, Kongresu, think tanków i amerykańskich firm zbrojeniowych, a także wesprze lipcowy szczyt NATO w Warszawie"[2]. Tę samą informację podał portal O'Dwyer's (internetowa wersja jednego z najważniejszych amerykańskich magazynów poświęconych branży PR)[3].

Jak już pisałem, Polską Grupę Zbrojeniową wciąż kontroluje Antoni Macierewicz jako minister obrony. Rzecz jasna, kontrolował ją i rok temu (gdy Kownacki mijał się z prawdą). Kontrolował i głośno się tym chwalił. W dniu 9 lipca 2016 r. w Krynicy minister Macierewicz oznajmił, że jego resort jest „dysponentem Skarbu Państwa w tej grupie".

Odpowiadając na pytania „Gazety Wyborczej", Polska Grupa Zbrojeniowa potwierdziła, że zleciła płatną obsługę firmie D'Amato za zgodą ministra Macierewicza: „W kwietniu 2016 r. [...] Polska Grupa Zbrojeniowa SA nawiązała współpracę z wiodącą w USA firmą zajmującą się komunikacją z organami rządowymi (*government relations*) – Park Strategies. Zarząd Polskiej Grupy Zbrojeniowej, mając na uwadze bezpieczeństwo Polski, a zwłaszcza

1 http://300polityka.pl/live/2016/10/12/kownacki-o-zachowaniu-politykow-opozycji-w-sprawie-caracali-jestem-zszokowany-oni-maja-bronic-polskiego-interesu/

2 http://www.politico.com/tipsheets/politico-influence/2016/04/damato-for-polish-arms-company-apco-for-ukraine-rocket-men-blow-up-ndaa-markup-moak-hires-two-213995

3 http://www.odwyerpr.com/story/public/6857/2016-05-06/park-strategies-promotes-polish-defense.html

kwestie podejmowane podczas warszawskiego Szczytu NATO, postanowił promować interesy Polski i polskiego przemysłu obronnego w czasie tegoż Szczytu. [...] Ponadto Park Strategies zobowiązał się do promocji na rzecz PGZ w instytucjach rządowych USA, a także w strukturach NATO. Minister obrony narodowej, jako sprawujący nadzór nad Spółką w imieniu Skarbu Państwa, został poinformowany przez Zarząd PGZ o nawiązaniu kooperacji z firmą Park Strategies. Pozostałe kwestie zawarte w wyżej wymienionej umowie są objęte tajemnicą handlową".

MON też przyznało, że „Minister obrony narodowej został poinformowany przez zarząd PGZ o zawarciu przez nich umowy z firmą Park Strategies. Zarząd Polskiej Grupy Zbrojeniowej, mając na uwadze bezpieczeństwo Polski, a zwłaszcza kwestie podejmowane podczas warszawskiego Szczytu NATO, postanowił zainwestować w usługi lobbingowe na rzecz Szczytu NATO, który odbył się w lipcu br."[1].

...I DŁUGI NOS PINOKIA

W tej niepokojącej sprawie pojawił się też epizod humorystyczny. Po moich publikacjach na oficjalnej stronie internetowej ministerstwa obrony zamieszczono oświadczenie dotyczące związków Macierewicza z D'Amato.

Oświadczenie to później zniknęło ze strony MON-u, ale wciąż można je znaleźć w internecie[2]. Jest tak niezwykłe, że zacytuję je w całości:

Do wszystkich zainteresowanych:
7 października 2016 roku poproszono mnie o przeprowadzenie niezależnego dochodzenia w sprawie twierdzeń „Gazety Wyborczej" dotyczących Alfonsa M. D'Amato. Moim zadaniem było ustalenie prawdziwości bądź fałszywości zarzutów i zbadanie związanych ze sprawą okoliczności. W ramach prowadzonego dochodzenia dokonałem przeglądu dokumentów i sklasyfikowanych materiałów, postawiłem pytania osobom mającym coś wspólnego z rzeczoną sprawą i podjąłem inne merytoryczne środki. Poniżej zamieszczam wyniki moich ustaleń. Co

1 http://wyborcza.pl/magazyn/1,124059,20839126,black-hawk-wyladowal-nowojorsko-smolenski-lacznik-macierewicza.html
2 http://m.niezalezna.pl/87705-mon-ws-publikacji-wyborczej

do moich kwalifikacji zawodowych – jestem doradcą licznych międzynarodowych korporacji, tudzież organizacji niedochodowych i członkiem wielu organów zarządzających spółkami kapitałowymi. Pełnię funkcję starszego wspólnika (Senior Partner) w firmie zajmującej się doradztwem usługowym w dziedzinie zasobów ludzkich – The Human Resource Partnership. Jako specjalista w sprawach strategii zarządzania byłem członkiem zespołu prowadzącego kampanię gubernatora stanu New Jersey. Posiadam tytuł doktora w dziedzinie teorii organizacji.

Były senator Alfonse D'Amato i jego firma Park Strategies zostały zaangażowane przez Polską Grupę Zbrojeniową w ramach starań o pomoc w przygotowaniu warszawskiego szczytu Organizacji Sojuszu Północnoatlantyckiego w roku 2016. Zlecono im szeroko zakrojone zadania, za którą to pracę otrzymali rozsądne, uzgodnione wcześniej wynagrodzenie. Zostało to w sposób właściwy zgłoszone w amerykańskim Departamencie Sprawiedliwości. Nie ma zasadnych przesłanek do formułowania zarzutów wobec strony internetowej Friends of Poland (Przyjaciele Polski). Portal Friends of Poland nie posiadał osobowości prawnej, a więc nie można traktować go jako organizacji. Strona Friends of Poland była po prostu portalem informacyjnym zainteresowanym tworzeniem atmosfery otwartości w odniesieniu do pracy senatora D'Amato i firmy Park Strategies na rzecz wsparcia Szczytu w Warszawie w roku 2016.

Co więcej, ani senator D'Amato, ani Park Strategies nigdy nie doradzali Polskiej Grupie Zbrojeniowej i rządowi polskiemu w kwestii zakupów sprzętu wojskowego. Senator D'Amato był absolutnie niezaangażowany w tego rodzaju sprawy dotyczące Polski. Stąd też nigdy nie było żadnego konfliktu interesów.

Po zbadaniu zarzutów i innych związanych ze sprawą okoliczności uznałem, że twierdzenia „Gazety Wyborczej" są fałszywe i bezpodstawne. ***Co więcej, stwierdziłem, że dziennik ten nie jest wiarygodnym źródłem informacji w odniesieniu do tematów związanych z moim dochodzeniem*** [pogrubienie T.P.].

Z poważaniem,
William D. Cassidy, III, Ph.D.
Senior Partner
38th East 37th Street
Suite 1
New York, NY 10016

Przedstawiając swe zawodowe dokonania, pan William D. Cassidy – podobno doktor teorii organizacji – zapomniał nam powiedzieć, że zasiadał we władzach tej samej instytucji, w której pracuje ojciec Edmunda Jannigera. Wystarczy wpisać w wyszukiwarkę „William D. Cassidy" i „University Hospital", by się o tym przekonać.

Jeszcze w maju zeszłego roku pan William D. Cassidy był sekretarzem zarządu szpitala uniwersyteckiego w mieście Newark[1]. W tym samym szpitalu pracuje profesor Robert A. Schwartz[2]. Mąż Camili (Kamili) Krysickiej-Janniger. I ojciec młodego Jannigera, doradcy Macierewicza[3].

Na swoim profilu w LinkedIn (internetowa społeczność profesjonalistów) pan Cassidy przyznaje, że był sekretarzem zarządu tego szpitala. I pisze, że był to wolontariat[4]. Ofiarność i czyn społeczny?

Niestety, Cassidy na swym profilu mija się z prawdą. Podaje, że był sekretarzem zarządu szpitala uniwersyteckiego w Newark tylko przez jeden miesiąc (lipiec 2013 r.). Tymczasem cytowany w przypisie dokument, który określa Cassidy'ego jako sekretarza zarządu tego szpitala, pochodzi z maja roku 2016[5].

Czy więc naprawdę był to tylko wolontariat – tego też nie wiemy. Jednego możemy być pewni: „doktor teorii organizacji" jest związany z organizacją, którą nam się nie pochwalił. Ze szpitalem ojca Jannigera.

THOMAS RENYI W WERSJI „KATEDRALNEJ"

Przy tej okazji warto zauważyć, że szpital uniwersytecki w Newark związany jest z miejscowym Rutgers University. Na stronie uczelni czytamy, że: „Ustawa Stanu Nowy Jork o restrukturyzacji nauk medycznych i zdrowot-

1 http://www.uhnj.org/about/board/bod_minutes/5-17-16-UH-BOD-Public-Session-APPROVED.pdf
2 http://rbhs.rutgers.edu/cgi-bin/cgiwrap/hpappweb/physician.cgi?First_Name=&Last_Name=Schwartz&Department=&Board_Certification=&Medical_School=&Residency=&Fellowship=&Clinical_Interests=&Other_Languages_Spoken=&submit=Search
3 http://wiadomosci.dziennik.pl/wydarzenia/artykuly/506631,kim-jest-edmund-janniger-rodzice-to-dermatolodzy.html
4 https://www.linkedin.com/in/william-d-cassidy-iii-3050641/
5 http://www.uhnj.org/about/board/bod_minutes/5-17-16-UH-BOD-Public-Session-APPROVED.pdf

nych ustanawia Szpital Uniwersytecki w Newark jako niezależną publiczną instytucję opieki zdrowia, będącą częścią zasobów stanowej opieki zdrowia [...]. Szpital Uniwersytecki współpracuje z Rutgers University jako główna placówka szkoleniowa dla licznych instytucji edukacyjnych wcielonych do uniwersytetu Rutgers”[1].

Ojciec Jannigera, Robert A. Schwartz, jest profesorem i szefem wydziału dermatologii w Rutgers New Jersey Medical School[2]. Szkoła ta jest częścią Rutgers University (a dokładnie należy do wydziału nauk biomedycznych i zdrowotnych uczelni).

W 2014 r. Schwartz został członkiem rady powierniczej Rutgers University[3]. Gdy piszę te słowa – 9 maja 2017 r. – na swym profilu LinkedIn doktor Schwartz wciąż podaje, że zasiada w tej radzie[4], aczkolwiek na oficjalnej stronie uniwersytetu nie figuruje już wśród jej członków[5].

Kolejna intrygująca zbieżność: na Rutgers University studiował nie kto inny jak Thomas Renyi. Tak, ten sam bankier na różne sposoby związany z senatorem D’Amato. Dokładnie rzecz biorąc, agent amerykańskiego wywiadu wojskowego, który działał tam, gdzie Bogatin – w Wietnamie. A potem został szefem Bank of New York. Czyli banku, w którym boss Bogatina, Siemion Mogilewicz, prał miliardy dolarów rosyjskiej mafii. Dzisiaj Thomas Renyi jest ważną figurą w Rutgers University. Ufundował tam katedrę bankowości swego imienia[6].

W oficjalnym życiorysie Antoniego Macierewicza – zamieszczonym na stronie internetowej MON-u – czytamy, że Macierewicz: „zainaugurował Forum Światowych Liderów w Radzie Uniwersytetu Rutgers w USA do spraw Publicznych i Międzynarodowych”[7].

1 http://uhr.rutgers.edu/umdnj-site-redirect
2 http://njms.rutgers.edu/departments/medicine/divisions/derm/teaching_staff.cfm
3 https://spaa.newark.rutgers.edu/robert-a-schwartz
4 https://www.linkedin.com/in/robert-a-schwartz-md-mph-dsc-hon-b0a83186/
5 http://governingboards.rutgers.edu/board-trustees/board-trustees-membership-listing
6 https://www.newark.rutgers.edu/thomas-renyis-endowed-chair-helps-elevate-stature-rutgers-business-school
7 http://www.mon.gov.pl/ministerstwo/kierownictwo/minister-obrony-narodowej-antoni-macierewicz/

WĘGIERSKI ŁĄCZNIK

Przyjrzyjmy się jeszcze jednemu znajomemu senatora D'Amato. Chodzi o Arthura J. Finkelsteina – doradcę politycznego uważanego za mistrza czarnego PR-u.

Według licznych i wiarygodnych źródeł, swą trzecią kadencję w Senacie – w latach 1993–1999 – Alfonse D'Amato zawdzięcza Finkelsteinowi.

Cytuję „New York Times" z 5 listopada 1992 r.: „W republikańskich kręgach powszechnie uznany za mistrza strategii [...]. Artur Finkelstein to strateg, który stoi za zwycięską walką Alfonse'a D'Amato o trzecią kadencję. Próbując doprowadzić do reelekcji kandydata łatwego do atakowania ze względu na kwestie etyczne, Finkelstein zaplanował kampanię, która wychwalała korzyści odniesione przez państwo dzięki służbie senatora D'Amato – i zepchnęła do defensywy jego rywala, Roberta Abramsa, atakowanego za beznadziejny liberalizm. [...] «To jeden z najbardziej twórczych ludzi, jakich kiedykolwiek poznałem» – mówi Carter Wrenn, który przez 20 lat pracował z Finkelsteinem przy republikańskich kampaniach [...]. «Jest olśniewający, gdy analizuje sondaże i słupki» [...]. Jakieś hobby? Skąd miałby wziąć na to czas"[1].

Dzisiaj Arthur J. Finkelstein jest doradcą proputinowskiego premiera Węgier, Viktora Orbána. Finkelstein jest również wspólnikiem głównego strategicznego doradcy Orbána, który nazywa się Árpád Habony i wydaje na Węgrzech bezpłatną gazetę „Lokál"[2].

Finkelstein i Habony posiadają razem firmę Danube Business Consulting, zarejestrowaną w Londynie[3]. Informację tę podają także media spoza Węgier, np. agencja UPI[4].

Habony uczestniczył w tzw. budapeszteńskim skandalu 5. dzielnicy – kiedy to zdefraudowano miliardy forintów pochodzących z unijnych dotacji. Wśród osób, które uzyskały korzyści z tej afery, był też minister spraw

1 http://www.nytimes.com/1992/11/05/nyregion/1992-elections-new-york-state-behind-victory-d-amato-strategist-shuns-spotlight.html?scp=1&sq=%22Arthur+J.+Finkelstein%22+d%27amato&st=nyt

2 https://theorangefiles.hu/arpad-habony/

3 https://bbj.hu/business/szazadvegs-analyst-to-team-up-with-habony_97588

4 http://www.upi.com/Top_News/Opinion/2016/12/15/Manufacture-of-hatred-scapegoating-refugees-in-Central-Europe/6551481818100/

wewnętrznych Sándor Pintér[1]. Pintér był ministrem spraw wewnętrznych w poprzednich rządach Orbána. W obecnym rządzie też jest szefem tego resortu. W latach 70. i 80. pracował w komunistycznej węgierskiej policji. Robił karierę w stolicy: w 1985 r. został dowódcą dzielnicowego wydziału śledczego, trzy lata później – szefem wydziału śledczego w okręgu peszteńskim[2].

Na węgierskich stronach internetowych, także anglojęzycznych, można przeczytać, że Pinter był opłacany przez Siemiona Mogilewicza. Gangster-finansista miał płacić policjantowi, później ministrowi, żeby ten nie przeszkadzał mu działać na Węgrzech[3].

D'AMATO, TRUMP, SATER – I ZNOWU MOGILEWICZ

Przypomnijmy też, że D'Amato wcześnie poparł Donalda Trumpa – pięć miesięcy przed uzyskaniem nominacji Partii Republikańskiej. Trump został nominowany w lipcu 2016 r., D'Amato poparł go w lutym[4].

Doradcą prezydenta Trumpa jest Felix Sater, który w poprzednich latach ratował go jako biznesmena. Sater pochodzi z Rosji i jest synem Michaiła Szeferowskiego – jednego z przybocznych gangsterów Mogilewicza[5]. Miał też bliskie związki biznesowe z mafijną rodziną Gambino (z którą, jak pamiętamy, dobre stosunki utrzymywał senator D'Amato).

Na renomowanym portalu War Is Boring dziennikarz śledczy Brian Frydenborg pisze tak: „W połowie pierwszej dekady XXI w. Donaldowi Trumpowi ciężko było znaleźć inwestorów. W 2004 r. ogłosił właśnie bankructwo jednego ze swoich największych biznesów hazardowych, dług sięgał 1 mld 800 mln dolarów. Zaraz potem, w 2009 r., miał ogłosić następne bankructwo i wszyscy najwięksi inwestorzy z Wall Street przestali oferować mu kredyt ze względu na jego nieskuteczne i podejrzane praktyki biznesowe [...].

1 http://budapestbeacon.com/public-policy/olaf-points-finger-of-blame-at-budapest-district-5-under-antal-rogan/18489
2 https://archive.is/KXn3H
3 http://hungarianspectrum.org/2017/02/05/does-putin-have-something-on-orban-suspicion-lingers/
4 http://nypost.com/2016/02/22/al-damato-thinks-trump-will-win-gop-nomination/
5 http://www.judicialwatch.org/bulletins/who-is-felix-sater/

Jednak w 2008 r. jego syn, Donald Trump Jr, jakoś mógł oznajmić publicznie, że «Rosjanie stanowią kluczowy i nieproporcjonalnie wielki element naszych zasobów» i «widzimy, że mnóstwo pieniędzy spływa do nas z Rosji».

W tym czasie Trump agresywnie zalecał się do rosyjskiego biznesu [...]. Jednym z ludzi Trumpa, którzy w tych staraniach grali kluczową rolę, był Felix Sater. Ojciec Satera robił za «kapitana» u rosyjskiego mafijnego bossa Siemiona Mogilewicza.

Biura firmy Bayrock – spółki Satera zajmującej się nieruchomościami – znajdowały się nawet w Trump Tower, gdy firmą zarządzał, a tak naprawdę rządził Sater.

Sater, człowiek z przeszłością kryminalną i pełną przemocy, został przyłapany na Wall Street w trakcie przeprowadzania skomplikowanego oszustwa giełdowego na kwotę 41 mln dolarów. Oszustwo opierało się na wykorzystaniu rosyjskiej mafii do prania pieniędzy. Dochodziło do niego, gdy Mogilewicz na wielką skalę uprawiał szwindle giełdowe oraz prał pieniądze w Ameryce. [...] Sater zaczął pracować z Trumpem na początku pierwszej dekady XXI w. Pomagał mu dobijać targu w jego deweloperskich biznesach w Moskwie, a nawet oprowadzał jego dzieci, Iwankę i Donalda Jr, po rosyjskiej stolicy [...]. Sater wprowadził Trumpa do firmy Bayrock. Jego poprzedni wspólnik [...] przyznał się do winy, gdy postawiono mu zarzut, że przez 13 lat wymuszał haracze wspólnie z mafijną rodziną Gambino [...]. Pod koniec 2003 r. Trump zaczął łakomie spoglądać na Camelback Road w mieście Phoenix z zamiarem postawienia tam luksusowego wieżowca [...]. Mieszkańcy protestowali [...]. Wspólnicy Satera używali gróźb karalnych, łapówek i oszustw, żeby ich odstraszyć. Ernie Mennes, właściciel posiadłości w Camelback, który wszedł w układ z Trumpem i firmą Bayrock, pozwał ją w roku 2007, oskarżając Satera o zastraszanie – «odetnę ci nogi i zostawię cię martwego w bagażniku» – i wykradanie pieniędzy z budżetu inwestycji [...]"[1].

W „Washington Post" czytamy, że Sater w 1991 r. zmasakrował człowieka na Manhattanie (złamał mu szczękę i poranił twarz szkłem[2]). Dostał za

1 http://warisboring.com/trumps-real-estate-deals-took-money-from-russian-crooks/

2 https://www.washingtonpost.com/politics/former-mafia-linked-figure-describes-association-with-trump/2016/05/17/cec6c2c6-16d3-11e6-aa55-670cabef46e0_story.html?utm_term=.a9659133508e

to rok więzienia. Na przełomie tysiącleci prowadził nielegalny handel bronią[1]. Temu właśnie człowiekowi prezydent Trump powierzył negocjacje w sprawie ewentualnego... wydzierżawienia Krymu Rosji przez Ukrainę. Pisały o tym w USA „New York Times"[2], a w Polsce – „Gazeta Wyborcza"[3].

Szefem kampanii Trumpa był Paul Manafort, doradca kremlowskiego prezydenta Ukrainy, Janukowycza, i wspólnik ukraińskiego oligarchy Firtasza[4]. Według Foreign Policy i innych licznych źródeł, oligarcha Firtasz był marionetką Mogilewicza na Ukrainie[5].

D'AMATO O „DOBREJ ZMIANIE" I SMOLEŃSKU

26 kwietnia 2016 r. D'Amato wystąpił w polskiej państwowej telewizji informacyjnej TVP Info. I zaczął wychwalać „dobrą zmianę" w Polsce: „ Ludzie zagłosowali na PiS i dali absolutną [!] większość tej partii [...]. Cieszę się, że mamy takiego silnego sojusznika" – powiedział. Zapytany o katastrofę smoleńską odpowiedział, że w tej sprawie nigdy nie było niezależnego i sprawiedliwego śledztwa. „Uważam, że takie śledztwo powinno zostać przeprowadzone" – dodał[6].

KRÓTKIE ZESTAWIENIE FAKTÓW W SPRAWIE D'AMATO

Podsumujmy to, co wiemy o byłym senatorze D'Amato. Podobnie jak w sprawie Luśni – trzymajmy się pewników i ograniczmy do minimum hipotezy.

D'Amato to współpracownik i sojusznik Macierewicza za oceanem. Macierewicz wynajął firmę D'Amato do obsługi najważniejszego wydarzenia wojskowego w Polsce, jakim był szczyt NATO. Powierzył tej firmie obsługę wielkiego państwowego koncernu zbrojeniowego.

1 https://www.the-american-interest.com/2016/12/19/the-curious-world-of-donald-trumps-private-russian-connections/
2 https://www.nytimes.com/2017/02/19/us/politics/donald-trump-ukraine-russia.html?_r=3
3 http://wyborcza.pl/7,75968,21415126,duet-egzotyczny-w-sprawie-klatwy.html
4 https://www.theguardian.com/world/2017/feb/21/austria-grants-us-request-to-extradite-ukrainian-mogul-dmytro-firtash)
5 http://foreignpolicy.com/2014/03/19/married-to-the-ukrainian-mob/
6 http://vod.tvp.pl/24774988/26042016

Zerwał kontrakt na francuskie śmigłowce Caracal. Zadeklarował, że zamiast nich kupi black hawki produkowane przez koncern Lockheed Martin, który jest klientem pana D'Amato i jego firmy.

W Nowym Jorku D'Amato wziął pod swoje skrzydła Edmunda Jannigera, protegowanego Macierewicza.

W latach 80. D'Amato współpracował z organizacją POMOST, której lider Janusz Subczyński został później wspólnikiem biznesowym i publicystą Macierewicza.

D'Amato na liczne sposoby był związany z Bank of New York. W tym banku miliardy dolarów prał Siemion Mogilewicz, globalny gangster, który dziś jest tajną bronią Putina.

Pana D'Amato łączą liczne relacje z Thomasem Renyi, który kierował bankiem, gdy pieniądze w nim prał Mogilewicz. Wcześniej Renyi był agentem wywiadu wojskowego w Wietnamie. Czyli tam, gdzie po sowiecko-komunistycznej stronie służył David Bogatin – późniejszy człowiek Mogilewicza.

D'Amato związany jest z mafijnymi rodzinami Gambino i Genovese, które z kolei współpracowały z rosyjską mafią. Klan Genovese intensywnie wspierał rosyjskich gangsterów z Nowego Jorku znajdujących się pod opieką Mogilewicza.

Sam Kislin, człowiek „Sołncewa" – rosyjskiej mafii najbliższej Mogilewiczowi – był sponsorem kampanii D'Amato do Senatu.

D'Amato obsługuje wielkie koncerny, które robią interesy z Moskwą. Kupują od niej silniki rakietowe i sprzedają je amerykańskim władzom, co jest oceniane jako zagrożenie dla bezpieczeństwa USA.

CZĘŚĆ CZWARTA
GRU, MAFIA, MOGILEWICZ – I POLSKA

W poprzednich częściach książki wielokrotnie pisałem o GRU i „Sołncewie". Obie organizacje odgrywają kluczową rolę w naszej historii.

Na podstawie wszystkich zebranych faktów uważam, że w sprawie Macierewicza mafia sołncewska jest narzędziem. Narzędziem bardzo ważnym i skutecznym, elastycznym i wielofunkcyjnym – ale tylko narzędziem.

Tym narzędziem posługuje się GRU – rosyjski, a wcześniej sowiecki wywiad wojskowy. Mafię sołncewską mogą też wykorzystywać inne rosyjskie służby – ale jeśli chodzi o układ opisany w tej książce, stoi za nim GRU. Oczywiście, nad wywiadem wojskowym jest jeszcze Putin i minister obrony Federacji Rosyjskiej, generał Siergiej Szojgu. Ważną rolę odgrywa też Igor Sieczin, prezes koncernu Rosnieft, nazywany „nieformalnym zastępcą Putina". Sieczin – o czym za chwilę będzie mowa – w latach 80. pracował dla GRU (aczkolwiek nie do końca wiadomo, co robił dla tej służby).

Putin, Szojgu i prawdopodobnie Sieczin nadzorują poczynania wywiadu wojskowego – choć zapewne nie wszystkie. Każdy wywiad działa tajnie. I zwykle wykorzystuje tę tajność, żeby niektóre sprawy ukrywać nawet przed swoimi zwierzchnikami. „Sołncewo" jest narzędziem, GRU sprawcą, Putin, Szojgu i Sieczin – nadzorcami. A Mogilewicz?

Wszystko wskazuje na to, że gangster-finansista odgrywa szczególną rolę. Siemion Mogilewicz jest narzędziem, które okazało się na tyle sprawne, że uzyskało sporą moc decyzyjną.

Gangster-finansista stał się bezcennym łącznikiem między Putinem i GRU z jednej strony a mafią i globalną bankowością z drugiej. Rzecz jasna Mogilewicz wykonuje polecenia Putina i GRU. Ale wiele świadczy o tym, że nie jest to czysta podległość, ale raczej swoista współzależność.

PUTIN I MOGILEWICZ W KLINCZU?

24 stycznia 2008 r. rosyjskie władze aresztowały Mogilewicza za przestępstwa podatkowe[1]. Po 18 miesiącach wypuszczono go z aresztu. Dlaczego? Irina Dudukina – rzeczniczka Komitetu Śledczego rosyjskiego Ministerstwa Spraw Wewnętrznych – oświadczyła, że globalnego gangstera zwolniono, bo... „zarzuty przeciw niemu nie były szczególnie ciężkie, więc nie było potrzeby trzymać go w zamknięciu"[2].

Być może Władimir Putin postanowił ukarać Siemiona Mogilewicza – ale tak, by nie zniszczyć cennego narzędzia. Na 18 miesięcy posłał go więc do kąta. Według innej teorii Putin chciał się pozbyć Mogilewicza, jednak odkrył, że nie może tego zrobić, bo Mogilewicz pokazał władcy Kremla coś, co trzymało go w szachu... Przez 18 miesięcy trwał impas, a potem dwaj twardziele zrozumieli, że muszą przekuć klincz w kompromis.

KLAPS OD GRU?

Jeszcze inną, bardzo interesującą wersję wydarzeń podała „Nowaja Gazieta" w dniu 20 lutego 2008 r.[3]

Zdaniem gazety aresztowanie Mogilewicza miał nakazać Igor Sieczin – potężny prezes wielkiego państwowego koncernu petrochemicznego Rosnieft. Sieczin to podobno „numer dwa na Kremlu". Ma stać na czele „frakcji siłowej" – popierającej rozwiązania autorytarne, dążącej do konfliktu z Zachodem, związanej z wojskiem i służbami. A więc również z wojskową służbą GRU.

Według licznych źródeł Sieczin w latach 80. był funkcjonariuszem lub pracownikiem tej służby. Pisze tak cytowany we wstępie ekspert Mark Galeotti. Informację tę można również znaleźć w wielu mediach – od „New York Times"[4] po biznesowy magazynu „Forbes"[5]. W opracowaniu „Mr. Pu-

1 http://www.reuters.com/article/us-russia-businessman-arrest-idUSL2537376820080125
2 http://www.reuters.com/article/us-russia-crime-idUSTRE56Q0JT20090727
3 https://www.novayagazeta.ru/articles/2008/02/21/39209-prihodili-koshmarili-zastavlyali
4 http://www.nytimes.com/2012/07/25/business/global/rosneft-opens-talks-on-buying-bps-stake-in-oil-joint-venture.html
5 https://www.forbes.com/2009/11/09/igor-sechin-rosneft-leadership-power-09-oil.html

tin: Operative in the Kremlin" autorstwa Fiony Hill i Clifforda Gaddy'ego[1] czytamy, że szpiegowska przeszłość Sieczina może być częściowo tworem jego mitomanii. Zdaniem autorów, współpracując ze służbami, Sieczin pełnił raczej funkcje pomocnicze, nie szpiegowskie. Autorzy przyznają jednak, że w latach 1982–1987 Igor Sieczin musiał pracować dla GRU w Afryce.

Czemu Sieczin kazał zamknąć jednego z największych przestępców świata, aby po 18 miesiącach ujrzeć go na wolności?

„Nowaja Gazieta" tłumaczy to w sposób zawiły (choć psychologicznie zrozumiały). Mogilewicz robił gigantyczne biznesy na Ukrainie z rosyjskim państwowym koncernem Gazprom (największym światowym wydobywcą gazu ziemnego). Potęga Gazpromu kłuła w oczy drugi wielki państwowy koncern – Rosnieft – i jego prezesa Sieczina. Dlatego Sieczin na jakiś czas kazał zamknąć Mogilewicza, żeby pośrednio dać prztyczka w nos Gazpromowi. A jeszcze bardziej pośrednio – ówczesnemu wicepremierowi Miedwiediewowi, który w rządzie zajmował się Gazpromem (i drażnił Sieczina, bo przybierał pozę liberała).

Ale możliwe jest znacznie prostsze wytłumaczenie.

Może GRU postanowiło dać klapsa agentowi Mogilewiczowi, który poczuł się zbyt samodzielny? Może to nie sam Putin posłał Mogilewicza do kąta, tylko wywiad wojskowy w osobie Sieczina?

NIETYKALNY MOGILEWICZ, ZBROJNY BUT I PRUSZKOWSKI WŁOCH

Półtora miesiąca po tym, jak Mogilewicz trafił do aresztu, w Tajlandii został aresztowany słynny rosyjski handlarz bronią Wiktor But (Viktor Bout). Według Louise Shelley – dyrektorki amerykańskiego Centrum ds. Terroryzmu, Przestępczości Międzynarodowej i Korupcji, cytowanej m.in. przez CNN – oba aresztowania mogły być ze sobą związane.

„Niektórzy, jak Louise Shelley, amerykańska badaczka międzynarodowej przestępczości zorganizowanej, wiążą aresztowanie Buta z szerszą zmianą w Rosji. Siemion Mogilewicz, operujący w Moskwie biznesmen od dawna

1 F. Hill, C. Gaddy, *Mr. Putin. Operative in the Kremlin*, Brooking Institution Press 2015, s. 458.

poszukiwany przez Interpol, 24 stycznia został aresztowany pod zarzutem oszustw podatkowych" – pisał „Economist"[1].

Jak wiadomo, „szerszej zmiany w Rosji" nie było. Na pewno nie w sprawie nietykalności Mogilewicza. Może ktoś próbował coś zmienić, ale się nie udało – i Mogilewicz znów jest wolny.

Wiktor But miał większego pecha: aresztowano go nie w Rosji, tylko w Tajlandii. A ten kraj wydał go Stanom Zjednoczonym. Jak podaje m.in. Agencja Reutera, handlarz bronią odsiaduje teraz 25-letni wyrok za „zmowę w celu mordowania Amerykanów"[2].

Louise Shelley ma jednak rację co do tego, że aresztowania obu panów mogły być ze sobą powiązane. Bo Mogilewicza i Buta wiele łączyło. Działali w tej samej branży – handlu bronią – mieli też wspólnych partnerów w innych interesach, na przykład pewnego Polaka o cudzoziemskim nazwisku. Był to słynny w swoim czasie Ricardo (Riccardo) Fanchini. A tak naprawdę – Marian Ryszard Kozina.

Kozina urodził się w Katowicach. Współpracował z gangiem pruszkowskim (który też był częścią „rosyjskiej strefy wpływów" Mogilewicza). A mimo to przybrał włoskie nazwisko.

Wiele źródeł podaje, że miał włoskiego ojca, stąd taka decyzja. Możliwe. Ale bez wątpienia głównym powodem było to, że Kozina-Fanchini chciał działać na całym świecie. A międzynarodowemu gangsterowi lepiej służy włoskie nazwisko niż polskie.

„Był związany z pruszkowskim gangiem. Pruszkowski gang dominował w polskiej przestępczości zorganizowanej, odpowiadając za handel narkotykami, kradzionymi niemieckimi limuzynami i czarnorynkowym alkoholem [...]. Chociaż gang stracił swoje wpływy i większość jego członków jest w więzieniu lub grobie, Fanchini nadal prosperował, częściowo dzięki swym powiązaniom z rosyjskimi bossami, wliczając w to Siemiona Mogilewicza, który był gościem na jego weselu, i przemytnika broni Wiktora Buta. Ze swym wspólnikiem Borysem «Bibą» Najfeldem założył firmę handlowo-eksportową, która zajmowała się wszystkim – od papierosów i czekolady po elektronikę" – tak karierę Fanchiniego opisywało BBC[3].

1 *Suited and booted*, „The Economist", 13 marca 2008 r. http://www.economist.com/node/10853742
2 http://www.reuters.com/article/us-usa-crime-bout-idUSBRE98Q0PG20130927
3 *Time catches up with global ganster*, 19 lutego 2009 r.: http://news.bbc.co.uk/2/hi/europe/7869705.stm

W swym materiale BBC powoływało się m.in. na polskiego dziennikarza Jarosława Jakimczyka, który trzy lata wcześniej na łamach „Wprost" nazwał Fanchiniego „polskim Alem Capone" i „następcą Mogilewicza". Cytuję obszerne fragmenty tekstu Jakimczyka: „W gangsterskim świecie zaszedł wyżej niż nieżyjący już Jeremiasz Barański, pseudonim Baranina. Urodzony w Katowicach Marian Ryszard Kozina znany jest bardziej jako Ricardo Fanchini [...]. Policje i tajne służby krajów połowy Europy i USA depczą Kozinie po piętach od ponad 20 lat. [...] 18 kwietnia 2006 r. Ricardo Fanchini vel Marian Kozina hucznie świętował swoje 50. urodziny [...] w hotelu Grand Hyatt przy Marlene Dietrich-Platz [...], 500 metrów od Reichstagu i urzędu kanclerskiego. [...] 18 kwietnia na hotelowym podjeździe widzieliśmy sznur mercedesów i bentleyów. [...] Gościem Koziny był też Wiktor Feliksjewicz Wekselberg, jeden z najbardziej wpływowych na Kremlu oligarchów [...]. Urodzony w Katowicach Kozina pod koniec lat 70. przeprowadził się w rejon Trójmiasta. Tam nawiązał współpracę z Nikosiem, który już wtedy wysługiwał się odłamem rosyjskiej mafii z Litwy [...]. W połowie lat 90. Fanchini był już najbardziej znanym i zasłużonym polskim gangsterem w świecie międzynarodowej przestępczości. Był jednym z tuzów, można nawet powiedzieć ojcem chrzestnym polskiej mafii – mówi «Wprost» gen. Adam Rapacki, jeden z twórców Centralnego Biura Śledczego. Fanchini cieszył się takim uznaniem, że w 1996 r. [...] na jego zaproszenie w Warszawie gangsterski szczyt urządzili bossowie neapolitańskiej camorry. [...] Rok później na Mazurach Fanchini zorganizował szczyt bossów mafii z terenów byłego ZSRR, a w 1998 r. był gospodarzem spotkania narkotykowych baronów z Ameryki Południowej. [...] Związki Fanchiniego z rosyjską mafią pokazuje historia firmy M&S, w której [...] Fanchini miał udziały. W związku z jej działalnością na Śląsk przyjeżdżał Borys «Biba» Najfeld, jeden z najważniejszych szefów mafii z Brighton Beach, niegdyś ochroniarz ojców założycieli rosyjskiego syndykatu zbrodni – Jewsieja Agrona i Marata Bałaguły [...]. Fanchini – według ustaleń tajnych służb kilku krajów UE przekazanych polskiej policji – znał ważnych rosyjskich gangsterów działających w USA: Marata Bałagułę (zatrzymanego pod koniec lat 80. w Niemczech i skazanego za malwersacje finansowe i oszustwa w USA) i Wiaczesława Iwankowa, ps. Japończyk [...]. Zespół ekspertów ds. ponadnarodowej przestępczości zorganizowanej z krajów G-8 w raporcie ze stycznia 1998 r. «Stany Zjednoczone Ameryki: opis rosyjskich, wschodnioeuropejskich i eurazjatyckich przedsięwzięć kryminalnych», powołując się na dane rosyjskiego Ministerstwa Spraw Wewnętrznych z 1996 r., wymienia grupę Fanchiniego w jednym rzędzie obok organizacji Siemiona Mogilewicza, ps. Seva. Poszukiwany przez FBI Mogilewicz ma opinię najgroźniejszego rosyjskiego gangstera i szefa mafii z Sołncewa. Według informacji polskich organów ścigania Fanchini był w 1996 r. gościem na 50. urodzinach Mogilewicza".[1]

Sami znajomi – chciałoby się powiedzieć.

BUT I GRU

Dodajmy jeszcze, że Wiktor But jest związany z rosyjskimi służbami specjalnymi. Najprawdopodobniej z wojskowym wywiadem GRU.

5 marca 2005 r. „The New Yorker" napisał, że But pracował dla GRU. Amerykański tygodnik powołał się na trzy niezależne źródła związane z przestępczością zorganizowaną, wywiadem i samym Butem[2]. Podobne informacje przytaczały inne media, m.in. „Economist" i „Foreign Policy", a w Polsce „Przegląd"[3]. Z tych doniesień wynika, że But był oficerem GRU – najprawdopodobniej w stopniu majora.

Omawiając ścisłe związki kremlowskich służb i mafii, Mark Galeotti z Europejskiej Rady Spraw Zagranicznych (ECFR) pisze tak: „Najlepszym przykładem jest Wiktor But, człowiek, którego kariera rozgrywała się w świecie zbrodni, biznesu i wywiadu – często we wszystkich tych trzech światach równocześnie. Oficer służb specjalnych, najprawdopodobniej z GRU, założył lotniczą firmę transportową, która oferowała frachty do niebezpiecznych miejsc [...]. Był też związany z [...] handlem bronią, niekiedy jako oczywisty agent państwa rosyjskiego [...]. Są pewne wątpliwości co do tego, dla której służby pracował, ale najprawdopodobniej wywodził się z GRU. Świadczy o tym przebieg jego kariery. Zaczynał z dyplomem Sowieckiego Wojskowego Instytutu Języków Obcych (jedna z głównych wylę-

1 *Polski Al Capone*, „Wprost", 21 maja 2006 r.: https://www.wprost.pl/90294/Polski-Al-Capone
2 http://www.newyorker.com/magazine/2012/03/05/disarming-viktor-bout
3 https://www.tygodnikprzeglad.pl/handlarz-smiercia-potrzasku/

garni rekrutów GRU). Potem przebywał we względnie «gorących» rejonach, takich jak Angola i Afganistan"[1].

Na swoim blogu „In Moscow's Shadows" Galeotti obala domysły, według których But miał pracować dla KGB. Ekspert podaje dodatkowe okoliczności świadczące o tym, że handlarz bronią nie był człowiekiem KGB. Oto one: Wiktor But odbył normalną służbę wojskową (która KGB-istów raczej nie dotyczyła). Miał zawsze łatwy dostęp do towarowego transportu lotniczego i zasobów broni. A przede wszystkim – w latach 80. pracował ze wspomnianym już Igorem Sieczinem (prezesem Rosnieftu związanym z GRU)[2].

Z tekstu Galeottiego wynika, że kojarzenie Buta z KGB jest wynikiem lenistwa umysłowego. Ludzie Zachodu kojarzą automatycznie: „Ruski szpieg? To KGB!".

Można się zastanawiać, czy nie jest to dla GRU bardzo wygodne.

GRU I HANDEL BRONIĄ

Jeszcze jedna uwaga dotycząca Buta, ale i Mogilewicza. Byłoby dziwne, gdyby rosyjski handlarz bronią nie miał związków z rosyjskim wywiadem wojskowym. Bo według wielu źródeł biznes ten jest opanowany przez ów wywiad. Jedno z najdokładniejszych śledztw dziennikarskich w tej sprawie przeprowadził najbardziej wiarygodny tygodnik niemiecki – „Der Spiegel".

17 listopada 2010 r. pismo opublikowało specjalny raport, w którym czytamy: „Śledztwo, które «Spiegel» przeprowadził w Moskwie – w mieście, które jest eldorado światowych handlarzy bronią – udowodniło, że istnieje ścisła więź między tymi handlarzami a rosyjskim wywiadem wojskowym GRU. «Nasz wywiad obserwuje i często kontroluje prawie wszystkich dilerów broni w Moskwie» – mówi wewnętrzne źródło. Inny ekspert z branży opisuje stosowany przy tym biznesowy kamuflaż: «Nielegalna sprzedaż broni prowadzona jest za pośrednictwem firm założonych przez emerytowanych oficerów GRU». Agenci wciąż będący na służbie nadzorują tę trans-

1 http://www.ecfr.eu/publications/summary/crimintern_how_the_kremlin_uses_russias_criminal_networks_in_europe?utm_content=buffer9846a&utm_medium=social&utm_source=twitter.com&utm_campaign=buffer

2 https://inmoscowsshadows.wordpress.com/2010/08/31/viktor-bout-gru-not-kgb/

akcję, dodaje ekspert, a dochody są dzielone – rosyjski wywiad bierze dla siebie ok. 30 proc."[1].

Rosyjscy przestępcy słyną z tego, że pobierają ogromny haracz i robią to bezwzględnie. Ale, jak widać, jest ktoś, kto bezwzględnie pobiera taki haracz od rosyjskich przestępców. I to tych najlepiej uzbrojonych.

Zapoznajmy się bliżej z GRU.

NAJTAJNIEJSZA Z TAJNYCH SŁUŻB

GRU to skrót od Gławnoje Razwiedywatielnoje Uprawlienije. Można to tłumaczyć jako „Główny Zarząd Wywiadowczy". Pełna nazwa tej służby brzmi dzisiaj tak: „Główny Zarząd Wywiadowczy Sztabu Generalnego Sił Zbrojnych Federacji Rosyjskiej". Dlatego czasem używa się skrótu GRU Gsz (*GRU Gienieralnowo Sztaba*).

GRU powstało w 1918 r. A więc zaraz po bolszewickiej rewolucji październikowej z 1917 r.

W historii GRU nie było więcej rewolucji. Niezależnie od drobnych zmian dotyczących struktury wojskowego wywiadu i jego relacji ze zwierzchnią władzą służba przetrwała do dziś. Niebawem będzie obchodzić stulecie istnienia.

Szefem GRU jest dziś generał Igor Korobow, który objął swe stanowisko 1 lutego 2016 r. po miesięcznym bezkrólewiu. Poprzedni szef, generał Igor Siergun, zmarł 3 stycznia w niejasnych okolicznościach. I natychmiast wybuchła cicha, ale zaciekła walka o „tron po Siergunie", która trwała przez 28 dni. Korobow ją wygrał, a pomagał mu w tym oligarcha Aliszer Usmanow związany ze słynnym państwowym koncernem Gazprom.

Do tej sprawy jeszcze wrócimy. Podobnie jak do oligarchy Aliszera Usmanowa, bo jest on związany nie tylko z Gazpromem i z generałem Korobowem. Oligarcha Usmanow jest człowiekiem mafii sołncewskiej – tej samej, która przez lata najbliżej współpracowała z globalnym gangsterem Mogilewiczem.

Oczywiście, o tych rozgrywkach na szczytach GRU niewiele wiadomo. Rosyjski wywiad wojskowy słusznie nazywany jest „najtajniejszą z tajnych służb".

---

1 http://www.spiegel.de/international/world/moscow-s-gray-weapons-market-russian-intelligence-supports-dubious-arms-deals-a-729508.html

Jej były oficer, Wiktor Suworow (prawdziwe nazwisko: Władimir Rezun), opisał metody działania GRU w słynnej książce „Akwarium". Według Rezuna-Suworowa w Związku Sowieckim wywiad wojskowy wolał się nie afiszować. W przeciwieństwie do cywilnych służb specjalnych KGB, które dbały o swoją sławę.

Wyglądało to tak: każdy obywatel ZSRR wiedział, że w jego zakładzie pracy, domu czy szkole ktoś donosi do KGB. Słyszał też o budzącej grozę Łubiance. Była to centralna moskiewska siedziba KGB połączona z aresztem śledczym. Trudno było ignorować jej istnienie. Mieściła się w ścisłym śródmieściu Moskwy – w wielkim gmachu, który po przebudowie w latach 80. stał się jeszcze bardziej imponujący. Od lat 70. zaczęła zyskiwać sławę nie tylko w Sowietach, lecz także na Zachodzie (dzięki powieściom szpiegowskim i relacjom emigrantów). Dziś nadal pełni swoją funkcję: jest siedzibą Federalnej Służby Bezpieczeństwa (FSB), która przejęła po KGB zadania, ludzi, fundusze, budynek... i sporą część ponurej sławy.

KGB było tajną, a mimo to głośną organizacją. Za to o GRU prawie nikt nie słyszał, nawet w Sowietach. Podobnie jak o siedzibie tej służby. Jej biuro też znajdowało się w stolicy, ale znacznie dalej od centrum, przy starym lotnisku. Budynek, pierwotnie przeznaczony na szpital, był obficie oszklony. Po przejęciu go przez GRU został dyskretnie przystosowany do potrzeb wywiadowczych. Funkcjonariusze nazywali go „*Stiekliaszka*" (pawilon ze szkła). Dopiero w latach 80. Rezun-Suworow rozsławił go jako „Akwarium".

Autor o GRU pisał tak: „Dla zwykłego obywatela, a nawet dla wszystkich sił policyjnych w Sowietach, te trzy litery nic nie znaczą i z niczym specjalnym się nie kojarzą. KGB może liczyć na miliony ochotników do współpracy. GRU nie ma ani jednego. Oto główna różnica. GRU jest całkowicie tajne. Jako że nikt o nim nie wie, nikt nie może do niego wejść z własnej inicjatywy"[1] (cytuję za wersją anglojęzyczną, która dostępna jest w internecie).

W służbach specjalnych tajność zwykle opłaca się bardziej niż rozgłos. Zdaniem licznych komentatorów GRU było i jest skuteczniejszą organizacją niż cywilne KGB/FSB. Takie opinie powtarzają się też w polskich mediach[2].

1 https://pl.scribd.com/doc/46398733/Suvorov-Aquarium-The-Career-and-Defection-of-a-Soviet-Spy-1985

2 http://www.tvn24.pl/wiadomosci-ze-swiata,2/najbardziej-elitarna-sluzba-rosji-gru-czyli-szpiedzy-z-akwarium,478667.html

W 1992 r. oficer GRU Stanisław Łuniew przeszedł na stronę Amerykanów. I publicznie udostępnił swoje informacje na temat działań tej służby w Stanach Zjednoczonych. Według Łuniewa GRU umieściło miniładunki nuklearne w strategicznych miejscach na terenie USA. Oficer twierdził, że rosyjski wywiad w każdej chwili może zdalnie odpalić te ładunki (niszcząc kluczowe elementy amerykańskiej infrastruktury i likwidując członków amerykańskich władz).

Łuniew oznajmił też, że GRU zainstalowało zapasy trucizny przy najważniejszych amerykańskich rezerwuarach wody – a także w rzece Potomak, płynącej przez Waszyngton. Również te zapasy miałyby czekać na ewentualną aktywizację. Zdalnie uruchomione wytrułyby ludność stolicy i innych największych miast w USA, powodując panikę i chaos w całym kraju.

Informacje Łuniewa o groźbie dostania się trucizny do amerykańskich wód potwierdził Aleksandr Kuźminow (inny rosyjski oficer, który przeszedł na stronę wroga). Obaj oficerowie wydali na Zachodzie książki o elektryzujących tytułach („Oczyma wroga"[1] i „Szpiegostwo biologiczne"[2]).

Informacje Łuniewa odbiły się echem w internecie. Miłośnicy teorii spiskowych wciąż dyskutują o „atomowych bombach walizkowych". Łatwo można się o tym przekonać, wpisując w wyszukiwarkę słowa „Lunev" i „*suitcase nukes*".

Jednak według Vahida Majidi – wicedyrektora departamentu ds. broni masowego rażenia w FBI – nikomu nie udało się dowieść, że „walizkowe bomby atomowe" w ogóle istnieją[3]. Dlatego rewelacje Łuniewa i Kuźminowa brzmią raczej jak „przeciek kontrolowany", którego celem jest wywołanie grozy w przeciwniku.

Jeśli tak było, to w pewnej mierze się udało. Wielu internautów drży na samą myśl.

Pozwalam sobie na formułowanie takich hipotez, ponieważ GRU zajmuje się również wojną psychologiczną. Rozsiewa w internecie sfabrykowane lub skradzione przez siebie informacje.

---

1 S. Lunev, *Through the Eyes of the Enemy: The Autobiography of Stanislav Lunev*, Regnery Publishing 1998.

2 A. Kouzminov, *Biological Espionage: Special Operations of the Soviet and Russian Foreign Intelligence Services in the West*, Greenhill Books 2006.

3 http://abcnews.go.com/Technology/story?id=3848473&page=1

FIKUŚNY MIŚ

Hakerzy GRU znacząco się przyczynili do największego rosyjskiego sukcesu w 2016 r., czyli do wyboru Donalda Trumpa na prezydenta USA.

W czerwcu Krajowy Komitet amerykańskiej Partii Demokratycznej oświadczył, że „dwie grupy rosyjskich hakerów, pracujące dla dwóch rywalizujących ze sobą służb, spenetrowały systemy komputerowe komitetu i uzyskały dostęp do e-maili, czatów i wyników badań prowadzonych przeciwko Donaldowi Trumpowi"[1].

Tym dwóm hakerskim grupom specjaliści nadali swoje nazwy. Pierwszą ochrzcili mianem *Cozy Bear* lub *Cosy Bear* (można to przetłumaczyć jako „Przytulaśny Miś"). Drugą nazwali *Fancy Bear* („Fikuśny Miś").

„New York Times" pisał tak: „Komitet wezwał na pomoc firmę CrowdStrike zajmującą się cyberbezpieczeństwem [...]. Dmitri Alperovitch, założyciel CrowdStrike, mówi [...]: «To są niezwykle wyrafinowane grupy. Dobrze zacierają swoje ślady». Grupa *Fancy Bear* zaatakowała w kwietniu. Uważa się, że jest ona prowadzona przez GRU, czyli służbę wywiadu wojskowego".

Więcej o tej sprawie można przeczytać w „New York Magazine"[2]. Wspomina też o niej cytowany wcześniej raport Europejskiej Rady Spraw Zagranicznych[3] (ECFR).

KOSMICZNE GRU, KOSMICZNY D'AMATO

Wojskowi szpiedzy Kremla sięgają nie tylko Białego Domu, lecz także w przestrzeń pozaziemską. Bo rosyjski Zarząd Wywiadu Kosmicznego podlega właśnie GRU. Można o tym przeczytać chociażby na stronie internetowej Związku Amerykańskich Naukowców (FAS)[4] i w wielu miejscach w sieci.

1 „New York Times", 14 czerwca 2016 r.: https://www.nytimes.com/2016/06/15/us/politics/russian-hackers-dnc-trump.html?_r=0
2 http://nymag.com/selectall/2016/12/what-is-grizzly-steppe-fancy-bear-and-the-dnc-hack.html
3 http://www.ecfr.eu/publications/summary/crimintern_how_the_kremlin_uses_russias_criminal_networks_in_europe?utm_content=buffer9846a&utm_medium=social&utm_source=twitter.com&utm_campaign=buffer
4 https://fas.org/irp/nsa/ioss/threat96/part03.htm

W materiałach udostępnionych przez FAS czytamy, że Zarząd Wywiadu Kosmicznego jest jednym z dwóch wydziałów GRU, które prowadzą działania szpiegowskie przeciw Stanom Zjednoczonym[1].

Może to rzucać dodatkowe światło na działalność lobbysty Macierewicza, byłego senatora D'Amato, którego najwięksi klienci robią kosmiczne (dosłownie i w przenośni) interesy z Kremlem.

GRU I MOGILEWICZ

Podsumujmy to, co już wiemy na temat zbieżności między GRU i globalnym gangsterem Siemionem Mogilewiczem.

Mogilewicz zajmuje się handlem bronią, który znajduje się pod kontrolą GRU. Miał wspólnych partnerów biznesowych z Wiktorem Butem, który również handlował bronią i na pewno utrzymywał kontakty z GRU. A według wielu wiarygodnych źródeł był po prostu oficerem tej służby.

Mogilewicza i Buta aresztowano w podobnym czasie. W sprawę mógł być zamieszany Igor Sieczin, prezes Rosnieftu i człowiek GRU.

Mogilewicz był i prawdopodobnie nadal jest bossem Davida Bogatina. Bogatin – jako były żołnierz sowieckiej misji wojskowej w Wietnamie Północnym – też musiał mieć kontakty z GRU, o ile nie był po prostu agentem tej służby.

Mogilewicz i GRU wspólnie wspierają Trumpa. Gangster-finansista jest bossem rosyjskich sponsorów amerykańskiego prezydenta. Jego ludzie inwestowali w firmy Trumpa, gdy ten był w tarapatach finansowych. GRU zaś, jako „Fikuśny Miś", pomagało Trumpowi, hakując jego przeciwników podczas ostatniej kampanii prezydenckiej. Do tego człowiek Mogilewicza, Sam Kislin, sponsorował polityków, którzy później poparli Trumpa – Alfonse'a D'Amato, a także byłego burmistrza Nowego Jorku, Rudy'ego Giulianiego. Gdy to wyszło na jaw, Giuliani bronił Kislina. Mówił, że nie wierzy w raport FBI na temat jego przestępczych związków i praktyk. Nie podał jednak argumentów, które mogłyby podważyć wiarygodność raportu. Po-

1 https://fas.org/irp/nsa/ioss/threat96/part03.htm

wiedział za to: „Znam pana Kislina. Znam jego żonę”[1]. Dzisiaj Giuliani jest doradcą Trumpa ds. cyberbezpieczeństwa[2].

Oczywiście, w wypadku Trumpa można powiedzieć, że pomagało mu nie tylko GRU, ale także FSB (jako „Przytulaśny Miś”). Toteż wieloletnie powiązania Mogilewicza z prezydentem USA i jego zwolennikami niekoniecznie muszą prowadzić nas do GRU. Mogłoby chodzić o inną rosyjską służbę specjalną...

Ale zwolennik Trumpa, z którym Siemion Mogilewicz jest szczególnie silnie związany, to były senator D'Amato. Pana D'Amato z Mogilewiczem łączą nie tylko pieniądze Sama Kislina oraz klany Gambino i Genovese współpracujące z rosyjską mafią. D'Amato z Mogilewiczem łączy przede wszystkim Bank of New York, gdzie finansista zbrodni prał miliardy dolarów – i gdzie szefem był Thomas Renyi. Wojskowy wywiadowca, który stał się bankierem... Dodatkowo D'Amato jako lobbysta obsługuje wielkie koncerny pracujące dla wojska. I robiące interesy z Kremlem w sektorze kosmicznym, którym też zajmuje się GRU.

Rzecz jasna, Mogilewicz może również współpracować z innymi rosyjskimi służbami. Liczne cytowane przeze mnie źródła mówią o ścisłych relacjach między Mogilewiczem a Putinem. Jak wiadomo, Putin był funkcjonariuszem KGB. I jest blisko związany z FSB, następczynią KGB. Nie można więc wykluczyć, że jego bankier-bandyta pracuje także dla FSB. Doniesienia o takich powiązaniach Mogilewicza też można znaleźć.

Ale pewne jest, że Siemion Mogilewicz ma liczne powiązania z GRU. I w sprawach wojskowych bez wątpienia współpracuje z tą służbą.

JAK SZAKAL STAŁ SIĘ KASZALOTEM

Przyszedł czas, aby dokładniej przedstawić niezwykłą postać, jaką jest Mogilewicz.

Siemion Judkowicz Mogilewicz przyszedł na świat w roku 1946 w ukraińsko-żydowskiej rodzinie żyjącej pod Kijowem. Według informacji, które

1 http://nypost.com/1999/12/22/rudy-donor-linked-to-russian-mob/
2 https://www.washingtonpost.com/news/powerpost/wp/2017/01/12/trump-names-rudy-giuliani-as-cybersecurity-adviser/?utm_term=.c4d5eb399327

w 1999 r. podało BBC, rodzice byli dobrze ustosunkowani i względnie zamożni. Sam Mogilewicz miał ukończyć studia ekonomiczne[1].

Ekonomia, którą studiował, zapewne była marksistowska, komunistyczna. On jednak został rekinem kapitalizmu. A jeśli wziąć pod uwagę rozmiar, to nawet kaszalotem, ale takim, który żeruje w najbrudniejszych wodach.

W angielskiej transkrypcji jego nazwisko pisane jest: Semen Mogilevich, Semion Mogilevich lub Semyon Mogilevich. W źródłach medialnych i internetowych nasz gangster-finansista występuje także jako Seva Moguilevich, Semen Judkowicz Pałahniuk, Semon Yudkovich Palagnyuk, Semen Yudkovich Telesh, Simeon Mogilevitch, Semjon Mogilevics, Shimon Makelwitcsh, Shimon Makhelwitsh, Siergiej Jurewicz Sznajder, „Szwarc", „Don Siemion" i *Brainy Don*, czyli „Łebski Boss".

Robert I. Friedman uznaje go za szefa „Czerwonej mafii" – czyli rosyjskiej i postsowieckiej przestępczości zorganizowanej, która działa w USA i na świecie – aczkolwiek przyznaje, że początki zawrotnej kariery Mogilewicza były niezbyt imponujące, a przede wszystkim toną we mgle[2].

Z pogłosek można wnioskować, że w latach 70. przyszły geniusz zbrodni i finansów obracał się wśród pierwszych liuberowców. Kim byli liuberowcy? Tak nazywano członków młodzieżowej subkultury, która narodziła się pod Moskwą w miasteczku Liubercy. Czym się wyróżniali? Fascynowała ich przemoc i siła. Nienawidzili moskiewskiej młodzieży z dobrych domów, zafascynowanej Zachodem. W opozycji do niej liuberowcy „patriotycznie" wielbili potęgę sowieckiego imperium.

Jednak to uwielbienie nie do końca było odwzajemnione. Sowiecka władza niespecjalnie lubiła liuberowców. Młodzi „patrioci" uprawiali sport, sztuki walki, tworzyli pokątne siłownie i nieformalne „kluby mordobicia" w swoich piwnicach. Policja zaś – a dokładnie tzw. milicja, która w komunizmie pełniła funkcję policji – uważała to za poważne zagrożenie.

I chyba słusznie. Bo apetyt na przemoc rósł i wielu liuberowców aspirowało do rzeczy groźniejszych niż tylko osiedlowe chuligaństwo.

Fascynowała ich prawdziwa przestępczość. Czcili sowieckie imperium, czcili mistrzów sportu, ale często czcili też „złodziei według prawa", czyli starszych bandytów, okrutnych i doświadczonych.

1 http://news.bbc.co.uk/hi/english/static/events/panorama/transcripts/transcript_06_12_99.txt
2 http://www.villagevoice.com/news/the-most-dangerous-mobster-in-the-world-6419460

Nazwa wzięła się stąd, że „złodzieje według prawa" ściśle trzymali się bandyckich zwyczajów i hierarchii. A w każdym razie tak mówiły legendy, które o nich opowiadano, i piosenki, które o nich śpiewano.

W latach 70. Siemion Mogilewicz przekroczył trzydziestkę. To wiek, w którym chuligan zwykle przestaje być chuliganem. Albo porządnieje, albo zostaje zdeklarowanym przestępcą. Można więc przypuścić, że Siemion był już wtedy nie tyle liuberowcem, ile jednym z bandziorów, których liuberowcy opiewali.

Jest jednak wątpliwe, by chuliganeria śpiewała akurat o jego dokonaniach. Może było tak później, ale nie w latach 70., gdy Mogilewicz działał w Liubercach. Bo wówczas te dokonania nie olśniewały. Friedman podaje, że przyszły geniusz zbrodni był wtedy zamieszany w drobne kradzieże i oszustwa. Według BBC dostał dwa krótkie wyroki za nielegalny handel walutą[1]. Czyny mało malownicze – szczególnie, gdy dokonuje ich Żyd, a obserwują je antysemici. Wielu ich było pod Moskwą.

W końcu przyszedł czas wielkości. Mogilewicz „zarobił pierwsze miliony, obdzierając ze skóry swoich żydowskich rodaków" – pisze Friedman. Nasz bohater zaczął żerować na emigrantach, którym udało się zdobyć pozwolenie na wyjazd z kraju. Byli to głównie Żydzi jadący do Izraela. Tak się to nazywało, chociaż Izrael zwykle stanowił tylko przesiadkę w drodze do USA. Ale o tej ostatniej okoliczności nie mówiło się głośno. W Związku Sowieckim Ameryka była przedstawiana jako kraj najgorszy, jeszcze bardziej wrogi niż Izrael. Nie przyznawano publicznie, że ktoś ma dość „sowieckiego raju" – i szuka schronienia u wroga numer jeden! Dlatego emigrację Żydów nazywano czasem „repatriacją". W ten sposób władze sowieckie próbowały zachować twarz. Udawały, że ucieczka Żydów z ZSRR nie jest spowodowana potwornymi warunkami życia w „raju", tylko abstrakcyjną miłością do nieznanej ojczyzny przodków na Bliskim Wschodzie.

„Repatrianci" wyjeżdżali z pustymi kieszeniami. Wywóz majątku z ZSRR był prawnie ograniczony, a przede wszystkim wyjeżdżający nie mieli czasu, by sprzedać swoją własność. Emigracja odbywała się w pośpiechu, bo KGB zawsze mogło się „pogniewać", cofnąć pozwolenie... I w tym momencie ze swoim pomysłem na biznes wkraczał Mogilewicz.

1 http://news.bbc.co.uk/hi/english/static/events/panorama/transcripts/transcript_06_12_99.txt

Przejmował od emigrantów ich dobytek, obiecując, że sprzeda go z zyskiem – a potem prześle im pieniądze za granicę. Albo i dowiezie! Bo chociaż granice ZSRR dla zwykłych obywateli były zamknięte, to wyrokowiec Mogilewicz dziwnym trafem posiadał paszport... Emigranci chcieli mu wierzyć, a on z części obietnicy się wywiązywał. Z pierwszej części: faktycznie sprzedawał wszystko z zyskiem. Ale uzyskane w ten sposób pieniądze chował do własnej kieszeni.

Tu konieczna jest dygresja: Mogilewicz bywa częstym tematem publikacji antysemickich. Jest zbrodniarzem, finansistą, putinowcem – i jest Żydem. Antysemici wykorzystują więc jego postać, by przekonywać, że „żydostwo" stoi za wszystkim, co złe. Za zbrodnią, za nadużyciami finansistów, za bezwzględnym reżimem Putina, za całym złem tego świata – rzekomo opanowanego przez „sprytnych Żydów, wspierających się nawzajem".

Żydożercy zwykle nie zauważają, że wielka kariera Mogilewicza zaczęła się od szkody, którą wyrządził innym Żydom.

Była to szkoda wyjątkowo podła. I na swój prosty sposób bardzo przemyślna. Emigranci się spieszyli. Mieli do wyboru porzucenie dobytku lub nadzieję na odzyskanie jego równowartości. Właściwie cień nadziei, bo ofertę Mogilewicza trudno było uznać za coś więcej. Ale cień nadziei jest lepszy niż nic, zatem emigranci przyjmowali ofertę. A potem nie mieli żadnej możliwości, żeby wyegzekwować umowę zza oceanu. Bandzior był dobrym marketingowcem. Znalazł grupę docelową, którą można było oskubać szybko, łatwo i bezpiecznie.

Szły nowe czasy, Związek Sowiecki chylił się ku upadkowi. Komunistyczne służby tworzyły kapitalistyczne spółki działające na Zachodzie. I szukały swoich własnych „kapitalistów", którzy mogliby poprowadzić te spółki. Mogilewicz miał odpowiednie zdolności, być może też wykształcenie. I zapewne cieszył się zaufaniem służb, skoro dysponował paszportem i mógł spokojnie uprawiać swój proceder „oskubywania imigrantów". Można więc przypuścić, że był kandydatem idealnym na „sowieckiego biznesmena służbowego".

„W latach 80. Mogilewicz założył firmę eksportującą i importującą paliwa, Arbat International – i zarejestrował ją na brytyjskiej wyspie Alderney (znanej jako jeden z rajów podatkowych). Jednym z jego wspólników – posiadającym jedną czwartą udziałów – był Wiaczesław Iwankow, legendarny przestępca, który w marcu 1992 r. został ojcem chrzestnym rosyjskiej mafii w Ameryce. [...] We wczesnych latach 90. Mogilewicz opuścił Moskwę, [...] aby uniknąć wojny gangów, która trzęsła stolicą. Mogilewicz i jego najważniejsi «oficerowie» zamieszkali w Izraelu, gdzie otrzymali miejscowe obywatelstwo. «Stworzył sobie udany przyczółek w Izraelu» i «zbudował znaczące więzi oraz osiągnął polityczne wpływy» – mówi jeden z raportów izraelskiego wywiadu [...]. W tym samym czasie Mogilewicz poślubił obywatelkę węgierską, Katalinę Papp. Dzięki temu mógł legalnie zamieszkać na Węgrzech, gdzie żył przez wiele lat – spokojnie budując podstawy swego imperium. Kupił sieć night clubów od Kijowa po Rygę i Pragę [...] i zrobił z nich jedno z największych na świecie siedlisk prostytucji" – pisze Robert I. Friedman[1].

Wspólnikiem Mogilewicza w tym ostatnim biznesie był zawodowy morderca Monia Elson. Przy jego pomocy „Łebski Boss" stworzył hierarchiczną i zdyscyplinowaną mafię, bardziej podobną do organizacji włoskich niż rosyjskich (rosyjskie często są anarchiczne i nietrwałe).

Jego kwaterą główną w Europie był Budapeszt. Mógł tam żyć spokojnie, bo opłacał policjantów i polityków. Wspomniałem już o funkcjonariuszu węgierskiej policji Sándorze Pintérze (który później został ministrem spraw wewnętrznych w trzech rządach proputinowskiego premiera Orbána"[2]. Pod Budapesztem Mogilewicz zbudował sobie willę-twierdzę, w której spędzał większość czasu. Ale pomieszkiwał i w Czechach, gdzie według Friedmana miał dwie kolejne wille, bardzo luksusowe. Spędzał też sporo czasu we Włoszech. Gdy jeździł po Europie, za miejscowe kwatery służyły mu jego lokale nocne.

Według jednego ze źródeł Mogilewicz na Węgrzech założył firmę zbrojeniową „Army Co-Op", która produkowała broń przeciwlotniczą. Czy pomagał mu w tym jego człowiek, znany nam dobrze David Bogatin?

Przypomnijmy: w latach 90. Bogatin był bankierem i oszustem w polskim Lublinie. W latach 80. dokonywał wielkich przekrętów podatkowych w Nowym Jorku. Ale jeszcze wcześniej, w latach 70. – jak pisze Friedman, zwykle wiarygodny i dokładny – David Bogatin służył w sowieckiej jednostce przeciwlotniczej w Wietnamie.

1 http://www.villagevoice.com/news/the-most-dangerous-mobster-in-the-world-6419460
2 http://budapestbeacon.com/public-policy/olaf-points-finger-of-blame-at-budapest-district-5-under-antal-rogan/18489

Według autora pracy „Organized crime" („Przestępczość zorganizowana") Howarda Abadinsky'ego w 1993 r. Mogilewicz połączył swoje siły z mafią sołncewską[1]. Z innych informacji wynika, że ten sojusz mógł kiełkować wcześniej. Przypomnę: Wiaczesław Iwankow – założyciel lub współzałożyciel sołncewskiej mafii – już w 1991 r. został wykupiony z łagru przez Mogilewicza. W tym okresie stał się jego wspólnikiem w firmie Arbat International – gdzie lokował swoje pieniądze główny szef „Sołncewa" Siergiej Michajłow.

W 1994 r. Mogilewicz ze swymi ludźmi przejął kontrolę nad Inkombankiem (jeden z największych prywatnych banków ówczesnej Rosji). W ten sposób uzyskał dostęp do globalnego systemu bankowego. Wąż znalazł się w kurniku. Albo raczej – jeśli wziąć pod uwagę proporcje – niedźwiedź nawiedził zagrodę tłustych i wełnistych baranków. Jak wynika z dokumentów[2] dostępnych w internecie, to właśnie za pośrednictwem Inkombanku nasz bohater mógł rozpocząć wielkie pranie rosyjskich pieniędzy w Bank of New York, gdzie szefem był Thomas Renyi – człowiek amerykańskiego wywiadu wojskowego, który kiedyś służył w Wietnamie. Podobnie jak Bogatin, tyle że po drugiej stronie frontu.

W maju 1995 r. Mogilewicz miał się spotkać w Pradze z szefem mafii sołncewskiej Siergiejem Michajłowem. Okazją były urodziny Wiktora Awierina, który wówczas był prawą ręką Michajłowa i numerem dwa w „Sołncewie"[3]. Czeska policja rozbiła imprezę. Podobno „Sołncewo" na urodzinach Awierina planowało zabić Mogilewicza. Według niepotwierdzonych informacji miało to być płatne zlecenie. Ale możliwe, że sołncewscy gangsterzy po prostu mieli dość opieki Łebskiego Bossa...

On jednak zniknął. Nie dał się zabić ani aresztować, tylko rozpłynął się gdzieś w świecie – najprawdopodobniej w Izraelu. Władze Czech wydały mu zakaz wjazdu na teren kraju. Węgry miały go uznać za *persona non grata*.

Ale nie był to koniec Mogilewicza. Spokojnie prał pieniądze w Nowym Jorku i w londyńskim City. A jego więź z mafią sołncewską trwała nadal (co stawia pod znakiem zapytania informacje o tym, jakoby organizacja chciała go zabić na urodzinach Awierina). Radio Swoboda podawało, że w latach

1 H. Abadinsky, *Organized crime*, Cengage Learning 2016, s. 132.
2 http://russianlaw.org/Morgent1.htm
3 http://news.bbc.co.uk/hi/english/static/events/panorama/transcripts/transcript_06_12_99.txt

1997–1998 szef sołncewskiej mafii, Michajłow, współpracował z Mogilewiczem przy jego machinacjach w Kanadzie[1]. Były to te same operacje, w których brał udział Jacob Bogatin, brat Davida Bogatina.

Wykrycie „afery kanadyjskiej" spowodowało, że w 2003 r. FBI umieściło Mogilewicza na liście poszukiwanych. W 2009 r. Mogilewicz awansował – ze względu na całokształt swojej działalności znalazł się w pierwszej dziesiątce przestępców poszukiwanych przez „federalnych".

W latach 90. Mogilewicz brał też udział w opisanych przeze mnie wcześniej podatkowych oszustwach paliwowych Marata Bałaguły (i oczywiście Davida Bogatina).

Mimo wszystkich swoich zbrodni i listów gończych nasz bohater względnie spokojnie żyje sobie w Rosji. Pomijając epizod z lat 2008–2009, nie przebywa w więzieniu. Chyba że całą Rosję uznać za więzienie...

Jak wspomniałem, Mogilewicz cieszy się też względami Gazpromu – gigantycznego rosyjskiego koncernu, który jest największym wydobywcą gazu na świecie.

Według licznych źródeł – takich jak „Guardian"[2], „Foreign Policy"[3] i serwis Bloomberg.com[4] – Mogilewicz pośredniczył między Gazpromem a Ukrainą w kwestii dostaw gazu dla tego kraju.

Ukraina to niepodległe państwo. Gazprom to najpotężniejszy rosyjski koncern paliwowy. A jednak obie te siły pozwoliły, by połączył je gangster Mogilewicz. Zrobił to w swoim gangsterskim stylu, zastraszając ludzi.

Wykreował ukraińskiego oligarchę Dmytra Firtasza i firmę RUE, która dostarczała gaz Ukrainie. RUE należało w połowie do Firtasza, w połowie do Gazpromu. Ale Firtasz był współwłaścicielem fikcyjnym. Amerykański ambasador w Kijowie, William Taylor, raportował do Waszyngtonu, że przy ważniejszych decyzjach Dmytro Firtasz musi prosić Siemiona Mogilewicza o zgodę[5]. Firtasz wspomina, że przebywając w towarzystwie Mogilewicza, bał się o własne życie[6].

1 https://www.rferl.org/a/1088738.html
2 https://www.theguardian.com/world/2010/dec/01/wikileaks-cables-russian-mafia-gas
3 http://foreignpolicy.com/2014/03/19/married-to-the-ukrainian-mob/
4 https://www.bloomberg.com/news/features/2017-02-16/will-trump-rescue-the-oligarch-in-the-gilded-cage
5 https://www.theguardian.com/world/2010/dec/01/wikileaks-cables-russian-mafia-gas
6 http://foreignpolicy.com/2014/03/19/married-to-the-ukrainian-mob/

Ukraina to niepodległe państwo... Ale Polska też jest niepodległym państwem. A tak się składa, że do Polski gaz importowała spółka Eural Transgaz (występująca w mediach również jako Eural Trans Gaz).

20 maja 2013 r. na łamach „Gazety Wyborczej" Andrzej Kublik opublikował artykuł pt. „Mogilewicz – tajny władca gazu". Wspomniał w nim o spółce Eural Transgaz. W tekście czytamy: „Jednym z 500 ludzi o największej władzy na świecie jest Rosjanin Siemion Mogilewicz – uznał amerykański magazyn «Foreign Policy». I określił go krótko – «boss mafii». [...] To kolejna cegiełka do legendy otaczającej Mogilewicza, który od ponad dekady znajduje się na liście dziesięciu ludzi najbardziej poszukiwanych przez FBI i zwany jest «człowiekiem o siedmiu twarzach», bo zmieniał nazwiska i paszporty jak rękawiczki. [...]

Według dziennika «Siegodnia» pod koniec lat 80. Mogilewicz wyjechał do Polski pod pretekstem fikcyjnego małżeństwa z kobietą, którą nazywał «Gdanieczką». A po rozpadzie ZSRR zamieszkał na Węgrzech i szybko został zauważony. Zachodni dziennikarze zaczęli go przedstawiać jako szefa rosyjskiej mafii zajmującej się handlem bronią, narkotykami, prostytucją, praniem brudnych pieniędzy.

W 2003 r. Gazprom przyznał kontrakt na tranzyt azjatyckiego gazu węgierskiej spółce Eural Transgaz założonej przez pięciu bezrobotnych Rumunów. Zaraz też w prasie pojawiły się spekulacje, że prawdziwym wspólnikiem węgierskiej spółki dostarczającej gaz także do Polski jest Mogilewicz. Spółka zaprzeczała tym zarzutom, a od 2005 r. jej interesy przejęła szwajcarska firma RosUkrEnergo (RUE), zawiązana przez Gazprom oraz nieujawnionych początkowo inwestorów. Dopiero po latach ogłoszono, że głównym partnerem Gazpromu w szwajcarskiej spółce jest ukraiński przedsiębiorca Dmytro Firtasz. [...] Według ujawnionej w 2010 r. przez Wikileaks depeszy ambasadora USA w Kijowie Firtasz miał powiedzieć amerykańskiemu dyplomacie, że gdy zaczynał działalność w gazowym biznesie, musiał dostać na to zgodę od Mogilewicza"[1].

Według magazynu „Foreign Policy" i organizacji Global Witness, spółkę Eural Transgaz założyło nie pięciu, ale troje bezrobotnych Rumunów.

1 http://wyborcza.pl/1,155287,13897229,Mogilewicz___tajny_wladca_gazu.html

Czwartym wspólnikiem miał być izraelski prawnik Mogilewicza, Ze'ev Gordon (który sam przyznał się do tego członkom Global Witness).

Skoro mowa o Izraelu, to przenieśmy się tam na chwilę.

MOGILEWICZ I KAŁMANOWICZ

Robert I. Friedman podaje, że Monia Elson – morderca, przemytnik narkotyków i bliski współpracownik Mogilewicza – siedział w izraelskim więzieniu z niejakim Szabtajem Kałmanowiczem, również emigrantem z Rosji, który odsiadywał wyrok za szpiegostwo na rzecz tego kraju. O ile wiadomo, był to wyrok dziewięcioletni[1], choć niektórzy informatorzy twierdzą, że Kałmanowicza skazano na lat 7, nie na 9.

Liczne źródła – w tym Friedman[2] – nazywają go szpiegiem KGB. Jednak nie była to jedyna służba, z którą Kałmanowicz współpracował.

Według Friedmana – który powołuje się na FBI i policyjnego attaché ambasady izraelskiej w Waszyngtonie – przed swoim aresztowaniem Kałmanowicz załatwiał rosyjskim gangsterom izraelskie paszporty. Robił to w porozumieniu z szefem sołncewskiej mafii, Siergiejem Michajłowem[3].

Wiemy, że we wczesnych latach 90. Mogilewicz – już wtedy blisko związany z sołncewską mafią i Michajłowem – uzyskał obywatelstwo Izraela. Czy Szabtaj Kałmanowicz mógł mieć z tym coś wspólnego?

Tak podaje rosyjska gazeta biznesowa „Wiedomosti", również powołując się na ustalenia amerykańskiego FBI. Tyle że według gazety Kałmanowicz pomógł Mogilewiczowi wyrobić sobie izraelski paszport już w latach 80.[4].

Sam Kałmanowicz temu zaprzeczał: „Nie miałbym jak tego zrobić! W tym czasie siedziałem już w izraelskim więzieniu!". Wymówka nie do końca przekonująca. Kałmanowicza aresztowano w 1987 r., izraelski sąd skazał go rok później. Jeśli mowa o latach 80., to mógł załatwić paszport

1 https://www.vedomosti.ru/newspaper/articles/2009/11/03/shabtaj-fon-kolmanovich:-intervyune-hvatit,-chtoby-rasskazat-o-moej-zhizni

2 http://robert-friedman-red-mafiya.blogspot.com/2007/09/robert-friedman-red-mafiya-jewish-mafia_5895.html

3 http://robert-friedman-red-mafiya.blogspot.com/2007/09/robert-friedman-red-mafiya-jewish-mafia_22.html

4 https://www.vedomosti.ru/newspaper/articles/2009/11/03/shabtaj-fon-kolmanovich:-intervyune-hvatit,-chtoby-rasskazat-o-moej-zhizni

Mogilewiczowi wcześniej, np. w 1986 r. Poza tym jedno ze źródeł sugeruje, że w więzieniu Kałmanowicz zaczął współpracować z Mosadem (izraelskimi cywilnymi służbami specjalnymi). Jest to prawdopodobne, skoro według różnych źródeł (m.in. „Wiedomosti"[1]) Izraelczycy wypuścili go z więzienia już po pięciu latach odsiadki... Współpraca z Mosadem zwiększałaby możliwości Kałmanowicza w takich sprawach jak załatwianie kolegom paszportów – nawet zza krat.

Na stronie CrimeRussia.com czytamy, że Kałmanowicz miał bliskie stosunki z Mogilewiczem i sołncewską mafią: „Po wyjeździe z ZSRR do Izraela w 1971 r. sowiecki inżynier Szabtaj Kałmanowicz nieoczekiwanie stał się dolarowym milionerem. Przyczyną nagłego wzbogacenia się były zarówno biznesowe talenty, jak i ukryte wsparcie KGB [...]. Kałmanowicz stał się organizatorem pierwszych amerykańskich koncertów Władimira Wysockiego [kultowego rosyjskiego pieśniarza niechętnie widzianego przez sowieckie władze, który z dużym trudem uzyskał pozwolenie na wyjazd za granicę – przyp. T.P.], co trudno sobie wyobrazić bez kontaktów z organami bezpieczeństwa państwowego [...]. Ale z początku izraelski kontrwywiad nie miał dowodów. Według «Komsomolskiej Prawdy» udało się je znaleźć z pomocą innego sowieckiego agenta, który okazał się zdrajcą. W 1987 r. Kałmanowicz dostał 9 lat więzienia za szpiegostwo. Sąd orzekł, że były chemik sprzedał Związkowi Sowieckiemu tajne wojenne technologie [...]. Podsądny odbywał swój wyrok razem z [...] handlarzem narkotyków Monią Elsonem. Wśród innych jego najbliższych kontaktów wspominano Siergieja Michajłowa, Wiktora Awierina i Siemiona Mogilewicza"[2].

W 1993 r. Kałmanowicz wrócił do Rosji. Tam rzucił się w wir interesów i życia towarzyskiego. Był właścicielem żeńskiego klubu koszykówki Spartak[3], organizatorem koncertów gwiazd takich jak Michael Jackson – i dobrym znajomym sołncewskich gangsterów (np. znanego nam Wiaczesława Iwankowa)[4].

1 https://www.vedomosti.ru/newspaper/articles/2009/11/03/shabtaj-fon-kolmanovich:-intervyune-hvatit,-chtoby-rasskazat-o-moej-zhizni
2 https://crimerussia.com/criminalauthorities/bogema-yaponchika/
3 https://www.vedomosti.ru/newspaper/articles/2009/11/03/shabtaj-fon-kolmanovich:-intervyune-hvatit,-chtoby-rasskazat-o-moej-zhizni
4 https://www.theguardian.com/world/2009/nov/03/former-kgb-agent-shot-dead

6 grudnia 2004 r. dziennik „Izwiestia" napisał – znowu powołując się na informacje FBI – że Kałmanowicz i Mogilewicz bawili się razem w Moskwie na żydowskiej uroczystości religijno-towarzyskiej. Według gazety FBI bardzo się interesowała Mogilewiczem, któremu groziło łącznie 390 lat więzienia w USA[1].

Cztery lata później – w 2008 r. – w Rosji aresztowano Mogilewicza, aby wypuścić go po 18 miesiącach. Razem z nim został aresztowany jego partner biznesowy, Władimir Niekrasow, milioner i główny udziałowiec prosperującej sieci sklepów kosmetycznych Arbat Prestige.

Śledztwo dotyczyło oszustw podatkowych dokonanych przez właścicieli Arbat Prestige, jak można się domyślać, przy wydatnej pomocy Mogilewicza. „Łebski Boss" jest przecież największym światowym autorytetem w oszukiwaniu wszelkich możliwych fiskusów.

Rosyjska gazeta biznesowa „Wiedomosti" cytowała wtedy szwajcarskiego kontrahenta firmy Niekrasowa. Szwajcar wspominał, że w latach 2001–2002 jako „prawdziwego gospodarza spółki" Niekrasow przedstawiał mu... nie, nie Mogilewicza, tylko właśnie Kałmanowicza[2]!

Co łączyło Szabtaja Kałmanowicza i Siemiona Mogilewicza? Najbardziej prawdopodobna odpowiedź składa się z trzech liter, które już dobrze znamy: GRU.

3 listopada 2009 r. „Komsomolskaja Prawda" opublikowała wywiad z funkcjonariuszem GRU, Aleksandrem Gurinowiczem. Wywiad w całości poświęcony był Kałmanowiczowi[3].

Cytuję najważniejsze fragmenty:

Czy Kałmanowicz naprawdę był naszym wywiadowcą w Izraelu?

Wywiadowcą? To za dużo powiedziane. Jak by to dokładnie określić? Kiedyś współpracownicy naszych służb specjalnych w Izraelu korzystali z jego usług, gdy zajmowali się handlowcami-biznesmenami, takimi samymi jak Kałmanowicz. On był wewnątrz kręgu wpływowych izraelskich polityków, ministrów, ekonomistów. Dlatego od razu zwrócili na niego uwagę nasi ludzie z pierwszego

1 http://izvestia.ru/news/297289

2 https://www.vedomosti.ru/newspaper/articles/2009/11/03/shabtaj-fon-kolmanovich:-intervyune-hvatit,-chtoby-rasskazat-o-moej-zhizni

3 http://www.kp.ru/daily/24388/567093/

głównego zarządu KGB [...], a potem i GRU. Naszym etatowym agentem nigdy nie był, ale pseudonim miał.

W niektórych zagranicznych i naszych mediach wspomniano, że Kałmanowicz [...] koncentrował się na szpiegostwie wojenno-przemysłowym [...]. Jakim to szpiegostwem wojenno-przemysłowym się zajmował? [...]
Częściowo kręcił się wokół izraelskiego przemysłu elektronicznego, który, jak wiadomo, miał i ma bardzo poważne osiągnięcia.

Co to była za elektronika?
Na przykład komputery.

Ale chodzą słuchy, jakoby on zdobywał pewne elektroniczne systemy wojenne i sprzedawał je współpracownikom naszych służb specjalnych. Czy to prawda?
Wolałbym nie odpowiadać na to pytanie. [...]

Czy to prawda, że Kałmanowicz w 1988 r. był skazany w Izraelu za pracę wywiadowczą dla Związku Sowieckiego?
Kałmanowicz nie przyznał się do żadnego z zarzutów. Jego adwokat błyskotliwie wykazał, że wrobiono go w zarzut szpiegostwa dla Izraela.

Ale Izraelczycy mówią, że Kałmanowicz wpadł [...] z rysunkami technicznymi dotyczącymi know-how przemysłu obronnego i biotechnologicznego.
To już pogłoski.

Niektóre rosyjskie media podawały, że Kałmanowicz, gdy już sporo odsiedział, zgodził się na współpracę z Mosadem.
Tego nie wykluczam. Ale po jego wyjściu na wolność nigdy się już z nim nie kontaktowaliśmy [...].

Czytając ten wywiad, poczułem się, jakbym znowu rozmawiał z Nadworskim o Luśni i Cieszewskim. Ten sam bagatelizujący ton: „No tak, był jakimś tam informatorem... albo prawie... Kręcił się przy nas, pseudonim miał... Ale agentem nie był! Jeśli już, to KGB, bo to oni pierwsi zwrócili na niego uwagę: znał polityków, ekonomistów, biznesmenów, słowem – cywilów. A tak w ogóle to Izraelczycy aresztowali go przez czystą złośliwość!".

Czy znowu mamy do czynienia z ukrywaniem się za plecami kolegów ze służb cywilnych? Tak jak w Związku Sowieckim, gdzie cywilne KGB dbało o wizerunek służb sowieckich jako wszechobecnych i wszechpotężnych, a GRU udawało, że nie istnieje? Tak jak w Polsce, gdzie GRU odnosiło największe sukcesy za pośrednictwem Marka Zielińskiego, funkcjonariusza cywilnej SB?

Trudno wątpić, że Kałmanowicz był współpracownikiem GRU, nie tylko KGB. I jak widać, to wywiad wojskowy zlecał mu najbardziej niebezpieczne zadania – takie jak to, przy którym wpadł.

Co do tego, że Kałmanowicz miał bliskie stosunki z Mogilewiczem, żadnych wątpliwości nie ma.

2 listopada 2009 r. Szabtaj Kałmanowicz został zastrzelony na moskiewskiej ulicy. A nawet bardziej rozstrzelany niż zastrzelony. Znajdował się w swoim mercedesie, gdy nieznani sprawcy zmasakrowali go seriami z broni automatycznej. Zmarł na miejscu.

11 dni po tym, jak z aresztu został wypuszczony Siemion Mogilewicz.

Co się między nimi stało?

Co się stało między Kałmanowiczem a Mogilewiczem i GRU?

Czy chodziło o coś, co miało korzenie w przeszłości? Z Mosadem i KGB w tle?

Czy jednak o świeższą sprawę?

Być może nigdy się tego nie dowiemy.

NAJPOTĘŻNIEJSZA MAFIA ROSJI

Zajmijmy się teraz mafią sołncewską. Bo od niej tropy wiodą prosto do Polski.

Mafia sołncewska przez lata była uważana za największą i najpotężniejszą organizację przestępczą w Rosji. Niektórzy dodają: „i na świecie". Co pewnie byłoby prawdą, gdyby za część „Sołncewa" uznać też organizację Mogilewicza.

Moi informatorzy twierdzą jednak, że Mogilewicz wyrósł wysoko ponad mafię sołncewską, choć nadal utrzymuje z nią ścisłe stosunki.

Dziś jest o tej mafii ciszej niż kiedyś. Być może dlatego, że jest już bardziej kojarzona z deputowanymi i oligarchami niż z napadami, strzelaninami i wymuszaniem haraczu. Stała się bardziej mafią niż gangiem, którym była na początku. A zatem w jej wypadku, tak jak w wypadku GRU, cisza nie musi być oznaką słabości. Wręcz przeciwnie: może być świadectwem siły i sprytu.

Amerykańska telewizja PBS podaje, że „Sołncewo" zostało założone w latach 80. przez Wiaczesława Iwankowa[1]. Inne źródła twierdzą zgodnie, że mafię sołncewską stworzył jej główny szef, Siergiej Michajłow.

W latach 80. Michajłow rekrutował młodych bandziorów z podmoskiewskiej miejscowości Sołncewo i jego okolicy. Ze „złodziejskim prawem" miał ich zapoznawać kaukaski przestępca Dżemal Chaczydze, który współpracował z Michajłowem. Świeżo pasowani na „prawdziwych przestępców" chuligani zaczęli dokonywać pierwszych skoków.

Rabowali nie tylko pieniądze, lecz także coś cenniejszego.

Przypomnijmy, jak wyglądała sowiecka gospodarka. Komunistyczny przemysł i rolnictwo były niewydolne. Komunizm umiał wyprodukować pieniądze – gorzej było z towarami. Obywatele w znacznej większości pracowali i regularnie dostawali wypłaty. Ale nie mieli czego za nie kupić, bo państwowe sklepy świeciły pustkami. Dlatego bandyci polowali na towary, aby je sprzedać na czarnym rynku – za cenę znacznie wyższą niż państwowa.

Siłą chłopców z Sołncewa była bliskość lotniska Wnukowo oraz autostrady prowadzącej na żyzną Ukrainę. Z Ukrainy jechały do Moskwy transporty produktów żywnościowych. Z lotniska – zagraniczne luksusowe dobra dla kremlowskich dygnitarzy.

Od rabunku jednak lepszy jest haracz. Bo owieczki lepiej strzyc i doić, niż jedną po drugiej zarzynać. Sołncewska mafia zaczęła pobierać „rekiet" – czyli mafijny „podatek" – od każdego, kto coś miał i chciał to komuś sprzedać. Sama też coraz mocniej angażowała się w handel. Razem z upadkiem komunizmu przemysł sowiecki się załamał, a równocześnie otwarto grani-

1 http://www.pbs.org/wgbh/pages/frontline/shows/hockey/etc/yap.html

ce, uwolniono handel walutami, przelicznik dolara zmienił się na korzystniejszy. Pojawili się pierwsi legalni bogacze, którzy nie wstydzili się kupować drogich zagranicznych rzeczy. Import dóbr do Rosji lawinowo wzrastał. Sprowadzano wszystko, od warzyw po samochody. Z limuzynami włącznie.

„Sołncewo" stawiało wtedy pierwsze kroki w eksporcie. W bardzo lukratywnym eksporcie – chodziło o wywożoną z Rosji broń, materiały rozszczepialne i niewolnice seksualne. Mafia sołncewska zajęła się też międzynarodowym handlem narkotykami. Ale nie mogła przegapić wspaniałego biznesu, jakim był import samochodów. W Rosji hitem z wyższej półki były wtedy kradzione niemieckie auta luksusowe. Rosjanie zdobywali je często za pośrednictwem polskich bandytów, którzy specjalizowali się w kradzieży samochodów w Niemczech.

Najsłynniejsze pod tym względem były gangi z Trójmiasta. Działali w nich m.in. Nikodem „Nikoś" Skotarczak i Wiesław „Szwarceneger" Kokłowski. Tego drugiego miałem okazję poznać bliżej (na krótko zanim został zamordowany w 1997 r.). Byłem tłumaczem sądowym w Mediolanie, obsługiwałem m.in. więzienie San Vittore, gdzie Kokłowski w latach 90. czekał na ekstradycję do Polski. Jak łatwo się domyślić, „Szwarceneger" stanowił typ mięśniaka-kulturysty. Ale był też człowiekiem wybitnie inteligentnym i wszechstronnie uzdolnionym. W areszcie nudził się i bał, więc się zwierzał. Nie wiem, czy do końca szczerze – jednak dzięki tym zwierzeniom wyrobiłem sobie pojęcie o ówczesnych przywódcach trójmiejskich gangów. Byli okrutni, psychopatyczni, socjopatyczni i znacznie sprytniejsi niż np. ich adwokaci.

15 grudnia 2007 r. „Dziennik Gazeta Prawna" pisał, że „Fanchini miał skontaktować ludzi Pruszkowa z Rosjanami. Zaprotegował mu ich król gangsterów Wybrzeża Nikodem Skotarczak, pseud. Nikoś, z którym przerzucał narkotyki na Zachód, a samochody na Wschód"[1].

Wynikałoby z tego, że mafia sołncewska miała bliższe stosunki z trójmiejską organizacją „Nikosia" Skotarczaka. Źródła podają jednak, że „Sołncewo" za swego partnera w Polsce wybrało ostatecznie gang pruszkowski, który miał maczać palce w zamordowaniu „Nikosia". A w każdym razie – udział w tej śmierci przypisał „chłopcom z Pruszkowa" słynny gangster

1 http://wiadomosci.dziennik.pl/opinie/artykuly/65905,jachowicz-dlugie-rece-rosyjskiej-mafii.html

Jarosław „Masa" Sokołowski, gdy zeznawał przed sądem[1]. Według innych źródeł, „Nikosia" zabiło bezpośrednio „Sołncewo".

Związki sołncewsko-pruszkowskie opisywał m.in. tygodnik „Wprost", który w 2003 r. opublikował artykuł pt.: „Pruszków pod Moskwą" – drobiazgowo przedstawiający relacje między rosyjskimi i polskimi gangsterami[2]. Autorami byli Ewa Ornacka i Wojciech Sumliński. Tak, ten sam Sumliński, który 13 lat później pisał o sprawie Luśni, próbując wybielać Macierewicza. Czy stawia to pod znakiem zapytania wiarygodność jego artykułu z 2003 r.? Moim zdaniem nie. To był czas, w którym Sumliński za swoje dziennikarstwo śledcze dostawał nominacje do prestiżowej nagrody miesięcznika „Press" (w 1999 r. i w 2006 r.). Nie snuł wtedy teorii spiskowych – nieraz fantastycznych, zawsze korzystnych dla PiS-u, z którymi kojarzony jest dzisiaj.

W tekście „Wprost" z 2003 r. czytamy: „**Najgroźniejszy polski gang jest tylko filią rosyjskiej mafii** [...]. Wiosną 1996 r. Leszek Danielak (Wańka) opuszczał areszt w Białołęce [...]. Na Wańkę czekał komitet powitalny złożony z bossów lokalnych gangów, którzy po kolei całowali Danielaka w rękę. Tylko jedna osoba uścisnęła mu dłoń i przyglądała się ceremonii z rozbawieniem. Był to rezydent najgroźniejszej rosyjskiej mafii – «Sołncewa» [...]. Mógł sobie na to pozwolić, bo dla niego Leszek Danielak, członek zarządu «Pruszkowa», a właściwie przywódca tego gangu, był tylko szefem jednego z ogniw europejskiej siatki «Sołncewa». Tę rolę «Pruszków» odgrywa od początku lat 90. W siatce «Sołncewa» «Pruszków» miał wolną rękę w prowadzeniu drobnych i średnich interesów – międzynarodowy handel bronią, narkotykami i kobietami koordynowali ludzie «Sołncewa» w Warszawie. [...] Rocznie wprowadza się w Polsce do obiegu około 9 mld dolarów pochodzących z działalności przestępczej [...]. Prawie 5 mld dolarów z tej sumy stanowią środki prane w naszym kraju przez «Sołncewo» – głównie przez firmy należące do «Pruszkowa».

1 http://www.wiadomosci24.pl/artykul/mafia_to_nie_tylko_pruszkow_historia_nikodema_s_ps_nikos_340715.html

2 https://www.wprost.pl/tygodnik/53363/Pruszkow-pod-Moskwa.html

SIATKA MAFIJNO-SZPIEGOWSKA

W raporcie amerykańskiego Federalnego Biura Śledczego z 1995 r. na temat międzynarodowych grup przestępczych mafię sołncewską uznano za «największą eurazjatycką organizację kryminalną na świecie – pod względem majątku, wpływów, zakresu kontroli finansowej». Grupa liczyła wtedy 7 tys. członków. Zorganizowali ją w 1980 r. Wiaczesław Iwankow, pseudonim Japończyk, wcześniej utytułowany zapaśnik, Siergiej Michajłow, również były zapaśnik, oraz Siemion Mogilewicz. Wedle raportu FBI faktycznymi szefami «Sołncewa» są od końca lat 80. byli wysocy oficerowie rosyjskich służb specjalnych [...]. «Sołncewo» ściśle współpracuje z rosyjskim wywiadem cywilnym i wojskowym. Działa według schematu siatki szpiegowskiej (za granicą reprezentują ją rezydenci, często byli oficerowie wywiadu) i obejmuje ponad 50 krajów świata.

Pięćdziesięcioletni obecnie Siemion Mogilewicz w lutym 1994 r. przebywał w Warszawie. Dowody na to zgromadziło FBI: nagrano dwie rozmowy telefoniczne przeprowadzone przez gangstera właśnie z Warszawy. Łączył się z Wiedniem. Rozmawiał o warunkach współpracy z handlarzami narkotyków reprezentującymi kolumbijskie kartele w Cali i Medellin [...]. Za pośrednictwem moskiewskiego oddziału Bank of New York Mogilewicz wytransferował z Rosji powierzone mu przez oligarchów miliardy dolarów (FBI szacuje, że było to co najmniej 4 mld dolarów, a maksymalnie 22 mld dolarów) [...].

Do Polski przyjeżdżał także Siergiej Michajłow [...]. Szwajcarska policja ustaliła (m.in. na podstawie wiz w paszporcie), że w latach 1995–1996 Michajłow wielokrotnie przyjeżdżał do Polski. [...] Michajłow przyjeżdżał też do Polski w latach 2001–2003.

SOŁNCEWO & PRUSZKÓW SP. Z O.O.

Według rosyjskiego miesięcznika «Kompromat», specjalizującego się w tropieniu przestępczości zorganizowanej w Rosji, mafia sołncewska w Polsce – inaczej niż w wypadku Węgier czy Litwy – nie tworzyła własnych struktur, lecz podporządkowała sobie najsilniejszy gang. [...] Dla mafii sołncewskiej najważniejsze było to, że «Pruszków» miał swoje bramki na granicach (o określonych godzinach na konkretnych przejściach przepuszczano tiry z kontrabandą bez żadnej kontroli). Przez bramki przemycano głównie spirytus. [...] Mogąc korzystać z bramek, wysłannicy «Sołncewa» zorganizowali przy granicach Polski z Litwą, Białorusią, Ukrainą i Rosją gangi kontrolujące przerzut samochodów kradzionych w Polsce i na Zachodzie. Przestępcy ściągali także haracze od obywateli krajów WNP [obszaru dawnego Związku Sowieckiego – przyp. – T.P.] sprowadzających samochody z zachodniej Europy [...].

Kilkanaście miesięcy temu, gdy w aresztach znaleźli się bossowie polskiej mafii, wydawało się, że «Pruszków» został rozbity. Okazało się jednak, że największy polski gang wciąż istnieje, bo jest potrzebny mafiosom z «Sołncewa»".

Wspomniany Jarosław „Masa" Sokołowski odniósł się do tego tekstu „Wprost" w książce: „Masa o pieniądzach polskiej mafii"[1].

Na s. 93 „Masa" komentuje artykuł w sposób następujący: „Biedny Wańka, jak on musiał przeżyć tę zniewagę... Najpierw Rosjanin nie pocałował go w rękę, a potem dziennikarze zrobili z niego przydupasa «Sołncewa». Ale ja rozumiem; w czasie, gdy powstawał ten artykuł, dziennikarzom wydawały się różne rzeczy".

Wcześniej, na s. 92, „Masa" o rosyjskich gangsterach wypowiada się w ten sposób: „Z wieloma były to relacje naprawdę przyjacielskie. Poza tym robiliśmy wspólnie pieniądze, tyle że na zasadzie partnerskiej [...], ale nigdy nie zgodzę się ze stwierdzeniem, że Pruszków był ekspozyturą rosyjskiej mafii!".

„Masa" protestuje, a jednak potwierdza najważniejsze informacje „Wprost". Przyznaje, że „Pruszków" robił pieniądze z „Sołncewem". Informacja, że odbywało się to „na zasadzie partnerskiej", może znaczyć tylko tyle, że Rosjanie okazywali Polakom bandycką kurtuazję (czyli nie upokarzali ich zbyt mocno). Między znacznie większym „Sołncewem" a mniejszym „Pruszkowem" nie mogło być prawdziwych relacji partnerskich.

Na s. 94 „Masa" opisuje „przekręty", które „Pruszków" robił z „Sołncewem": „Import-eksport [...]. Wagony wyładowane syberyjskim porożem [...]. Do Szwajcarii wysyłaliśmy egzotyczne drewno [...], australijskie topazy, bardzo poszukiwane kamienie półszlachetne. Rosjanie przywozili nam

1 A. Górski, *Masa o pieniądzach polskiej mafii*, Prószyński i S-ka 2014, s. 92-101.

je w woreczkach do Polski, a my jechaliśmy z nimi do Szwajcarii, do Genewy i Lozanny [...]. Działaliśmy niejako w ich imieniu. Również kiedy przejmowali w Polsce jakieś mienie czy grunty".

Zwróćmy uwagę na to ostatnie zdanie. O gruntach jeszcze będzie mowa w naszej opowieści.

W tej chwili jednak najważniejsze jest to, że „Masa" potwierdza kolejne doniesienie „Wprost". Gang pruszkowski w Polsce działał w imieniu sołncewskiej mafii. Ale prowadził dla niej – dokładnie tak, jak pisze „Wprost" – drobne i średnie interesy. Topazy, poroże, drewno...

Jeżeli „Masa" czegoś nie przemilcza, to handlem bronią, żywym towarem i materiałami rozszczepialnymi musiał się w Polsce zajmować ktoś inny. Ktoś bardziej zaufany. Ktoś, kogo z Rosją łączyły mocniejsze więzi.

W latach 90. w areszcie śledczym rok spędził Józef Nadworski. Esbek, który prowadził Luśnię i zajmował się Cieszewskim, a miał liczne i bliskie związki z Markiem Zielińskim, najważniejszym szpiegiem GRU w Polsce.

Zarzuty, jakie postawiono Nadworskiemu, już wymieniałem: przewodzenie zorganizowanej grupie przestępczej – handel bronią, niewolnicami seksualnymi i czerwoną rtęcią.

MINISTER Z PANIENKAMI W BALII

Zdaniem wielu ekspertów – np. Mishy Glenny'ego, autora książki „McMafia: A Journal Through The Global Criminal Underworld" – mafia sołncewska „dorosła" w drugiej połowie lat 90. Wtedy to właśnie stała się mafią z prawdziwego zdarzenia. Zbliżyła się do miliarderów i polityków, bo od przestępczego handlu przeszła do przestępczej bankowości. Jej współpraca z Mogilewiczem – największym na świecie specjalistą od prania brudnych pieniędzy – uczyniła ją atrakcyjną dla rosyjskich oligarchów. Oni pod tym względem zawsze mają duże potrzeby.

Aczkolwiek wchodząc na ten wyższy poziom gry, „Sołncewo" nie zatraciło swej słynnej brutalności. Zaczęło tylko stosować stare rosyjskie przysłowie „*Tisze jediesz, dalsze budiesz*". Czyli po polsku: ciszej jedziesz, dalej zajedziesz. Sołncewscy bandyci już wcześniej zrozumieli, że haracz jest lepszy niż napad. W drugiej połowie lat 90. uznali, że szantaż jest lepszy niż zamach.

Jak wyglądała bankowość tej mafii? I jej polityka?

W roku 1997 media w Rosji i na świecie opisywały tzw. aferę MontażSpecBanku. Gazeta „Kommiersant" zaliczyła ją do największych rosyjskich skandali bankowych lat 1991–2000. I streściła w ten sposób: „17 kwietnia 1997 r. oficerowie ministerstwa spraw wewnętrznych aresztowali w Moskwie przewodniczącego i szefa zarządu MontażSpecBanku, Arkadija Angielewicza. Został on oskarżony o przywłaszczenie 7 mln dolarów należących do Banku Jedinstwo, który upadł. Bank Jedinstwo był prowadzony przez Dmitrija Burejczenkę, który zniknął w 1995 r., pozostawiając długi wobec klientów banku wynoszące ponad 200 mln dolarów. Angielewicza oskarżono o działanie w zmowie z Burejczenką"[1].

Zagłębiając się w publikacje z tamtego okresu, poznajemy więcej szczegółów. Niektóre są pikantne. Oficerowie, którzy rewidowali prywatną willę Angielewicza, w jego osobistym sejfie znaleźli kasetę wideo. Zarejestrowany na niej film pokazywał ministra sprawiedliwości, Walentyna Kowaliowa, który zabawiał się z nagimi prostytutkami. A dokładnie pluskał się z nimi w wielkiej balii (jacuzzi w specyficznym rosyjskim stylu). Film nagrano dwa lata wcześniej, w nocy z 13 na 14 września 1995 r.

Informację o tym odkryciu podał nie tylko „Kommiersant". Mówiły i pisały o tym media na całym świecie, włącznie z „Washington Post"[2], „Los Angeles Times"[3] i „Irish Times"[4].

SZANTAŻSPECBANK

Jak się łatwo domyślić, aferzyści Angielewicz i Burejczenko trzymali kompromitującą kasetę jako środek nacisku na ministra sprawiedliwości. Na wypadek gdyby władze wykryły przekręt i chciały postawić obu panów

1 http://archive.li/cjT0p
2 https://www.washingtonpost.com/archive/politics/1997/06/22/russian-official-temporarily-steps-down/1f7fadbe-45e6-4910-8e80-702dda6c5461/?utm_term=.82b10a4bfb2f
3 http://articles.latimes.com/1997-06-23/news/mn-6203_1_justice-minister
4 http://www.irishtimes.com/news/minister-with-no-clothes-may-soon-have-no-job-1.84341

przed sądem. Ale z jakichś przyczyn szantaż nie zadziałał. Angielewicz wpadł, a minister Kowaliow go nie obronił.

Gdy cała sprawa – razem z kasetą – wyciekła do mediów, minister musiał bronić sam siebie. Szedł w zaparte. Twierdził, że film został sztucznie zmontowany. Zaprzeczała też... siostra aferzysty Angielewicza: jej brat na pewno nie miał takiej paskudnej kasety[1]!

Co w tej sprawie interesuje nas najbardziej?

Sołncewska mafia.

Media podawały, że ministra Kowaliowa nagrano w dyskretnym pokoiku rozkoszy, który znajdował się w ulubionym klubie „chłopców z Sołncewa"[2]. Niektóre źródła twierdzą, że sołncewscy bandyci nie tylko ciągle odwiedzali ten klub, lecz także go posiadali. Co zresztą bywa regułą w wypadku lokali stale odwiedzanych przez jeden gang (w swoim własnym klubie banda czuje się najbezpieczniej). Przypomnijmy, że związany z „Sołncewem" gangster-finansista Mogilewicz posiadał sieć takich klubów i często w nich kwaterował.

W czerwcu 1997 r. na łamach miesięcznika „Sowierszenno Siekrietno" o sprawie ministra Kowaliowa pisała Łarysa Kislinska. Materiał jest dostępny na słynnej stronie Kompromat.ru, która jest kopalnią informacji o powiązaniach i skandalach rosyjskiej elity władzy[3]. Według Kislinskiej kierownictwo klubu mogło bez trudu sfilmować ministra z prostytutkami, bo pomieszczenia lokalu obficie wyposażono w ukryte kamery. Specjalnie po to, by nagrywać gości bez ich wiedzy. Wynika z tego, że klub był fabryką haków i manufakturą szantażu.

Tego rodzaju praktyki są typowe dla rosyjskiej mafii i rosyjskich służb. W styczniu 2017 r. media podawały, że Rosjanie mają dysponować nagraniem kompromitującym Donalda Trumpa. Filmik sprzed czterech lat nagrany w moskiewskim hotelu Ritz Carlton miał ukazywać przyszłego amerykańskiego prezydenta podczas orgii z prostytutkami. Podobno Trump kazał im oddawać mocz na łóżko, na którym wcześniej spało małżeństwo Obamów podczas ich wizyty w Moskwie[4]. Według jednego z moich źródeł

1 https://www.kommersant.ru/doc/180033
2 http://www.irishtimes.com/news/minister-with-no-clothes-may-soon-have-no-job-1.84341
3 http://www.compromat.ru/page_9784.htm
4 http://wyborcza.pl/7,75399,21226709,czy-rosjanie-maja-haki-na-donalda-trumpa-szokujacy-raportu.html

również tego nagrania dokonali ludzie sołncewskiej mafii (można przypuścić, że Mogilewicz chciał mieć na Trumpa nie tylko marchewkę, lecz także kij).

Dodam jeszcze, że byłego gubernatora stanu Nowy Jork, Eliota Spitzera – lansowanego i wspieranego finansowo przez znanego nam pana D'Amato[1] – w latach 2014–2016 szantażowała rosyjska prostytutka. W 2016 r. Spitzer oskarżył ją o szantaż. Zaraz potem z niejasnych przyczyn wycofał oskarżenie[2]. Mimo to władze aresztowały kobietę, zarzucając jej szantażowanie byłego gubernatora i jeszcze jednej osoby[3]. Spitzer był łatwym obiektem szantażu. Słynne było jego zamiłowanie do prostytutek. To ono właśnie w 2008 r. kosztowało go posadę gubernatora[4], wcześniej uzyskaną przy pomocy pana D'Amato...[5] Czyżby gubernator Spitzer wykazał się niewdzięcznością wobec swoich dobroczyńców?

Wróćmy do afery ministra Kowaliowa i do MontażSpecBanku. Różne źródła – np. blog Rusmafiozi[6] i miesięcznik „Sowierszenno Siekrietno" – informowały o kontaktach między szefem tego banku Arkadijem Angielewiczem a bossem sołncewskiej mafii Siergiejem Michajłowem.

Miesięcznik podał tę informację właśnie przy okazji „kąpielowego skandalu" ministra Kowaliowa. A dokładnie – w wymienionym tekście Łarysy Kislinskiej, analizującym ten skandal[7].

Autorka powołała się na ustalenia szwajcarskiej policji, która w tamtym okresie aresztowała sołncewskiego bossa Michajłowa. Według niej Szwajcarzy mieli dowody na to, że Michajłow regularnie kontaktował się z bankierem-aferzystą Angielewiczem.

Zażyłość obu panów zapewne tłumaczy, skąd w sejfie bankiera znalazło się „kąpielowe" nagranie z ulubionego klubu bossa. A skąd media dowiedziały się o nagraniu ministra z prostytutkami? Oficerowie prowadzący śledztwo w sprawie MontażSpecBanku twierdzili, że ten przeciek był sprawką sołncewskiej mafii. Jednak prokurator generalny Jurij Skuratow

1 http://www.nytimes.com/2009/02/05/nyregion/05damato.html
2 http://nypost.com/2016/09/07/eliot-spitzer-withdraws-lawsuit-against-alleged-russian-hooker/
3 http://nypost.com/2016/10/31/eliot-spitzer-hooker-indicted-in-extortion-housing-schemes/
4 http://edition.cnn.com/2008/POLITICS/03/12/spitzer/index.html
5 http://www.nytimes.com/2009/02/05/nyregion/05damato.html
6 http://rusmafiozi.blogspot.com/2011/03/blog-post_3637.html
7 http://www.compromat.ru/page_9784.htm

publicznie podważał uczciwość oficerów. Sugerował, że oni też odpowiadają za wyciek informacji. Podobne sugestie pojawiały się w mediach. „Kommiersant" napisał, że MontażSpecBank „pod naciskiem śledczych" wypłacił 914 tys. dolarów firmie Pokotorg, której nie był nic dłużny. Pracownicy banku wyznali dziennikarzom, że Pokotorg znajdował się pod kontrolą członków zespołu śledczego[1]...

Czy była to zapłata za odzyskanie kasety? Czy „Sołncewo" za pośrednictwem banku odkupiło taśmę od śledczych, by podrzucić ją mediom? Mszcząc się w ten sposób na ministrze, który dopuścił do śledztwa w sprawie MontażSpecBanku?

Tak czy inaczej, mafia sołncewska była głównym bohaterem całej afery. Bo MontażSpecBank był finansową odnogą „Sołncewa".

Według licznych źródeł w MontażSpecBanku oprócz Angielewicza były jeszcze dwie inne osoby związane z sołncewską mafią. Chodzi o Andrieja Skocza i Lwa Kwietnoja.

Na stronie Rumafia.com czytamy, że: „w 2000 r. policja zainteresowała się Andriejem Skoczem w związku z zarzutami kryminalnymi wobec szefa MontażSpecBanku Arkadija Angielewicza, wcześniej – głównego skarbnika sołncewskiej organizacji przestępczej [...]. Andriej Skocz był oficjalnym członkiem władz MontażSpecBanku razem z Lwem Kwietnojem, asystentem Angielewicza"[2].

Bliską więź Skocza i Kwietnoja z sołncewską mafią opisywał m.in. brytyjski „Guardian". W dniu 28 listopada 2012 r. gazeta opublikowała artykuł o relacjach Skocza i Kwietnoja z bossami „Sołncewa", Siergiejem Michajłowem i Wiktorem Awierinem. Gazeta zilustrowała swój tekst zdjęciem, na którym Michajłow i Awierin siedzą za stołem razem ze Skoczem w serdecznej pozie. Kwietnoj stoi z tyłu, obejmują go ramionami inni gangsterzy[3]. „Guardian" opisuje też związki Skocza i Kwietnoja ze wspomnianym już oligarchą Usmanowem. Gazeta pisze, że Skocz jest nie tylko jego partnerem biznesowym, lecz także przyjacielem.

O przynależności Skocza i Kwietnoja do sołncewskiej mafii i ich powiązaniach z Angielewiczem pisał również miesięcznik „Sowierszenno Sie-

1 https://www.kommersant.ru/doc/180033
2 http://rumafia.com/en/dosje/151-andrey-skoch.html
3 https://www.theguardian.com/world/2012/nov/28/man-behind-megafon

krietno". W numerze z lipca 2010 r. czytamy, że Skocz i Kwietnoj razem z „Sołncewem" mieli się zajmować przemytem broni[1]. Przypomnę, że według „Spiegla" obrót bronią jest pod kontrolą GRU.

Tak się składa, że obaj panowie – Skocz i Kwietnoj – stali się w latach 90. bardzo bogaci. Doszło do tego przy udziale oligarchy Aliszera Usmanowa.

PAN SKOCZ, CZYLI DROGIE JACHTY I ZBROJNA MŁODZIEŻ

Według biznesowego magazynu „Forbes" w 2007 r. Andriej Skocz posiadał 1,7 mld dolarów. W jednym z tekstów „Forbesa" czytamy, że Skocz „we wczesnych latach 90. pracował dla MontażSpecBanku. Z Kwietnojem dołączył do metalurgicznych przedsięwzięć Aliszera Usmanowa. Kwietnoj został posłany do Zakładów Metalurgicznych Oskoł, podczas gdy Skocz zajął się Liebiedińskim Kombinatem Górniczym [...]. Usmanow połączył te dwie firmy, aby stworzyć koncern Mietałłoinwiest (Metalloinvest). Kwietnoj sprzedał wtedy swoje akcje, ale Skocz pozostał wspólnikiem Usmanowa. Został deputowanym Dumy w 1999 r."[2].

Skocz jest miliarderem, politykiem, opiekunem młodzieży i właścicielem niezwykłych jednostek pływających. Wielokrotnie uznawano go za najbogatszego deputowanego. Pisał tak o nim nie tylko „Forbes", lecz także „Guardian"[3], a nawet portal SuperYachtFan, który zachwyca się jachtem Skocza (superłódka nazywa się „Madame Gu" i warta jest 150 mln dolarów[4]).

Na stronie RichestRussian.com znajdujemy jeszcze więcej interesujących informacji o tym niebanalnym człowieku „W 2012 r. Skocz zajął 29. miejsce na liście najbogatszych miliarderów branży górniczej i 259. na liście miliarderów «Forbesa». «Forbes» uznał go także za osiemnastego najbogatszego Rosjanina. Bez wątpienia jest najzamożniejszym członkiem rosyjskiego parlamentu [...]. Urodził się w 1966 r. w małym miasteczku na obrzeżach Moskwy. Skończył Instytut Kultury Fizycznej [odpowiednik polskiego AWF-u – przyp. T.P.] i zaczął pracować w MontażSpecBanku.

1 http://www.sovsekretno.ru/articles/id/2532/
2 https://www.forbes.com/lists/2007/10/07billionaires_Andrei-Skoch_GQX9.html
3 https://www.theguardian.com/world/2012/nov/28/man-behind-megafon
4 http://www.superyachtfan.com/superyacht/superyacht_madame_gu.html

On i jego kolega z banku, Lew Kwietnoj, dołączyli do Aliszera Usmanowa i jego metalurgicznego imperium. Kilka lat później Usmanow połączył swe koncerny, tworząc światowego giganta Mietałłoinwiest, w którym Skocz posiada 30 proc. udziałów. Skocz inwestował też obficie w Megafon (jeden z największych rosyjskich operatorów telefonicznych). Ma 30 proc. udziałów w firmie matce Megafonu (USM Holdings, gdzie Usmanow posiada 50 proc. akcji) [...]. Skocz jest również założycielem Fundacji Pokolenie"[1].

Czym zajmuje się Fundacja Pokolenie? Odpowiedź znajdziemy np. w lokalnym portalu Bel.ru, poświęconym sprawom rosyjskiego miasta Biełgorod[2].

20 maja 2012 r. portal zamieścił następującą informację: „**Wojskowo-patriotyczne zrzeszenie «Pokolenie» świętuje swój pierwszy jubileusz.** Uroczyste zebranie poświęcone 10-leciu tej organizacji odbyło się w sali koncertowej biełgorodzkiej filharmonii. Odkąd zrzeszenie działa, 4–5 tys. młodzieńców i dziewcząt przeszło przysposobienie w jego wojskowo-patriotycznych klubach. W 2002 r. przewodniczący fundacji «Pokolenie», deputowany do Dumy Państwowej Andriej Skocz [...] wyszedł z inicjatywą stworzenia takiego zrzeszenia w obwodzie biełgorodzkim [...]. Jedna trzecia wychowanków wojskowo-patriotycznego zrzeszenia «Pokolenie» odbywa okresową służbę w wojskach powietrzno-desantowych i w specnazie. Kursanci tego wojskowo-patriotycznego zrzeszenia raz lub dwa razy w roku odbywają staż w 16. brygadzie GRU"[3].

Jak widać, mamy do czynienia z czymś bardzo podobnym do Obrony Terytorialnej ministra Antoniego Macierewicza. I znów mamy do czynienia z GRU. Tym bardziej że specnaz to specjalne jednostki komandosów, które również podlegają tej służbie.

Jeśli chodzi o wojskowe doświadczenie samego Skocza, to na stronie Rucriminal.com czytamy, że w 1984 r. służył w jednostce zwiadu powietrznego[4].

Ciekawe gdzie.

1 http://www.richestrussian.com/101-500/andrei-skoch/
2 http://bel.ru/news/society/64866.html
3 http://bel.ru/news/society/64866.html
4 http://rucriminal.com/en/dosje/18

PAN USMANOW, CZYLI ARSENAL LONDYN I UZBECKIE ŁAGRY

A kim jest oligarcha Aliszer Usmanow, dzięki któremu Skocz i Kwietnoj z sołncewskiej mafii tak się wzbogacili?

Pan Usmanow jest muzułmaninem i wywodzi się z Uzbekistanu. Na liście miliarderów „Bloomberga" zajmuje miejsce 78. z majątkiem szacowanym na 13,7 mld dolarów[1].

Jest potentatem przemysłu metalowego i górniczego. Do niego należy wspomniany już wcześniej koncern Mietałłoinwiest – gigantyczny konglomerat przemysłowo-wydobywczy, na który składają się m.in. tzw. kombinat michajłowski, uralskie zakłady stalowe, elektrometalurgiczne zakłady Oskoł (OEMK) i lebiediński kombinat metalurgiczny (Liebiedinskij Gorno-Obogatitielnyj Kombinat).

Ten ostatni jeszcze wróci w naszej opowieści.

Aliszer Usmanow jest również właścicielem jednego z największych rosyjskich operatorów telefonicznych, Megafonu. Do uzbeckiego oligarchy należą też najpopularniejsze rosyjskie media społecznościowe: portale Wkontaktie (nazywany rosyjskim Facebookiem) i Odnokłassniki (rosyjska Nasza-Klasa).

W latach 2000–2014 Usmanow był szefem firmy Gazprom Invest Holdings[2]. Jedynym jej właścicielem jest wspominany tu wielokrotnie państwowy rosyjski koncern paliwowy Gazprom. Ten sam, któremu Mogilewicz organizował sprzedaż gazu na Ukrainie.

Na stronie internetowej Gazprom Invest Holdings czytamy, że firma powstała w celu „wdrażania największych projektów inwestycyjnych Gazpromu"[3].

Jak widać, pan Usmanow działa w sektorach najważniejszych dla wojskowości – w przemyśle ciężkim, energetyce i komunikacji/informacji.

Uzbek dba także o wizerunek. W tym celu wykorzystuje sport. Sponsoruje szermierkę, a przede wszystkim jest współwłaścicielem legendarnego londyńskiego klubu piłkarskiego – Arsenalu[4].

---

1 https://www.bloomberg.com/billionaires/ (stan z maja 2017 r.).
2 https://www.forbes.com/profile/alisher-usmanov/
3 http://www.gazprominvestholding.ru/company/general?locale=en
4 https://www.theguardian.com/football/2017/apr/10/arsenal-arsene-weneger-alisher-usmanov)

Ale nie zawsze życie Usmanowa wyglądało tak pięknie. W 1980 r. Aliszer Usmanow – jako 27-letni obywatel sowieckiego Uzbekistanu – został aresztowany i skazany za oszustwo. Co ciekawe, proces odbywał się przed sądem wojskowym.

Usmanow dostał ośmioletni wyrok. W uzbeckim łagrze odsiedział sześć lat. Wypuszczono go wcześniej, bo okazał „szczerą skruchę". O przestępczej przeszłości Usmanowa, a także o jego związkach z sowieckimi służbami specjalnymi i mafijnymi bossami pisały brytyjskie media – „Observer" i „Guardian". „Guardian" nawet go o to wszystko pytał, bo 10 lat temu przeprowadził z Usmanowem wywiad [1].

Rozmawiając z gazetą, oligarcha zaprzeczał zarzutom lub odpowiadał wymijająco. Twierdził, że w 1980 r. był niewinny i że nigdy nie wszedł w żadną relację z mafią. Przyznał jednak, że w łagrze miał kontakty z licznymi przestępcami. Zapytany, czy był oficerem służb specjalnych, zaprzeczył. Wobec tego „Guardian" spytał jeszcze, czy Usmanow chciałby coś powiedzieć na temat swoich bliskich kontaktów z oficerami KGB i służb, które zastąpiły KGB. Oligarcha odpowiedział: „Nie"[2]. „Guardian" nie zapytał o kontakty z GRU.

„KOMMIERSANT" ZAKNEBLOWANY

Wielokrotnie cytuję w tej książce rosyjską gazetę „Kommiersant". Przez pierwsze 15 lat po upadku komunizmu „Kommiersant" pisał dużo o sołncewskiej mafii. I nieraz było to dobre dziennikarstwo: odważne, wnikliwe, uparte.

Być może dlatego w 2006 r. oligarcha Usmanow kupił „Kommiersanta". Niedługo potem redaktor naczelny gazety, Władisław Borodulin, odszedł z redakcji. Przyczyną był konflikt z Usmanowem[3].

Wspominałem o miesięcznym „bezkrólewiu" w GRU, które nastąpiło w styczniu 2016 r., po śmierci ówczesnego szefa tej służby, Igora Sierguna.

1 „Guardian", 19 listopada 2007 r.: https://www.theguardian.com/world/2007/nov/19/russia.football
2 https://www.theguardian.com/world/2007/nov/19/russia.football
3 http://www.editorsweblog.org/2006/10/02/russia-kommersant-editor-quits

Podczas tego bezkrólewia – dokładnie 12 stycznia – należący do Usmanowa „Kommiersant" opublikował artykuł, w którym mocno poparł generała Igora Korobowa jako najlepszego możliwego następcę Sierguna. Oceniając potencjalnych kandydatów na to stanowisko, „Kommiersant" Usmanowa powoływał się na informacje pochodzące ze źródeł wewnątrz GRU[1]. Dwa tygodnie później generał Korobow został szefem tej służby.

PAN SZ., CZYLI POLSKA, ROSJA, GAMBIA I SZWAJCARIA

W 1995 r. „Kommiersant" jeszcze nie został zakneblowany przez Usmanowa i wywiad wojskowy. Obszernie pisał o aferze MontażSpecBanku, o znikających milionach i sejfach z „hakami". Podał też, że MontażSpecBank miał swojego przedstawiciela w Polsce. Według gazety szefem polskiej filii MontażSpecBanku był niejaki Robert Sz.[2] Głowa rodziny Sz., o której pisaliśmy we wstępie do tej książki.

Urodzony w 1965 r. Robert Sz. jest Polakiem. Młodość spędził w Piasecznie pod Warszawą. Według różnych źródeł – od „Pulsu Biznesu"[3] po „Fakt"[4] – pan Sz. posiada także obywatelstwo szwajcarskie. Od lat robi interesy z Rosją. Jest lub do niedawna był przedstawicielem dyplomatycznym... Gambii w Moskwie[5].

Jedno z moich źródeł wiąże Roberta Sz. z handlem bronią. Dlatego warto odnotować, że w ostatnich latach autorytarny przywódca Gambii, Yahya Jammeh, sprowadzał z Rosji duże ilości broni[6].

Syn Roberta Sz. – urodzony w 1986 r. Robert Jan Sz. – pełni najwyższe funkcje kierownicze w firmach tzw. Grupy Radius. Można się o tym przekonać w Krajowym Rejestrze Sądowym i na portalu Moje Państwo[7].

1 http://www.kommersant.ru/doc/2890274
2 http://kommersant.ru/doc/99333
3 https://www.pb.pl/radius-po-cichu-buduje-potege-694523)
4 http://www.fakt.pl/wydarzenia/polityka/niewygodne-pytania-do-macierewicza-czy-byly-naciski-na-skw/lc6mv3x
5 http://allafrica.com/stories/201507011231.html
6 http://www.freedomnewspaper.com/gambia-breaking-news-jammeh-sends-gen-tamba-and-lt-col-barrow-to-russia-to-buy-him-arms-ahead-of-the-elections/
7 https://tinyurl.com/l3xc5bb (stan z maja 2017 r.).

Czym jest Grupa Radius? To konglomerat spółek działających na rynku nieruchomości m.in. w Warszawie i w Sopocie. Radiusowi zarzucano nieraz, że działa na tym rynku w sposób brutalny. Robiło to m.in. warszawskie stowarzyszenie Miasto Jest Nasze.

Zaczęło się od konfliktu o zabytkowy pawilon, w którym działał popularny klub Syreni Śpiew. Grupa Radius, która przejęła ten budynek, ogłosiła, że chce go wyburzyć[1], czemu sprzeciwiło się Stowarzyszenie Miasto Jest Nasze. Gdy spór się zaostrzał, działacze stowarzyszenia przyjrzeli się bliżej Grupie Radius i wykryli jej rosyjskie powiązania. A dokładnie – rosyjskie powiązania Roberta Sz. seniora.

Stowarzyszenie ujawniło te związki, publikując we wrześniu 2016 r. tzw. Warszawską Mapę Reprywatyzacji[2]. Pisałem o tym w „Gazecie Wyborczej" 24 listopada 2016 r.[3] oraz dwa dni później.

W odpowiedzi na te publikacje Robert Sz. (ojciec) przysłał „Gazecie Wyborczej" pismo, w którym zapewniał o swojej niewinności i szacowności. Tekst sugerował, że nie można wiązać Roberta Sz. z Grupą Radius, skoro jej szefem nie jest Robert Sz., tylko jego syn Robert Jan Sz.

Jednak cztery lata wcześniej „Puls Biznesu" o Robercie Sz. (ojcu) pisał tak: „Pod koniec ubiegłego tygodnia gruchnęła informacja, że warszawska spółka Radius Projekt chce przejąć kontrolę nad Polskim Holdingiem Nieruchomości (PHN) [...]. I choć jej właściciele Robert Sz. i Maciej D. nie chcą rozmawiać o szczegółach planów, deklarują, że osiągnęli ze skarbem porozumienie w kluczowych kwestiach. «Nasze zaangażowanie będzie znaczące – na tyle, by sprawować pewną kontrolę nad spółką. Niczego więcej nie mogę powiedzieć, bo wiąże nas poufność» – mówi Robert Sz. Kim są potencjalni inwestorzy państwowej nieruchomościowej grupy wycenianej nawet na 2,5 mld zł? Nie figurują na listach najbogatszych Polaków, ale wieść niesie, że bez kłopotu mogliby się na nich znaleźć. Wiadomo, że mają doświadczenie w branży nieruchomościowej i procesach prywatyzacyjnych.

1 http://warszawa.wyborcza.pl/warszawa/1,34862,19620551,warszawa-internetowe-potyczki-i-syreni-spiew-na-powislu.html

2 http://reprywatyzacja.miastojestnasze.org/

3 http://wyborcza.pl/7,75968,21026998,macierewicz-i-rosyjski-lacznik-wykrety-przestaja-wystarczac.html

Z PAŃSTWEM POD RĘKĘ

Radius, w którym pakiet kontrolny trzyma Sz. senior (ze szwajcarskim paszportem), stoi na czele większej grupy inwestorów i uczestniczy w procesie przekształceń własnościowych od 20 lat. Trzy największe przejęcia to: Przedsiębiorstwo Handlu Chemikaliami Chemia, Fabryka Mierników i Komputerów Era i Biuro Studiów i Doradztwa Gospodarczego Promasz. Te i inne prywatyzacje składają się na 250 tys. mkw. gruntów inwestycyjnych i 80 tys. mkw. powierzchni komercyjnej. Dziś nieruchomości Radiusa mają wartość ponad 780 mln zł. Jest wśród nich m.in. dawna siedziba SLD przy ul. Rozbrat w Warszawie, wynajmowana na biura i pod usługi. «Spółka zapłaciła od razu i nie wykorzystała tego, że podmiot, z którym negocjowaliśmy wcześniej, tuż przed zakończeniem rozmów zaproponował dużo niższą cenę» – mówi Kazimierz Karolczak, skarbnik SLD. [...]

Robert Sz. jest także darczyńcą fundacji Orimari, której prezesem jest jego żona Marzenna – w 1992 r. czwarta wicemiss Polonia. Jest znawcą sztuki. Kilka lat temu jego uwagę przyciągnęły prace Bolesława Biegasa, polskiego rzeźbiarza i malarza École de Paris. Biznesmen kupił kolekcję tego artysty i sprowadził ją do Polski"[1].

9 dni później „Puls Biznesu" znów napisał o interesach obu panów Sz. (a także o ich samochodowo-rajdowych pasjach): „Na kontrolę nad nieruchomościowym gigantem grupa Roberta Sz. może wyłożyć 0,5 mld zł. Nie planuje rewolucji, oferuje *know-how*. Drużyna Roberta Sz., Roberta Sz. juniora i Jarosława K. zakończyła tegoroczny rajd Dakar na 29. pozycji w klasyfikacji generalnej. Sz. senior i junior szykują się do kolejnego, jednak prawdopodobnie tylko jeden z nich pokieruje ciężarówką po bezdrożach Ameryki Południowej w styczniu 2013 r. Drugi – prawdopodobnie starszy – będzie rozmawiał z Ministerstwem Skarbu Państwa o uczestniczeniu grupy Radius, kontrolowanej przez Sz. [nazwisko w liczbie mnogiej – T.P.], w prywatyzacji Polskiego Holdingu Nieruchomości"[2].

---

1 *Radius po cichu buduje potęgę*, „Puls Biznesu", 26 listopada 2012 r.: https://www.pb.pl/radius-po-cichu-buduje-potege-694523

2 *Jak rajdowiec chce poprowadzić PHN*, „Puls Biznesu", 5 grudnia 2012 r.: https://www.pb.pl/jak-rajdowiec-chce-poprowadzic-phn-695954).

Nic nie wiadomo o tym, żeby Robert Sz. (ojciec) w 2012 r. protestował przeciw tym publikacjom „Pulsu Biznesu". Chociaż stwierdzono w nich jasno, że to właśnie on kontroluje Grupę Radius – i że to on najprawdopodobniej reprezentuje ją przed polskim rządem.

Obaj Robertowie Sz., ojciec i syn, występują razem we władzach fundacji Orimari[1]. Fundacja znana jest w kręgach biznesowych i celebryckich, ponieważ wydaje oszałamiająco luksusowe przyjęcia – bardziej w stylu moskiewskim niż warszawskim. W jednym z dokumentów, które trafiły w moje ręce, czytam o gigantycznych tortach zdobionych płatkami jadalnego złota. Według wielu źródeł na balach panów Sz. bywają gwiazdy polskich mediów i rozrywki.

Kontynuując analizę powiązań między ojcem, synem i Grupą Radius, rzućmy jeszcze okiem na spółki, które w nazwie mają słowo „Ringwood".

W Internetowym Monitorze Gospodarczym i Sądowym czytamy, że Robert Sz. (ojciec) zasiadał we władzach firmy Ringwood Sp. z o.o[2]. A podobnie nazywająca się firma – Ringwood Financial – to zarejestrowana na Cyprze spółka córka grupy Radius (tak w 2012 r. podały Bloomberg.com i „Dziennik Gazeta Prawna", relacjonując wypowiedzi Sz. juniora[3].

Córka czy matka? – chciałoby się zapytać. Bo w serwisach internetowych opartych na Krajowym Rejestrze Sądowym widzimy coś odwrotnego. To Ringwood Financial jest współwłaścicielem spółki Aleje Jerozolimskie 200 (numer KRS 0000427187), która do niedawna nazywała się Radius Projekt (ten sam numer KRS 0000427187) i posiada udziały w innych spółkach Grupy Radius. Możemy się o tym przekonać np. w serwisie Moje Państwo[4]. Jak widać, mamy tu czynienia z rodzinno-biznesową plątaniną firm o niemal identycznych nazwach, sięgającą rajów podatkowych.

PAN SZ. OGLĄDANY Z BLISKA

Jesienią 2016 r. skontaktowały się ze mną dwie osoby, które proszą, aby nie ujawniać ich tożsamości. Pierwsza z nich zna Grupę Radius od środka.

1 https://tinyurl.com/l3xc5bb (stan z maja 2017 r.).
2 https://tinyurl.com/k5n8xy6
3 http://serwisy.gazetaprawna.pl/nieruchomosci/artykuly/664296,rajdowy-kierowca-zabiega-o-kontrole-nad-polskim-holdingiem-nieruchomosci.html
4 https://mojepanstwo.pl/radius-projekt (stan z maja 2017 r.).

Nie zgodziła się na nagrywanie swojej wypowiedzi, ale pozwoliła mi ją zapisać. Zrobiłem to dokładnie. Tutaj podaję tę wypowiedź z nielicznymi skrótami uniemożliwiającymi ewentualną identyfikację źródła.

„Pracuję dla Radiusa [...]. Nie chcę być cytowana imiennie. Kontaktowałam się z Sz. (ojcem). To on rządzi całym biznesem. Ma ponad 50 lat. I ma przeszłość. W latach 90. spędzał całe dnie i tygodnie w hotelu Marriott w Warszawie. To było ulubione miejsce pruszkowskiego odłamu polskiej mafii. On tam przesiadywał z nimi, podejmując decyzje, kim mają się zająć. Poznałam też Jacka Kotasa. **Kotas był wiceministrem obrony. Pracował dla Macierewicza. I równocześnie dla spółek z Grupy Radius** [pogrubienie T.P.]. Nienormalna sytuacja, bo Radius należy do ludzi, którzy wzbogacili się na rosyjskich pieniądzach! Albo to jeszcze prostsze: ich pieniądze nie są ich. Ich pieniądze należą do Rosjan. To oczywiste, gdy ich znasz [...]. I oni są w przyjaźni z Kotasem. Kotas jest zwolennikiem PiS-u, nie powinien dotykać się takich rzeczy. Sz. jest gangsterem. Jego ojciec był piekarzem albo ciastkarzem w Milanówku i chyba też w Piasecznie. Sz. zaczął jeździć do ZSRR jakieś 30–35 lat temu. Grał w piłkę ręczną. Poznał tam ludzi. Gości jak z mafii, chociaż nie z mafii. Ale tych z mafii też poznał. Dziwny ruski bank o nazwie zaczynającej się na M... Był taki ruski bank w Polsce. Jego ludzie przesiadywali z Sz. i resztą ekipy w Marriotcie. Sz. zawsze nosi broń. Nie ukrywa, kim i czym jest. Jak w jakimś serialu o mafii, w «Rodzinie Soprano». On udaje, że nie zajmuje się Radiusem – zawsze jest w Rosji albo Szwajcarii – ale rządzi tym biznesem. Jest przedstawicielem dyplomatycznym Gambii. Chwali się, że zna się z Ławrowem [rosyjskim ministrem spraw zagranicznych – T.P.]. [...] Sz. jest sympatyczny. Wydaje przyjęcia w imieniu swojej fundacji Orimari. Zobacz, kto przychodzi na te przyjęcia. Gwiazdy telewizyjne [...]. Ale te jego głębokie związki z Rosją... ja tego nie mogę tak zostawić. Tylko uwaga: nigdy nic nie słyszałam o jakichś zbrodniach [...]. Pytanie: czemu kupili budynek od SLD? Może był jakiś przetarg, ale czy naprawdę mógł wziąć w nim udział każdy, kto chciał? Chyba nie zapłacili całej ceny, jak powinni. Może dlatego, że część dali komuś pod stołem. [...] I było jeszcze WPH, Wojskowe Przedsiębiorstwo Handlowe. Jakiś pułkownik tym zarządzał. [...] Ale jak się dowiedziałam o Kotasie, to jakby grom we mnie strzelił. Teraz Sz. ogłasza, że jest zaszokowany atakami na siebie. Chciał odwołać swój bal dobroczynny! A zaraz potem uciekł za granicę. W Radiusie pan Sz. to główny rosyjski łącznik. Mówi po rosyjsku jak po polsku. To jego drugi język, teraz może i pierwszy".

Drugie źródło to osoba, która zna Sz. z czasów młodości. Przesłała mi swoje świadectwo w formie pisemnej – zatem mogę je zacytować słowo w słowo (nie licząc skrótów utrudniających identyfikację i drobnych zmian redakcyjnych – tekst był pisany w pośpiechu, więc musiałem go minimalnie zredagować dla elementarnej poprawności gramatycznej i interpunkcyjnej).

„Sz. pochodzi z Piaseczna. Tu skończył Liceum Ogólnokształcące im. Pierwszej Dywizji Kościuszkowskiej. W liceum nazywali go «Siutkiem» albo «Oszustkowskim». Zaczynał pod koniec lat 80. od przemytu komputerów z Berlina Zachodniego do Moskwy, gdy embargo Reagana nie pozwalało na zakup kompów przez rosyjską armię. Tak poznał oficerów rosyjskich. Z nimi założył spółki, które zajmowały się sprzedażą diamentów. W latach 90. słynna była w Zalesiu akcja mafii rosyjskiej na dom, który wynajął Sz. To była duża strzelanina. Obecnie syn Sz., zwany «Robinem», jeździ w Rajdzie Dakar w zespole ciężarówek pod okiem znanego kierowcy rajdów K. (z Białegostoku). Sz. stary też chyba raz jechał. On ma tyle kasy, że moim zdaniem powinien być w dziesiątce najbogatszych. Oczywiście, to się nie stanie, gdyż ta kasa jest poukrywana – i w dużym stopniu nie jego. To tak na szybko z głowy [...]. Sz. grał w piłkę ręczną w Elektronice Piaseczno, stał na bramce (jako rezerwowy, bo był słaby) [...]".

Szczególnie interesująca jest informacja o przemycie komputerów do Rosji w latach 80.

KOMPUTERY, JAPOŃSKIE PRZYSMAKI I PAN SZ.

Tak się składa, że kariera Arkadija Angielewicza – mafijnego bankiera-szantażysty z MontażSpecBanku – zaczęła się właśnie od importu komputerów do Rosji. Tę informację znajdujemy m.in. na stronie Kompromat.ru[1] i na blogu Rusmafiozi[2].

Czytamy tam, że na początku lat 90. Angielewicz rozpoczął swą działalność biznesową od sprzedaży komputerów w Rosji (zapewne importo-

1 http://www.compromat.ru/page_9912.htm
2 http://rusmafiozi.blogspot.com/2011/03/blog-post_3637.html

wanych – Rosja była wtedy w zapaści gospodarczo-cywilizacyjnej i niewiele produkowała, nawet gdy chodziło o wyroby mniej zaawansowane technicznie niż komputery). Sprzedając sprzęt komputerowy, Arkadij Angielewicz zdobył kapitał, dzięki któremu mógł założyć firmę Pragma. Z informacji, które znajdujemy na stronie Rumafia.com wynika, że było to na samym początku lat 90. – między rokiem 1990 a 1992[1].

Kto był wspólnikiem Angielewicza w tym biznesie? Jego późniejszy partner w milionowych przekrętach bankowych, pan Dmitrij Burejczenko (o którym pisałem, relacjonując aferę MontażSpecBanku).

Informację o wspólnictwie Angielewicza i Burejczenki w firmie Pragma również podaje strona Kompromat.ru[2] oraz blog Rusmafiozi. Blog powołuje się przy tym na miesięcznik „Sowierszenno Siekrietno"[3].

W latach 2006–2007 odnajdujemy Dmitrija Burejczenkę w zupełnie innej branży. Kierował wtedy siecią... japońskich restauracji Yakitoria, działających m.in. w Londynie[4]. W licznych brytyjskich rejestrach i biznesowych spisach internetowych możemy przeczytać, że równocześnie menedżerem sieci Yakitoria był nasz Robert Sz. Przykładowo serwisy Duedil[5] i Nexok[6] informują, że Robert Sz. pełnił funkcję dyrektora tej sieci. Serwisy zaś Register Limited[7] i Company Formation UK[8], że Robert Sz. był dyrektorem Yakitorii, gdy sekretarzem zarządu był Burejczenko.

Przejdźmy do innych kolegów pana Angielewicza.

Według blogu Rusmafiozi późniejszy aferzysta-szantażysta z MontażSpecBanku był współwłaścicielem nie tylko firmy Pragma, lecz także podobnie nazywającej się spółki Pragma-Trading. Udziały w tej spółce posiadał znany nam Kwietnoj. Przypomnę: Lew Kwietnoj był we władzach MontażSpecBanku z Angielewiczem i Andriejem Skoczem (najbogatszym deputowanym w Dumie, posiadaczem superjachtu i zwolennikiem wychowywania młodzieży przez GRU). Potem Kwietnoj został wspólnikiem Usmanowa i Skocza w ich metalurgicznych – i miliardowych – biznesach.

1 http://rumafia.com/en/dosje/782-arkadiy-angelevich.html
2 http://www.compromat.ru/page_9912.htm
3 http://rusmafiozi.blogspot.com/2011/03/blog-post_3637.html
4 http://www.bighospitality.co.uk/Venues/Yakitoria-restaurant-looking-for-a-second-site
5 https://tinyurl.com/m7e847y
6 https://tinyurl.com/m7emnlz
7 http://www.limited-register.com/YAKITORIA+LIMITED.html
8 http://companyformationuk.co/Officers/YAKITORIA-LIMITED/5738438

Podobnie jak Skocz[1] Lew Kwietnoj zasiadał we władzach spółki Gazmietałł[2].

Gazmietałł (Gazmetall, Gasmetall) to koncern Usmanowa. W 2007 r. o związkach tej firmy z „Sołncewem" i jej polskich interesach pisał znany dziennikarz Jerzy Jachowicz. Z tekstu wynika, że Gazmietałł i mafia sołncewska chciały w Polsce kupić... Stocznię Gdańską, kolebkę antykomunistycznego i antysowieckiego związku zawodowego „Solidarność":

„Bo ta prawdziwa, groźna już nie tylko dla gangsterów czy wybranych biznesmenów mafia zacznie podbijać Polskę dopiero wtedy, kiedy będzie można u nas zdobyć wielkie pieniądze [...]. Ale pierwsze kroki w Polsce już stawiają. Specjaliści podejrzewają, że rosyjski koncern Gazmetall chce przejąć kilka naszych przedsiębiorstw przemysłu hutniczego i stoczniowego, odgrywających strategiczną rolę w naszej gospodarce. W orbicie zainteresowania Gazmetallu, zdaniem policyjnych ekspertów powiązanego z najsilniejszą organizacją mafijną Rosji «Sołncewo», są m.in. Huta Częstochowa i Stocznia Gdańska. W tej chwili pierwsze negocjacje związane z prywatyzacją Stoczni prowadzą wysłannicy ukraińskiego koncernu z Donbasu. Mieliby przejąć 75 proc. jej akcji (od roku mają 5 proc. akcji). Realizacja mafijnego scenariusza przybiera realne kształty – w czasie, kiedy w Polsce trwają negocjacje, w Moskwie przygotowywana jest fuzja ukraińskiego Donbasu z Gazmetallem kontrolowanym przez mafię. [...] Już w 2005 r. Rosjanie byli bliscy przejęcia jednego z metalurgicznych kombinatów w południowej Polsce (Walcownia Rur «Jedność»). Miała to zrobić szwajcarska spółka (LebGok Traiding AG). Niewielu wiedziało, że jej właścicielem był Gazmetall [...]. 50 proc. udziałów w Gazmetallu ma niejaki Aliszer Usmanow, rosyjski milioner (3 mln dolarów), wcześniej skazany za gwałt i haracze na wiele lat więzienia, z których odsiedział sześć. Pośredniczy między mafijnym «Sołncewem» a Kremlem"[3].

Do koncernu Gazmietałł należy m.in. lebiediński kombinat metalurgiczny (Liebiedinskij GOK), którego przedstawicielem była wspomniana przez Jachowicza szwajcarska spółka LebGOK.

1 I. Jeffries, *Economic Developments in Contemporary Russia*, Taylor & Francis 2011, s. 14.
2 http://www.richestrussian.com/1001-3/lev-kvetnoi/
3 *Długie ręce rosyjskiej mafii*, „Dziennik Gazeta Prawna", 15 grudnia 2007 r. „": http://wiadomosci.dziennik.pl/opinie/artykuly/65905,jachowicz-dlugie-rece-rosyjskiej-mafii.html

W grupie wspólników Usmanowa liebiedinskim kombinatem zajmował się przede wszystkim Andriej Skocz[1]. Jednak niektóre źródła podają, że w 1998 r. w zarządzie tego przedsiębiorstwa pojawił się również Kwietnoj[2].

PAN KURANOWSKI, CZYLI KOMBINAT, RADIUS I GAZPROM

Liebiedinskij GOK znowu odsyła nas do Grupy Radius pana Sz., bo w firmach Grupy Radius funkcje kierownicze pełnił Wojciech Kuranowski, który był przedstawicielem tego kombinatu na Polskę.

Uwaga: teraz wkraczamy w prawdziwy biznesowo-biurokratyczny gąszcz.

Częścią Grupy Radius była spółka Radius Projekt. Ale nie ta, która dziś nazywa się Aleje Jerozolimskie 200 i ma numer KRS 0000427187. Była jeszcze jedna spółka, która nosiła tę samą nazwę – jednak zarejestrowano ją jako inny podmiot (z numerem KRS 0000290016).

14 marca 2013 r. Grupa Radius zlikwidowała tę drugą spółkę. A dokładnie w tym dniu spółka została wykreślona z Krajowego Rejestru Sądowego[3].

Żeby było ciekawiej, do 2009 r. ta spółka nazywała się WAN 2 (nazwa była inna, ale numer KRS ten sam: 0000290016).

Po co to wszystko? Po co ciągle zmieniać nazwy spółek albo mnożyć spółki o tej samej nazwie? Żeby zacierać ślady?

W każdym razie Internetowy Monitor Sądowy i Gospodarczy podaje, że w 2009 r. prezesem spółki WAN 2, później Radius Projekt, był Wojciech Kuranowski[4]. Ten sam Internetowy Monitor Sądowy i Gospodarczy podaje, że w 2004 r. pan Kuranowski wszedł do rady nadzorczej spółki ERA 200[5]. Kuranowski opuścił tę spółkę dopiero po pięciu latach, w 2009 r. Zasiadał w jej radzie nadzorczej razem z Robertem Janem Sz. (synem)[6].

1 https://www.forbes.com/lists/2007/10/07billionaires_Andrei-Skoch_GQX9.html
2 Np.: http://rumafia.com/en/dosje/152-lev-kvetnoy.html
3 http://www.imsig.pl/pozycja/2013/56/KRS/41667,RADIUS_PROJEKT_SP%C3%93%C5%81KA-_Z_OGRANICZON%C4%84_ODPOWIEDZIALNO%C5%9ACI%C4%84
4 http://www.imsig.pl/pozycja/2009/18/KRS/9702,%22WAN_2%22_SP%C3%93%C5%81KA_Z_OGRANICZON%C4%84_ODPOWIEDZIALNO%C5%9ACI%C4%84
5 http://www.krs-online.com.pl/msig-2068-160907.html
6 http://www.imsig.pl/pozycja/2009/157/KRS/129682,%22ERA_200%22_SP%C3%93%C5%81KA-_Z_OGRANICZON%C4%84_ODPOWIEDZIALNO%C5%9ACI%C4%84

Na stronie internetowej Grupy Radius czytamy, że spółka ERA 200 jest „trzonem grupy Radius”[1].

Robert Jan Sz. (syn) i Wojciech Kuranowski byli też wspólnikami w spółce NLM, również należącej do Grupy Radius[2]. Następnie Robert Jan Sz. (syn) był w tej spółce prokurentem[3] – czyli osobą, która ma prawo reprezentować firmę przed sądem i zawierać w jej imieniu umowy.

Wcześniej, w roku 2003, „Gazeta Wyborcza” pisała, że Wojciech Kuranowski jest przedstawicielem wspomnianej już firmy LebGOK, będącej szwajcarską filią lebiedińskiego kombinatu metalurgicznego[4]. Tego samego, w którym rządzili Usmanow, Skocz i Kwietnoj związani z sołncewską mafią.

Artykuł „Gazety Wyborczej” dokładnie i wnikliwie opisuje plątaninę firm ukrywających swoich właścicieli, typową dla biznesów mafijnych i uciekinierów podatkowych. Z tekstu wynika, że kombinat lebiediński na przełomie tysiącleci należał do Gazpromu. Co się zgadza z tym, że współwłaściciel tego kombinatu – oligarcha Usmanow – przez lata zajmował się „wdrażaniem głównych inwestycji” Gazpromu jako szef spółki Gazprom Invest Holdings.

PAN KOTAS, CZYLI „ROSYJSKI ŁĄCZNIK” MACIEREWICZA

Ale w Grupie Radius pracował ktoś jeszcze. Wspomniany już Jacek Kotas.

Źródło numer jeden – którego dokładnie spisaną relację przedstawiłem kilka stron wcześniej – postanowiło mi opowiedzieć o powiązaniach Roberta Sz., gdy dowiedziało się o jego współpracy z Kotasem. Informatorka była w szoku, gdy się zorientowała, że Antoni Macierewicz ma współpracownika, który równocześnie jest bliskim współpracownikiem pana Sz.

Przyjrzyjmy się bliżej panu Kotasowi.

23 listopada 2016 r. „Fakt” opublikował artykuł pt. „Macierewicz dał dostęp do tajemnic rosyjskiemu łącznikowi?”. „Fakt” jest gazetą popular-

1 http://web.radius-projekt.pl/index.php/pl/radius-struktura-grupy.html
2 http://www.imsig.pl/pozycja/2009/34/KRS/19132,NLM_SP%C3%93%C5%81KA_Z_OGRANICZON%C4%84_ODPOWIEDZIALNO%C5%9ACI%C4%84_SP%C3%93%C5%81KA_KOMANDYTOWA
3 https://mojepanstwo.pl/nlm (stan z maja 2017 r.).
4 http://wyborcza.pl/1,75248,1412457.html

ną o charakterze bulwarowym. Jednak autorem artykułu jest dziennikarz śledczy Radosław Gruca, który nie publikuje zmyślonych informacji. Sprawą rosyjskich powiązań Macierewicza redaktor Gruca zajmuje się dłużej niż ja – co najmniej od dwóch lat.

W jego artykule czytamy: „Antoni Macierewicz, szef MON-u i były szef SKW, wydał zgodę na dostęp do tajemnic państwowych prezesowi spółki, której właściciel miał bliskie związki z KGB [...]. Kim jest i skąd się wziął w MON-ie «rosyjski łącznik»?

Chodzi o historię z 2007 r., gdy premierem był Jarosław Kaczyński, a Jacek Kotas był wiceministrem obrony w jego rządzie [pogrubienie T.P.]. To właśnie Kotas został nazwany «rosyjskim łącznikiem» w prezentacji stowarzyszenia Miasto Jest Nasze, które ujawniało, kto w Warszawie robi interesy na nieruchomościach i korzysta na reprywatyzacji. Dlaczego? Wszystko przez to, że udziałowcami spółek grupy Radius byli ludzie związani ze światem przestępczym oraz rosyjskimi biznesmenami z przeszłością w KGB. A Kotas był prezesem spółki Radius i pracował z nimi z przerwami od 2002 r. O kogo chodzi? Wśród udziałowców spółek z grupy Radius byli między innymi Jan L., związany z mafią wołomińską, a także Robert Sz., mieszkający w Polsce biznesmen, który już 20 lat temu prowadził interesy z czołowymi oficerami KGB, bliskimi samemu prezydentowi Rosji Władimirowi Putinowi.

Sz. cieszy się też takim poważaniem na Kremlu, że został *chargé d'affaires* Gambii w Rosji, co najczęściej umożliwia organizowanie wspólnych interesów między państwami.

Kotas przez wiele lat pracował jako prezes spółek związanych z firmą Radius i działał w branży nieruchomości. Do rządu trafił z Wojskowej Agencji Mieszkaniowej, której był prezesem. Jako wiceminister potrzebował dostępu do tajnych dokumentów państwowych. Taki dostęp jest możliwy dzięki uzyskaniu certyfikatu bezpieczeństwa, uprawniającego do dostępu do tajemnic państwowych. Żeby dostać certyfikat, trzeba się wyspowiadać z całej dotychczasowej kariery, przyznać się nawet do wstydliwych wątków z życia, takich jak choroba alkoholowa czy to, że w przeszłości brało się narkotyki. Tymczasem wygląda na to, że Kotas, mimo interesów z zaufanymi ludźmi KGB, dostał dostęp do tajnych dokumentów państwowych od Służby Kontrwywiadu Wojskowego, którą stworzył, i stanął na jej czele sam Antoni Macierewicz! [...]

«Wystąpiliśmy publicznie do ministra Macierewicza, żeby wyjaśnił związki MON-u z panem Kotasem i jego fundacją, ale do tej pory nie odniósł się do naszych ustaleń» – mówi [...] Jan Śpiewak, były szef stowarzyszenia Miasto Jest Nasze, który ujawnił aferę reprywatyzacyjną [...]. «Dostęp do tajemnic i funkcje ministerialne powinny pełnić wyłącznie osoby o przejrzystym życiorysie, dokładnie sprawdzonym przez służby cywilne» – mówi Biernacki [minister spraw wewnętrznych w latach 1999–2001 i koordynator służb specjalnych w 2015 r. – przyp. T.P.] i zapowiada, że zamierza złożyć kilka interpelacji w sprawie m.in. Radiusa i Kotasa. Dziwi się też, że certyfikat bezpieczeństwa wystawiło Kotasowi SKW, a nie ABW. «Jeśli był cywilem, to powinny to zrobić cywilne służby» – podkreśla Biernacki. Co o całej sytuacji mówi sam Kotas? W dzisiejszym wywiadzie dla «Polski The Times» ostro atakuje Śpiewaka i twierdzi, że nie ma sobie nic do zarzucenia, a oskarżenia są bezpodstawne. Jego zdaniem Miasto Jest Nasze i Śpiewak manipulują faktami.

Tak opisuje swoje relacje z biznesmenem Sz., prowadzącym interesy z byłymi oficerami KGB: «Pracowaliśmy wspólnie od 2002 r., z paru kilkuletnimi przerwami, do maja 2016 r. W tym okresie, w 2006 r., przed objęciem stanowiska podsekretarza stanu w MON-ie, zostałem poddany procedurze sprawdzającej i otrzymałem certyfikat bezpieczeństwa, umożliwiający dostęp do informacji niejawnych. W tym czasie moje relacje z grupą Radius były dokładnie takie same jak w roku 2016 r., gdy Jan Śpiewak zrobił z nich zarzut wobec mnie i NCSS [Narodowego Centrum Studiów Strategicznych, think tanku Kotasa – przyp. T.P.]» – mówił Kotas. Kiedy rozmawialiśmy z nim kilka tygodni temu, również potwierdził, że dostał certyfikat poświadczenia bezpieczeństwa, a jego relacje z Sz. nigdy nikogo w służbach nie interesowały. «Nikt ze służb mnie o to nie pytał» – powiedział nam Kotas i podkreślał, że przeciwko stowarzyszeniu Miasto Jest Nasze i samemu Śpiewakowi wystąpi do sądu. Żąda od nich 150 tys. zł i oficjalnych przeprosin. Sam Antoni Macierewicz dotąd konsekwentnie milczy na temat informacji o związkach Kotasa. Agencja Bezpieczeństwa Wewnętrznego nie odpowiedziała na razie na pytania o to, czy Kotas był przez nią sprawdzany"[1].

1 http://www.fakt.pl/wydarzenia/polityka/szef-mon-dal-dostep-do-tajemnic-rosyjskiemu-lacznikowi/crvdyhm

Od razu wtrącę, że po dłuższym badaniu sprawy Radosław Gruca uznał, że **Sz. miał kontakty nie tylko z KGB/FSB, lecz także** – być może przede wszystkim – **z GRU**.

Jeśli chodzi o doniesienia redaktora Grucy na temat pracy Kotasa dla Grupy Radius, to znajdują one potwierdzenie w Krajowym Rejestrze Sądowym. Z łatwością można się o tym przekonać w serwisach internetowych opartych na tym rejestrze. W Internetowym Monitorze Sądowym i Gospodarczym jest kilkadziesiąt [!] wpisów, z których wynika, że od 2014 r. do lata 2016 r. Jacek Kotas pełnił funkcje kierownicze w licznych spółkach Grupy Radius[1].

Nieraz były to funkcje bardzo wysokie.

Przykładowo, 8 lipca 2014 r. Jacek Kotas został wpisany do Krajowego Rejestru Sądowego jako prezes zarządu spółki Radius Projekt Holding. Zastąpił poprzedniego prezesa, którym był Robert Jan Sz. (syn)[2].

Wcześniej, do 12 czerwca 2006 r., Jacek Kotas był prezesem zarządu spółki ERA 200[3]. Przypomnę: na stronie internetowej firmy Radius Projekt o spółce ERA 200 czytamy: „Trzonem Grupy kapitałowej Radius są spółki operacyjne: ERA 200 sp. z o.o., KRD1 sp. z o.o. oraz DK Investment Holding spółka z ograniczoną odpowiedzialnością S.K.A."[4]. Jacek Kotas pełnił funkcję prezesa tej „trzonowej" spółki przez cztery lata – od 21 czerwca 2002 r.

Firma nazywała się wtedy jeszcze „Fabryka Mierników i Komputerów ERA". Ale miała ten sam numer identyfikacyjny Krajowego Rejestru Sądowego co ERA 200 (KRS 0000116365)[5].

Dodam, że sam Jacek Kotas przyznał się do wieloletniej współpracy z Grupą Radius – i to nie tylko w zacytowanej wypowiedzi dla „Faktu" z li-

1 http://www.imsig.pl/szukaj?krs=&regon=&nip=&rhb=&ewp=&imiona=Jacek+&nazwisko=Kotas&pesel=&rok=67&sygnatura=&tekst=&data_od_dzien=1&data_od_miesiac=1&data_od_rok=2002&data_do_dzien=16&data_do_miesiac=5&data_do_rok=2017&sekcje%5B%5D=&dzialy_krs%5B%5D=

2 http://www.imsig.pl/pozycja/2014/135/KRS/148898,RADIUS_PROJEKT_HOLDING_SP%C3%93%C5%81KA_Z_OGRANICZON%C4%84_ODPOWIEDZIALNO%C5%9ACI%C4%84

3 http://www.imsig.pl/pozycja/2006/133/KRS/78491,%22ERA_200%22_SP%C3%93%C5%81KA_Z_OGRANICZON%C4%84_ODPOWIEDZIALNO%C5%9ACI%C4%84

4 http://web.radius-projekt.pl/index.php/pl/radius-struktura-grupy.html

5 http://www.imsig.pl/pozycja/2002/119/KRS/59065,FABRYKA_MIERNIK%C3%93W_I_KOMPUTER%C3%93W_%22ERA%22_SP%C3%93%C5%81KA_Z_OGRANICZON%C4%84_ODPOWIEDZIALNO%C5%9ACI%C4%84

stopada 2016 r. Jeszcze wyraźniej zrobił to dwa miesiące wcześniej. We wrześniu 2016 r. wysłał do mediów oświadczenie, w którym napisał tak: „Od 2002 r., z przerwą od czerwca 2006 do lutego 2008, **prowadzę indywidualną działalność gospodarczą w zakresie zarządzania, obrotu i obsługi nieruchomości na zlecenie**. W tym okresie, **jako wynajęty manager, pracowałem między innymi na rzecz spółek Grupy Radius**, pełniąc funkcje prezesa lub prokurenta zarządu". Cytuję ten tekst za portalem wPolityce.pl[1] włącznie z oryginalnymi pogrubieniami zastosowanymi najprawdopodobniej przez samego Kotasa (w każdym razie redakcja portalu do tych pogrubień się nie przyznaje).

Dodam też, że 24 stycznia 2017 r. Jan Śpiewak wygrał w pierwszej instancji sprawę karną wytoczoną mu przez Jacka Kotasa. Sąd Rejonowy dla Warszawy-Śródmieścia uznał, że określenie „rosyjski łącznik" – którego Śpiewak użył wobec Kotasa – było uzasadnione[2].

WIĘŹ WIELOLETNIA, WIĘŹ GŁĘBOKA

Jak widać, związki Jacka Kotasa z Grupą Radius nie są przypadkowe. Jest to wieloletnia i głęboka więź. Więź ta dotyczy lukratywnej branży nieruchomości – i bardzo kontrowersyjnych biznesów. Grupa Radius agresywnie przejmuje atrakcyjne grunty, m.in. w Warszawie i w Sopocie. Prowadzi to nieraz do ostrych konfliktów – jak spór ze stowarzyszeniem Miasto Jest Nasze, o którym pisałem wcześniej. Warto tutaj przypomnieć, co o mafii sołncewskiej mówi pruszkowski gangster „Masa": „Działaliśmy niejako w ich imieniu. Również kiedy przejmowali w Polsce jakieś mienie czy grunty". I warto też przypomnieć, że według naszego „źródła numer jeden" pan Sz. miał bliskie kontakty z ludźmi pruszkowskiej mafii.

W jakiejś mierze więź Kotasa z Radiusem dotyczy także branży komputerowej. W 2002 r. Kotas został prezesem zarządu fabryki komputerów ERA. Być może Radius przejął tę fabrykę tylko po to, by ją zburzyć. Dewelo-

1 http://wpolityce.pl/polityka/308221-czy-miasto-jest-nasze-na-sile-poszukuje-pisowskiej-nogi-dzikiej-reprywatyzacji-oswiadczenie-jacka-kotasa
2 http://wyborcza.pl/7,75398,21287172,spiewak-wygral-proces-z-bylym-wiceministrem-obrony-w-rzadzie.html

perzy często tak robią z fabrykami... Ale przecież Angielewicz i Burejczenko – sołncewscy aferzyści i partnerzy pana Sz. – na początku swej kariery handlowali sprzętem komputerowym. A temat tego sprzętu już wielokrotnie przewijał się w naszej opowieści.

Według rosyjskich źródeł komputerami handlował agent GRU i KGB, związany z Mogilewiczem Szabtaj Kałmanowicz. Z kolei według jednego z polskich źródeł Robert Luśnia – wieloletni współpracownik Macierewicza i płatny konfident SB prowadzony przez oficera powiązanego z GRU – na przełomie lat 80. i 90. handlował komputerami z Rosjanami.

Według naszego „źródła numer dwa", które przesłało mi relację na piśmie, pod koniec lat 80. komputery do Rosji nielegalnie eksportował Robert Sz. Ten sam, który według „Pulsu Biznesu" kontroluje Grupę Radius. Źródło podaje, że odbiorcą komputerów pana Sz. była rosyjska armia. I wreszcie – według rosyjskich źródeł, swoje biznesy od handlu komputerami zaczynali Angielewicz i Burejczenko. Partnerzy pana Sz. w MontażSpecBanku, związani z panami Kwietnojem, Skoczem i Usmanowem. A od tego towarzystwa tropy prowadzą znowu w stronę GRU.

Wszystko to sugeruje, że biznes komputerowy był kolejną sprawą, która wiązała naszych bohaterów z rosyjskim wywiadem wojskowym.

MAŁE PODSUMOWANIE

Te związki są w naszej opowieści najważniejsze. Dlatego podsumujmy: **w 2007 r. Macierewicz jako szef kontrwywiadu wojskowego udostępnił tajne dokumenty polskiej armii człowiekowi, który przez 14 lat pracował dla firm związanych z sołncewską mafią i rosyjskimi służbami, najprawdopodobniej wojskowymi**. Dodatkowo, z wypowiedzi byłego ministra Biernackiego wynika, że Macierewicz udostępnił te dokumenty Kotasowi bezprawnie.

Czemu Antoni Macierewicz i jego ludzie nagięli przepisy dla Kotasa? Aż tak bardzo chcieli dać wgląd w tajne papiery komuś, przed kim raczej powinni je chować?

JACEK KOTAS, ŻYCIORYS OFICJALNY

Gdy Kotas w 2007 r. został wiceministrem obrony w rządzie Jarosława Kaczyńskiego, MON opublikowało oficjalną notę biograficzną na jego temat. Czytamy w niej:

> ***Jacek Kotas*** *– lat 40, żonaty.*
> *Absolwent Wydziału Rolniczego Akademii Rolniczej w Szczecinie oraz College of Business Administration University of Wisconsin, La Crosse (USA), uzyskał również dyplom Business Management na Georgetown University, Waszyngton (USA).*
> *W latach 1993–1997: specjalista w Sekcji Ewidencji i Analiz Agencji Własności Rolnej Skarbu Państwa w Oddziale Terenowym w Szczecinie. W latach 1997–1999: doradca i sekretarz ministra rolnictwa.*
> *W latach 1999–2000: współpracownik Banku Światowego oraz konsultant w Fundacji Programów Pomocowych dla Rolnictwa (FAPA).*
> *Od 2000 r. dyrektor organizacyjny Forum Ekonomicznego w Krynicy, a od roku 2002 do września 2006 prezes zarządu Fundacji Instytut Studiów Wschodnich – organizatora krynickiego Forum.*
> *W latach 2002–2006: własna działalność gospodarcza w zakresie zarządzania i doradztwa: zarządzanie i wynajem nieruchomości.*
> *Od czerwca 2006 r. był prezesem Wojskowej Agencji Mieszkaniowej.*
> *Stypendysta East Central European Scholarship (program organizowany przez USAID), stażysta w Komisji Europejskiej w Dyrekcji Rolnictwa, ukończył kursy i szkolenia m.in. z zakresu wyceny i zarządzania nieruchomościami, negocjacji oraz zarządzania, posiada uprawnienia do zasiadania w radach nadzorczych w spółkach Skarbu Państwa.*[1]

Imponujący życiorys. Szkoda tylko, że nie ma w nim mowy o wieloletniej współpracy z Grupą Radius pana Sz.

Jeśli chodzi o Forum Ekonomiczne w Krynicy – jest to coroczne spotkanie biznesmenów i polityków z Europy Środkowo-Wschodniej. Organizuje je fundacja Instytut Studiów Wschodnich[2]. Według serwisu Moje Państwo

1 http://archiwalny.mon.gov.pl/pl/artykul/2659
2 http://www.forum-ekonomiczne.pl/o-nas/instytut-wschodni/

opartego na Krajowym Rejestrze Sądowym wiceprezesem fundacji Instytut Studiów Wschodnich jest faktycznie Jacek Kotas[1].

Czym wsławiło się Forum Ekonomiczne w Krynicy? W 2016 r. ogłosiło prokremlowskiego premiera Węgier Viktora Orbána „Człowiekiem Roku 2015"[2]. Forum podjęło taką decyzję mimo zapaści gospodarczej, którą Węgry przechodziły wtedy pod rządami Orbána[3].

Rok wcześniej, we wrześniu 2015 r. Forum Ekonomiczne w Krynicy przyznało tytuł „Człowieka Roku" Jarosławowi Kaczyńskiemu, przywódcy PiS-u. Było to na miesiąc przed wyborami parlamentarnymi[4] i w jakiejś mierze mogło się przyczynić do zwycięstwa tej partii. Jej liderowi łatwiej było odgrywać rolę poważnego, przewidywalnego polityka, szanowanego przez biznes.

Co jeszcze robi Jacek Kotas?

Jest prezesem zarządu fundacji Narodowe Centrum Studiów Strategicznych (NCSS). Informację tę podaje m.in. serwis Moje Państwo[5], Internetowy Monitor Sądowy i Gospodarczy (według którego Kotas został wpisany do Krajowego Rejestru Sądowego jako prezes NCSS w dniu 29 grudnia 2015 r.[6]), a także oficjalna strona NCSS[7].

KUŹNIA KADR MACIEREWICZA

Narodowe Centrum Studiów Strategicznych jest think tankiem, czyli organizacją ekspercką. Wbrew swojej nazwie całkowicie prywatną[8]. Ale ta prywatna organizacja cieszy się wielkim uznaniem ze strony Antoniego Macierewicza i jego ministerstwa. Ludzi do tego ministerstwa Macierewicz bierze właśnie z NCSS. Poprzedni prezes zarządu NCSS, Tomasz Szatkowski[9], jest

1 https://mojepanstwo.pl/fundacja-instytut-studiow-wschodnich (stan z maja 2017 r.).
2 http://wyborcza.pl/1,75398,20654758,orban-z-kaczynskim-bryluja-w-krynicy.html
3 https://oko.press/wegrzech-rosnie-ubostwo-a-orban-zostal-czlowiekiem-roku-krynicy/
4 http://wyborcza.pl/1,155287,18740202,krynica-2015-jaroslaw-kaczynski-czlowiekiem-roku.html
5 https://mojepanstwo.pl/fundacja-narodowe-centrum-studiow-strategicznych
6 http://www.imsig.pl/pozycja/2016/3/KRS/2122,FUNDACJA_NARODOWE_CENTRUM_STUDI-%C3%93W_STRATEGICZNYCH
7 http://www.ncss.org.pl/pl/o-nas/zarzad.html
8 http://www.krs-online.com.pl/fundacja-narodowe-centrum-studiow-krs-839671.html
9 http://www.imsig.pl/pozycja/2016/3/KRS/2122,FUNDACJA_NARODOWE_CENTRUM_STUDI-%C3%93W_STRATEGICZNYCH

u Macierewicza wiceministrem obrony[1]. Zaznaczę, że Macierewicz i Szatkowski znają się nie od dziś. Dziewięć lat temu Tomasz Szatkowski znalazł się w stworzonej przez Macierewicza komisji ds. weryfikacji Wojskowych Służb Informacyjnych (powołał go do niej prezydent Lech Kaczyński).

Ale nie tylko Szatkowski łączy Macierewicza i jego resort z NCSS.

Gdy Antoni Macierewicz został ministrem obrony, NCSS przygotowało specjalny raport na temat Obrony Terytorialnej (czyli amatorskiej „armii leśnej" tworzonej przez Macierewicza i bezpośrednio mu podległej). Raport zatytułowany był „Koncepcja Obrony Terytorialnej w Polsce". Wiosną 2016 r. trafił do mediów – i wybuchła burza. Autorzy dokumentu rozważali bowiem stosowanie Obrony Terytorialnej do powstrzymywania przeciwników rządu [!]. Cytuję: „Wyposażona w broń maszynową umundurowana formacja paramilitarna może stanowić skuteczny środek zapobiegawczy (odstraszający) działaniom antyrządowym"[2].

Na szczęście ministerstwo zapewniło obywateli, że nie będzie strzelać z broni maszynowej do manifestacji opozycyjnych[3]... Także NCSS wydało stosowne oświadczenie, w którym zapewniało, że zdanie o działaniach antyrządowych zostało wyrwane z kontekstu[4]. W oświadczeniu czytamy: „Rzeczony raport nie jest dokumentem decyzyjnym i został opracowany w sposób niezależny od jakiejkolwiek instytucji państwowej".

A jednak trudno uwierzyć, że NCSS opracowywał ten dokument, nie myśląc o ministerstwie obrony Antoniego Macierewicza.

KWAŚNIAK BARDZO WIERZĄCY (ALE NIE W NATO)

Bo tak się składa, że ministerialną koncepcję Obrony Terytorialnej stworzyli w MON-ie dwaj eksperci pochodzący właśnie z NCSS – Grzegorz Kwaśniak i pułkownik Krzysztof Gaj.

---

1 http://www.mon.gov.pl/ministerstwo/kierownictwo/podsekretarz-stanu-tomasz-szatkowski/

2 http://wiadomosci.gazeta.pl/wiadomosci/1,114871,19900566,raport-obrona-terytorialna-do-zapobiegania-dzialaniom-antyrzadowym.html

3 http://wyborcza.pl/1,75398,19907933,mon-zaprzecza-oddzialy-obrony-terytorialnej-nie-beda-strzelac.html

4 http://ncss.org.pl/pl/aktualnosc/695-oswiadczenie-narodowego-centrum-studiow-strategicznych-w-zwiazku-z-publikacja-raportu-koncepcja-obrony-terytorialnej-w-polsce.html

31 grudnia 2015 r. NCSS na swojej stronie napisało, co następuje: „Były ekspert Narodowego Centrum Studiów Strategicznych pełnomocnikiem MON-u ds. Obrony Terytorialnej Kraju.

Z dniem 30 grudnia 2015 r. dr Grzegorz Kwaśniak został powołany na to stanowisko przez Ministra Obrony Narodowej Antoniego Macierewicza. Nowemu pełnomocnikowi gratulujemy oraz życzymy powodzenia w realizacji nowych obowiązków.

Chcielibyśmy także przypomnieć, iż dr Grzegorz Kwaśniak nie będzie jedynym ekspertem związanym do niedawna z naszym think tankiem, który będzie odpowiedzialny za stworzenie nowej koncepcji obrony terytorialnej RP. Oprócz niego w prace nad jej opracowaniem zaangażowany będzie również ppłk rez. dr Krzysztof M. Gaj”[1].

Zarówno Kwaśniak[2], jak i Gaj[3] wielokrotnie wymieniani są na stronie internetowej NCSS jako eksperci tego think tanku. O ich roli w tworzeniu Obrony Terytorialnej pisały i mówiły media. Bo ta sprawa również stała się głośna. Koncepcję amatorskiego wojska Macierewicza obaj panowie prezentowali przed Sejmem. A dokładnie przed sejmową Komisją Obrony Narodowej. Kwaśniak występował tam jako pełnomocnik Macierewicza, Gaj – jako szef zarządu organizacji i uzupełnień Sztabu Generalnego Wojska Polskiego[4].

Gdy Grzegorz Kwaśniak przedstawił komisji oficjalne stanowisko ministerstwa w sprawie Obrony Terytorialnej, jej członkowie zaniemówili. A w mediach wybuchła kolejna burza. W tekście stanowiska znalazły się bowiem stwierdzenia gwałcące zasadę neutralności światopoglądowej państwa. Cytuję: „wiara polskich żołnierzy będzie najlepszym gwarantem naszego bezpieczeństwa”. Celem zmian w armii „powinno być wzmocnienie chrześcijańskich fundamentów naszego systemu obronnego oraz sił zbrojnych”[5].

---

1 http://ncss.org.pl/pl/aktualnosc/484-byly-ekspert-narodowego-centrum-studiow-strategicznych-pelnomocnikiem-mon-ds-obrony-terytorialnej-kraju

2 http://www.ncss.org.pl/pl/component/finder/search.html?q=Grzegorz+Kwa%C5%9Bniak&quot%3BKrzysztof_Gaj=&quot%3B=&Itemid=325

3 http://www.ncss.org.pl/pl/component/finder/search.html?q=%22Krzysztof+Gaj%22&Itemid=325

4 http://www.sejm.gov.pl/Sejm8.nsf/biuletyn.xsp?documentId=4D1B56436A54FD34C1257F7D0028C1CE

5 http://wiadomosci.gazeta.pl/wiadomosci/1,114871,19749560,wiara-polskich-zolnierzy-najlepszym-gwarantem-naszego-bezpieczenstwa.html

Doskonale rozumiem krytykę, jaką wzbudziły te zdania. Ale zastanawiam się, czy nie odwróciły one naszej uwagi od innych zagrożeń związanych z działalnością panów Kwaśniaka i Gaja.

Tak się składa, że w 2014 r. na łamach „Nowej Trybuny Opolskiej" ten sam Grzegorz Kwaśniak publicznie dyskredytował NATO[1].

Miesiąc później antyukraiński portal Kresy.pl zamieścił artykuł pułkownika Krzysztofa Gaja pt. „Faszyści u naszych bram"[2]. Faszystami, przed którymi ostrzega nas Gaj, mieliby być Ukraińcy. Przypomnijmy: był to moment, w którym Ukrainę najechał Putin.

EKSPERT MACIEREWICZA POPIERA PUTINA

W swoim tekście pułkownik Gaj napisał, że popiera inwazję Putina na Ukrainie. A dokładnie – że „rozumie Putina" i „przyznaje mu rację", bo Putin walczy z ukraińską „pożogą".

Pułkownik obwarował to różnymi zastrzeżeniami, ale tekst jest jednoznaczny. Cytuję: „Nie jestem rusofilem (podkreślam to stanowczo), ale w tym miejscu doskonale rozumiem Putina – to są faszyści. I Putin ma w zupełności rację – z nimi trzeba walczyć, bo Europę z ich przyczyny ogarnie pożoga. To jakiś okrutny chichot historii, że ja przyznaję rację Putinowi i Rosjanom – ale w tej sytuacji nie widzę innego wyjścia"[3].

Krzysztof Gaj, wojskowy i uczony, związany jest z Uniwersytetem Przyrodniczo-Humanistycznym (UPH) w Siedlcach. To publiczna uczelnia, na której Gaj uzyskał doktorat. Uczelnię popiera specjalnie w tym celu utworzone Stowarzyszenie Przyjaciół UPH w Siedlcach. Jak podaje serwis Moje Państwo, prezesem tej organizacji jest Stanisław Cieniuch, równocześnie członek rady Polsko-Rosyjskiej Izby Handlowo-Przemysłowej[4]. Wiceprzewodniczącym tej samej rady jest Siergiej Katyrin[5], prezes Rosyjskiej Izby

1 *Grzegorz Kwaśniak: Nie wierzę w skuteczność NATO*, „Nowa Trybuna Opolska", 23 września 2014 r.: http://www.nto.pl/magazyn/reportaz/art/4629609,grzegorz-kwasniak-nie-wierze-w-skutecznosc-nato,id,t.html

2 http://kresy.pl/publicystyka/faszysci-u-naszych-bram/

3 http://kresy.pl/publicystyka/faszysci-u-naszych-bram/

4 https://mojepanstwo.pl/dane/krs_osoby/252541,cieniuch-stanislaw (stan z maja 2017 r.).

5 https://mojepanstwo.pl/polsko-rosyjska-izba-handlowo-przemyslowa (stan z maja 2017 r.).

Handlowo-Przemysłowej[1]. Katyrin reprezentuje też Rosję w Szanghajskiej Organizacji Współpracy (SCO). To euroazjatycki blok polityczno-gospodarczo-militarny, który ma być chińsko-rosyjską przeciwwagą dla Zachodu. Zdaniem badaczy blok ten promuje autorytaryzm, hamuje przemiany demokratyczne w Azji Środkowej[2] i od wielu lat sprzeciwia się amerykańskim wpływom w regionie[3]. Katyrin jest lub jeszcze do niedawna był przewodniczącym rosyjskiej sekcji w Radzie Biznesu przy Szanghajskiej Organizacji Współpracy[4].

Wracam do Siedlec i do Uniwersytetu Przyrodniczo-Humanistycznego – na uczelni wykłada m.in. Adam Wielomski. Prezes Klubu Zachowawczo-Monarchistycznego i autor portalu Konserwatyzm.pl, gdzie publicystą jest również Konrad Rękas. O Rękasie już pisałem – to dobry znajomy Roberta Luśni i wiceprzewodniczący prokremlowskiej partii zmiana (której przewodniczącym jest Mateusz P., podejrzany o szpiegostwo).

Na portalu Konserwatyzm.pl profesor Adam Wielomski wychwalał Putina, określając go słowem „katechon"[5] (to teologiczne określenie oznacza niezłomnego obrońcę porządku, zaporę dla Szatana). A na łamach „Najwyższego Czasu" ubolewał nad tym, że spora część polskiej prawicy nienawidzi Putina, chociaż jest on jej naturalnym sojusznikiem. **Bo przecież Putin pomógłby prawicy skasować wolne wybory w Polsce, wprowadzić autorytarne rządy i zamknąć demokratyczną opozycję w więzieniu – co Wielomski postuluje**[6].

Warto dodać, że według Adama Wielomskiego rząd w Kijowie to „junta". To ostatnie określenie mógł zapożyczyć od Rękasa, który również tak nazywa rząd Ukrainy. Na Facebooku Wielomski z zapałem chwali teksty Rękasa (jego też nazywa „katechonem").

15 maja 2014 r. Wirtualna Polska pisała o kontaktach Wielomskiego z Rękasem: „W internecie można znaleźć także screenshoty wypowiedzi na Facebooku z września 2013 r. innego eksperta tego think tanku, Konrada

1 http://en.kremlin.ru/catalog/persons/458/events
2 T. Ambrosio, *Catching the Shanghai Spirit*, „Europe-Asia Studies", październik 2008 r.: https://www.jstor.org/stable/20451609?seq=1#page_scan_tab_contents
3 https://www.brookings.edu/opinions/shanghai-five-an-attempt-to-counter-u-s-influence-in-asia/
4 https://forumvostok.ru/wp-content/uploads/2016/07/programme_En_public-10.pdf
5 http://konserwatyzm.pl/artykul/3868/dlaczego-uwazam-putina-za-rosyjskiego-katechona/
6 http://nczas.com/publicystyka/wyobrazmy-sobie-ze-wladze-w-polsce-zdobyla-autentyczna-prawica/

Rękasa, i profesora Uniwersytetu Przyrodniczo-Humanistycznego w Siedlcach Adama Wielomskiego. Obydwaj związani są z portalem Konserwatyzm.pl, serwisem bliskim m.in. ultranacjonalistycznej organizacji Falanga, która również na łamach swojego własnego portalu chętnie publikuje wywiady z Duginem [głównym ideologiem Kremla – przyp. T.P.] oraz inne materiały wychwalające jego koncepcje. «**Jeśli któregoś kolejnego 17 IX (w ten raczej już nie zdążą) Rosjanie zaatakują Polskę, to zawczasu zgłaszam mój akces do kolaboranckiego rządu na czele którego będzie stał Konrad Rękas**» – pisze na Facebooku profesor. Pracownik ECAG [think tank podejrzanego o szpiegostwo Mateusza P., w którym pracuje Rękas – przyp. T.P.] odpowiada mu równie wymownie: «**Nasi idą :)**» oraz «**Niestety na razie interweniować mają** [Rosjanie – przyp. red.] **tylko na Ukrainie. Na NATO jeszcze przyjdzie czas :)**» [pogrubienia T.P.]"[1].

BĄCZEK Z KONTRWYWIADU

Wróćmy do pana Kotasa z Grupy Radius, NCSS i ministerstwa obrony.

Gdy „Fakt" ujawnił, że Macierewicz udostępnił Kotasowi tajne dokumenty polskiej armii, napisałem o tym na łamach „Gazety Wyborczej"[2]. Tego samego dnia – 24 listopada – na oficjalnej stronie MON-u pojawiło się zdumiewające oświadczenie. Cytuję je w całości:

W związku z nieprawdziwymi informacjami zawartymi w następujących publikacjach:

„Antoni Macierewicz nadał dostęp do tajemnic państwowych rosyjskiemu łącznikowi? Jacek Kotas zaprzecza", opublikowane dnia 24 listopada br. w portalu www.wp.pl, „Macierewicz dał dostęp do tajemnic rosyjskiemu łącznikowi?", opublikowane dnia 24 listopada br. w portalu www.fakt.pl,

informuję:

1 http://wiadomosci.wp.pl/rosyjscy-nacjonalisci-na-ukrainie-pozyteczni-idioci-kremla-czy-symbol-zmian-w-rosji-6031559508951681a

2 *Macierewicz i rosyjski łącznik? Wykręty przestają wystarczać, panie ministrze*, „Gazeta Wyborcza", 24 listopada 2016 r.: http://wyborcza.pl/7,75968,21026998,macierewicz-i-rosyjski-lacznik-wykrety-przestaja-wystarczac.html

1. *Pan Antoni Macierewicz, który sprawował stanowisko Szefa Służby Kontrwywiadu Wojskowego w latach 2006–2007, nie sygnował poświadczenia bezpieczeństwa wydanego Panu Jackowi Kotasowi w lutym 2007 r.*
2. *Postępowanie sprawdzające zostało przeprowadzone przez SKW na wniosek ówczesnego sekretarza stanu w Ministerstwie Obrony Narodowej, Pana M. Zająkały i nie dotyczyło dostępu do informacji ściśle tajnych.*
3. *Pan Jacek Kotas w latach 2001–2007, według dokumentów z urzędów i organów skarbowych, ochrony porządku publicznego, a także jego osobistego oświadczenia, nie był zatrudniony, nie był prezesem ani udziałowcem żadnego podmiotu gospodarczego, w tym spółki Radius.*
4. *W latach 2006–2007 nie istniały spółki Radius, w których funkcje Prezesa Zarządu sprawowałby Pan Jacek Kotas. Natomiast funkcje te pełnił w latach 2013–2016, gdy w rządach Platformy Obywatelskiej Służbą Kontrwywiadu Wojskowego kierowali kolejno: gen. bryg. Janusz Nosek i gen. bryg. Piotr Pytel.*
5. *Inne służby specjalne oraz organy odpowiedzialne za bezpieczeństwo państwa nigdy nie wnosiły zastrzeżeń co do faktu dawania rękojmi zachowania tajemnicy. Nie przekazały również negatywnych informacji, podważających wiarygodność Pana Jacka Kotasa.*

Pojawiające się rozbieżności między dokumentacją z lat 2006–2007 a obecnymi informacjami medialnymi, o ile będą miały charakter podejrzenia popełnienia przestępstwa, będą wyjaśniane przez SKW w stosownym trybie.

Szef
Służby Kontrwywiadu Wojskowego
Piotr Bączek[1]

Jak widać, szef wojskowego kontrwywiadu Piotr Bączek minął się z prawdą. Cytowałem wcześniej liczne oficjalne wpisy do Krajowego Rejestru Sądowego – dostępne w Internetowym Monitorze Sądowym i Gospodarczym – które świadczą niezbicie, że w latach 2002–2006 Jacek Kotas

1 http://www.mon.gov.pl/aktualnosci/artykul/oswiadczenie-skw-f2016-11-24/

pracował dla Grupy Radius. I pełnił w niej najważniejsze funkcje – jak np. funkcja prezesa zarządu spółki ERA 200[1].

Zresztą we wrześniu 2016 r. sam Kotas przyznał, że od 2002 r. pracuje dla spółek Grupy Radius. Napisał to m.in. w rozesłanym do mediów oświadczeniu, które już cytowaliśmy[2].

Przejdźmy do pozostałych argumentów Bączka.

To, że Macierewicz nie podpisał się pod poświadczeniem, które dawało Kotasowi dostęp do tajnych dokumentów, jest dziecinną wymówką.

Macierewicz jako szef kontrwywiadu jest odpowiedzialny za wszystkie wpadki tej służby, do których doszło pod jego rządami. Włącznie z bardzo grubą wpadką, jaką była obecność Kotasa w ministerstwie obrony.

To, że Kotas nie uzyskał dostępu do dokumentów ściśle tajnych, ale tylko np. poufnych, jest słabym pocieszeniem dla obywateli Rzeczpospolitej Polskiej, którzy chcieliby całkowicie ufać swojej armii. Zwłaszcza teraz, gdy za naszą wschodnią granicą toczy się wojna.

Na koniec Bączek pisze: „Pojawiające się rozbieżności między dokumentacją z lat 2006–2007 a obecnymi informacjami medialnymi, o ile będą miały charakter podejrzenia popełnienia przestępstwa, będą wyjaśniane przez SKW w stosownym trybie".

A więc grozi.

Kim jest Piotr Bączek?

Oficjalna strona kontrwywiadu wojskowego tak prezentuje jego szefa: „Współtwórca SKW. Pierwszy dyrektor ZSiA [Zarządu Studiów i Analiz – przyp. T.P.] SKW. W latach 2006–2008 członek Komisji Weryfikacyjnej ds. WSI [...]. Doradca Parlamentarnego Zespołu ds. Katastrofy Smoleńskiej"[3].

Założycielem SKW był Macierewicz. Przewodniczącym Komisji Weryfikacyjnej ds. WSI był Macierewicz. Parlamentarny zespół smoleński powołał Macierewicz.

Jak widać, Bączek to wieloletni współpracownik i podwładny obecnego ministra obrony. Kariera Bączka jest ściśle związana z Macierewiczem i od niego zależna. Czy zatem Bączek może wiarygodnie kontrolować Maciere-

1 http://www.imsig.pl/pozycja/2006/133/KRS/78491,%22ERA_200%22_SP%C3%93%C5%81KA-_Z_OGRANICZON%C4%84_ODPOWIEDZIALNO%C5%9ACI%C4%84

2 http://wpolityce.pl/polityka/308221-czy-miasto-jest-nasze-na-sile-poszukuje-pisowskiej-nogi-dzikiej-reprywatyzacji-oswiadczenie-jacka-kotasa

3 http://www.skw.gov.pl/szefostwo-skw.html

wicza? Czy jest wiarygodny, gdy za niego ręczy – tak jak to robi w zacytowanym oświadczeniu?

Dodam jeszcze, że według IMSiG Piotr Bączek do 31 lipca 2007 r. był członkiem zarządu głównego Ruchu Katolicko-Narodowego. Czyli partii Antoniego Macierewicza[1]!

Co więcej, **Bączek był we władzach tej partii równocześnie z Robertem Luśnią – konfidentem SB prowadzonym przez oficera powiązanego z GRU**. Świadczą o tym dwa cytowane wcześniej wpisy znajdujące się w IMSiG, z lat 2004[2] i 2010[3].

W tej sytuacji nie powinno nas dziwić, że ktoś taki jak Jacek Kotas bez przeszkód mógł działać w ministerstwie obrony.

AFERA TAŚMOWA, CZYLI SOWA & WSPÓLNICY

Przejdźmy do kolejnego wątku całej sprawy – również niepokojącego. Takich wątków przedstawiłem już wiele, ale ten ma szczególny charakter.

Jak wiadomo, do zwycięstwa PiS-u w wyborach prezydenckich i parlamentarnych znacząco przyczyniła się tzw. afera taśmowa, do której doszło rok wcześniej. Ktoś nagrał polityków, biznesmenów i celebrytów biesiadujących w restauracji Sowa & Przyjaciele – a potem nagrania te upublicznił. Polacy usłyszeli, że gubi ich „murzyńskość". Polska usłyszała, że jest „państwem teoretycznym" oraz „chujem, dupą i kamieni kupą". Takie stwierdzenia padały z ust najwyższych dygnitarzy rządzącej wtedy Platformy Obywatelskiej. Trudno się zatem dziwić, że w następnym roku PO przegrała wybory. Oczywiście, powodów tej porażki było więcej. Ale afera taśmowa była jednym z głównych, bo podkopała zaufanie wyborców partii do jej kierownictwa.

Nie do końca wiadomo, kto stał za nagraniami i ich publikacją. Nie wiemy też, czy wszystkie nagrania zostały upublicznione. I czy są na nich tylko rozmowy.

Od 2014 r. – kiedy to nagrania i ich zapisy pojawiły się w mediach – krążą plotki o ważnych i sławnych osobach, które miały zostać sfilmowane

1 http://www.imsig.pl/pozycja/2007/196/12516,RUCH_KATOLICKO-NARODOWY
2 http://www.imsig.pl/pozycja/2004/235/12638,Partia_Ruch_Katolicko-Narodowy
3 http://www.imsig.pl/pozycja/2010/151/9867,RUCH_KATOLICKO-NARODOWY

w Sowie & Przyjaciołach. Sfilmowane z ukrycia i w kompromitujących okolicznościach.

Nie umiem powiedzieć, czy w tych plotkach może być ziarno prawdy. Wiem natomiast, że nagrywanie i ewentualne upublicznianie kompromitujących zachowań polityków to częsta praktyka rosyjskich służb i współpracującej z nimi rosyjskiej mafii.

Pisałem o moskiewskich nagraniach Trumpa. O burzliwych losach gubernatora stanu Nowy Jork i miłośnika prostytutek, Eliota Spitzera. O aferze MontażSpecBanku i ministra Kowaliowa. O tym, jak w gangsterskim klubie ukryto kamerę, by nagrać ministra z prostytutkami, a nagranie schował w prywatnym sejfie szef mafijnego banku...

W ten sposób kremlowscy szpiedzy i bandyci szantażują wpływowych ludzi. A gdy trzeba, tych ludzi niszczą.

Podobnie – jak się wydaje – o aferze taśmowej myśli były przywódca Platformy Obywatelskiej, Donald Tusk. W 2014 r. tak mówił o skandalu z nagraniami w Sejmie: „Nie wiem, jakim alfabetem jest pisany ten scenariusz, ale wiem, kto będzie beneficjentem chaosu i osłabienia naszego państwa [...]. Dotychczasowa wiedza o zagrożeniu stabilności państwa w związku z aferą podsłuchową każe szczególnie mocno badać związki osób zaangażowanych w ten proceder ze środowiskami, które były aktywne w kwestiach gazowych”[1].

Komentując przemówienie Tuska, media nie miały wątpliwości. Chciał powiedzieć, że scenariusz pisany był cyrylicą. Wielka szkoda, że ograniczył się do aluzji. Wielka szkoda, że PO nie wyjaśniła afery taśmowej.

W rosyjskiej aferze ministra Kowaliowa i w polskiej aferze taśmowej występuje podobny schemat. W Rosji stworzono „wypasiony” klub z „pokoikami rozkoszy”, do których zaczęły się przemykać VIP-y. W Polsce stworzono luksusową restaurację ze znakomitą kuchnią, w której też były zakamarki oferujące gościom nieco intymności. I w Rosji, i w Polsce zakamarki zaopatrzono w ukryty sprzęt nagrywający. Zwabiono VIP-ów, aby ich nagrać.

Czy między rosyjską i polską aferą jest jakiś związek?

W rosyjskiej aferze kluczowy był MontażSpecBank. Jego szef, Arkadij Angielewicz, w prywatnym sejfie przechowywał „kąpielowe” nagranie ministra Kowaliowa. Według „Kommiersanta” przedstawicielem MontażSpec-

1 https://archiwum.rp.pl/artykul/1246679-Oto-wersja-premiera-Jest-wotum-zaufania.html

Banku na Polskę był Robert Sz[1]. Pełnił tę funkcję w 1995 r. (czyli wtedy, gdy Angielewicz z Burejczenką defraudowali pieniądze banku, a minister Kowaliow pluskał się z prostytutkami pod okiem kamery).

Ten sam pan Sz. kontroluje Grupę Radius[2]. Tak pisze o nim „Puls Biznesu". Tak podają inne źródła, m.in. nasze „źródło numer jeden". Pan Sz. jest też ojcem głównego menedżera Grupy Radius, Roberta Jana Sz.

16 listopada 2016 r. „Fakt" napisał: **„Afera taśmowa to robota rosyjskiej mafii?** Prokuratura już od 2,5 r. zajmuje się aferą taśmową. Ale nie zbadała nawet, czy w proceder nagrywania polityków i biznesmenów w warszawskiej restauracji Sowa & Przyjaciele nie byli zamieszani Rosjanie. Tymczasem ze śledztwa «Faktu» wynika, że tropy w największej aferze ostatnich lat prowadzą do rosyjskiej mafii! [...] Kilka tygodni temu były minister spraw wewnętrznych Bartłomiej Sienkiewicz [...] przyznał, że w jego ocenie afera była inspirowana przez obce służby. Prokuratorzy do dziś jednak nie zajęli się tym wątkiem, choć – naszym zdaniem – powinni! **Jak się okazuje, z dwoma założycielami restauracji Sowa & Przyjaciele interesy robił biznesmen Robert Sz.** [pogrubienie T.P.] Jego osoba przewija się w spółkach powiązanych z najbliższym otoczeniem prezydenta Rosji Władimira Putina (64 l.). Robert Sz. przed 20 laty był przedstawicielem na Polskę MontażSpecBanku, kontrolowanego przez rosyjską mafię. Gdy z banku wykradziono miliony dolarów, policja wszczęła dochodzenie. Podczas przeszukania znalazła taśmę wideo. Nagrano na niej ówczesnego ministra sprawiedliwości Rosji w intymnej sytuacji z prostytutkami w saunie kasyna, prowadzonego przez jednego z mafiosów. Rosyjskie media spekulowały wówczas, że taśma mogła służyć szantażowi ministra. Czyżby kilkanaście lat później rosyjska mafia powtórzyła pomysł z kamerami i podsłuchami, by tym razem szantażować polskich ministrów? Powinna to wyjaśnić prokuratura. Jednak do tej pory śledczy nie przesłuchali ani Roberta Sz., ani jego wspólników prowadzących restaurację!"[3].

Autorem artykułu jest cytowany już w tej książce Radosław Gruca. Na wszelki wypadek bardzo dokładnie sprawdziłem jego doniesienia. Okazało się, że znajdują potwierdzenie.

---

1 http://kommersant.ru/doc/99333
2 https://www.pb.pl/radius-po-cichu-buduje-potege-694523
3 http://www.fakt.pl/wydarzenia/polityka/prokuratura-nie-sprawdzila-rosyjskich-watkow-afery-tasmowej/x36ek8f

Tygodnik „Wprost” w czerwcu 2016 r. upublicznił nagrania z restauracji Sowa & Przyjaciele – i w tym samym czasie podał, że współwłaścicielami tej restauracji są Krzysztof Janiszewski i Jarosław Babiński[1]. A dokładnie – tak oznajmił sam Krzysztof Janiszewski, który udzielił wywiadu tygodnikowi. Zaznaczył przy tym, że on i Babiński od roku są w restauracji udziałowcami mniejszościowymi: 70 proc. własności miał przejąć Robert Sowa (który już wcześniej był wspólnikiem – stąd nazwa lokalu[2].

Przyjrzyjmy się zatem panom Janiszewskiemu i Babińskiemu, jak również Sowie & Przyjaciołom.

Gdy zajrzeć do Internetowego Monitora Sądowego i Gospodarczego, okazuje się, że istnieją dwie spółki o nazwie Sowa & Przyjaciele. Pierwsza nazywa się po prostu Sowa & Przyjaciele Sp. z o. o. W Krajowym Rejestrze Sądowym firma ta nosi numer 0000352981. Druga spółka nazywa się Sowa & Przyjaciele Sp. z o.o. Spółka Komandytowa. W Krajowym Rejestrze Sądowym firma nosi numer 0000357993.

Pierwsza spółka – Sowa & Przyjaciele Sp. z o. o. – pojawia się w tym rejestrze 31 marca 2010 r. Jej prokurentem jest Jarosław Babiński (a dokładnie Jarosław Jan Babiński). Jako wspólnicy figurują Robert Sowa, który ma połowę udziałów (pięćdziesiąt ze stu) oraz firma Apartamenty Zielona Przystań Babińska i Janiszewska, do której należy druga połowa[3]. Właścicielkami tej ostatniej firmy, czyli Apartamentów Zielona Przystań, są Idalia Babińska i Magdalena Anna Janiszewska. Prokurentem – znowu Jarosław Babiński[4].

14 czerwca 2013 r. pojawia się kolejny wpis do KRS dotyczący Sowy & Przyjaciół Sp. z o.o. Pan Babiński przestaje być prokurentem. Pan Sowa ma już 72 proc. udziałów w spółce, a Zielona Przystań – tylko 28 proc.[5].

16 marca 2016 r. spółka nie nazywa się już Sowa & Przyjaciele, tylko Cooking Sp. z o.o. Wbrew zmianie nazwy pan Sowa wciąż jest udziałow-

1 https://www.wprost.pl/454187/Przyjaciel-Sowy
2 https://www.wprost.pl/454187/Przyjaciel-Sowy
3 http://www.imsig.pl/pozycja/2010/76/KRS/51850,SOWA_%26_PRZYJACIELE_SP%C3%93%C5%81KA_Z_OGRANICZON%C4%84_ODPOWIEDZIALNO%C5%9ACI%C4%84
4 http://www.imsig.pl/pozycja/2004/217/KRS/152401,%22APARTAMENTY_ZIELONA_PRZYSTA%C5%83_BABI%C5%83SKA_I_JANISZEWSKA%22_SP%C3%93%C5%81KA_JAWNA
5 http://www.imsig.pl/pozycja/2013/118/KRS/113746,SOWA_%26_PRZYJACIELE_SP%C3%93%C5%81KA_Z_OGRANICZON%C4%84_ODPOWIEDZIALNO%C5%9ACI%C4%84

cem firmy – a nawet udziałowcem jedynym. Bo Zielona Przystań opuszcza spółkę[1].

Jeśli chodzi o drugą spółkę Sowa & Przyjaciele – tę komandytową – pojawia się ona w Krajowym Rejestrze Sądowym w dniu 15 czerwca 2010 r. Wspólnikami są pan Sowa oraz firma Sowa & Przyjaciele Sp. z o.o. – ta, której losy omawialiśmy przed chwilą – jak również znana nam już Zielona Przystań (Apartamenty Zielona Przystań Babińska i Janiszewska). Prokurentem Sowy & Przyjaciół Sp. z o.o. Spółki Komandytowej jest znowu pan Babiński[2].

15 lipca 2013 r. Babiński tym prokurentem być przestaje[3]. Niecałe trzy lata później, 21 marca 2016 r., Zielona Przystań wycofuje się z interesu[4].

Po co tak drobiazgowo cytuję te wszystkie wpisy? Żeby bezspornie udowodnić, że **panowie Janiszewski i Babiński byli zaangażowani w słynną restaurację** – czy to bezpośrednio, czy to przez osoby bliskie noszące te same nazwiska.

A jak wyglądają związki obu panów z Grupą Radius?

W Internetowym Monitorze Sądowym i Gospodarczym czytamy, że Jarosław Jan Babiński w dniu 21 maja 2008 r. został wiceprezesem zarządu w firmie Ringwood Development Poland Sp. z o.o. Do tego dnia jedynym właścicielem tej firmy była spółka Ringwood Sp. z o.o[5], w której z kolei wspólnikiem był wcześniej znany nam Robert Sz. z Grupy Radius (do 22 listopada 2005 r.[6]).

---

1 http://www.imsig.pl/pozycja/2016/57/KRS/63001,%22COOKING%22_SP%C3%93%C5%81KA-_Z_OGRANICZON%C4%84_ODPOWIEDZIALNO%C5%9ACI%C4%84

2 http://www.imsig.pl/pozycja/2010/127/KRS/92066,SOWA_%26_PRZYJACIELE_SP%C3%93%C5%81KA_Z_OGRANICZON%C4%84_ODPOWIEDZIALNO%C5%9ACI%C4%84_SP%C3%93%C5%81KA_KOMANDYTOWA

3 http://www.imsig.pl/pozycja/2013/139/KRS/148285,SOWA_%26_PRZYJACIELE_SP%C3%93%C5%81KA_Z_OGRANICZON%C4%84_ODPOWIEDZIALNO%C5%9ACI%C4%84_SP%C3%93%C5%81KA_KOMANDYTOWA

4 http://www.imsig.pl/pozycja/2016/60/KRS/66436,SOWA_%26_PRZYJACIELE_SP%C3%93%C5%81KA_Z_OGRANICZON%C4%84_ODPOWIEDZIALNO%C5%9ACI%C4%84_SP%C3%93%C5%81KA_KOMANDYTOWA

5 http://www.imsig.pl/pozycja/2008/110/KRS/75443,%22RINGWOOD_DEVELOPMENT_POLAND%22_SP%C3%93%C5%81KA_Z_OGRANICZON%C4%84_ODPOWIEDZIALNO%C5%9ACI%C4%84

6 http://www.imsig.pl/pozycja/2005/244/KRS/165031,RINGWOOD_SP%C3%93%C5%81KA_Z_OGRANICZON%C4%84_ODPOWIEDZIALNO%C5%9ACI%C4%84

W tym samym dniu 21 maja 2008 r. firmę Ringwood Sp. z o.o. w roli właściciela spółki Ringwood Development Poland (tej, której wiceprezesem został nasz Babiński z Sowy & Przyjaciół) zastąpiły dwie zagraniczne firmy: Jabloro Trading Limited i Ringwood Development Limited (główny właściciel)[1].

Tu przypomnę, że podobnie nazywająca się firma Ringwood Financial to zarejestrowana na Cyprze spółka córka Grupy Radius (tak w 2012 r. podały Bloomberg.com i „Dziennik Gazeta Prawna"[2]).

Według IMSiG firma Ringwood Development Poland Sp. z o.o. powstała na krótko przed tym, jak Jarosław Babiński został wiceprezesem jej zarządu. Babiński, co już wiemy, stał się nim 21 maja 2008 r. – a firma pojawia się po raz pierwszy w Krajowym Rejestrze Sądowym pięć miesięcy wcześniej, 27 grudnia 2007 r. Jako prezes zarządu występuje w niej Irmina Bogumił[3]. 27 lipca 2010 r. prezeska Bogumił zmienia nazwisko na Przestępna[4].

Według serwisu Moje Państwo Irmina Przestępna jest dziś prezeską i wspólniczką w firmie RSX Sp. z o.o[5]. Prokurentem w tej spółce jest Maciej Falkowski, który funkcję tę pełni również w firmie R-Sixteam Sp. z o.o., gdzie prezeską zarządu jest Agnieszka Sz. (o tym samym nazwisku, co panowie Sz. związani z Grupą Radius[6]). Równocześnie R-Six Team to nazwa załogi rajdowej[7] i żeglarskiej[8], w której realizuje swoje pasje młody pan Robert Jan Sz., wśród rajdowców znany jako „Robin". A Maciej Fal-

1 http://www.imsig.pl/pozycja/2008/110/KRS/75443,%22RINGWOOD_DEVELOPMENT_POLAND%22_SP%C3%93%C5%81KA_Z_OGRANICZON%C4%84_ODPOWIEDZIALNO%C5%9ACI%C4%84

2 http://serwisy.gazetaprawna.pl/nieruchomosci/artykuly/664296,rajdowy-kierowca-zabiega-o-kontrole-nad-polskim-holdingiem-nieruchomosci.html

3 http://www.imsig.pl/pozycja/2008/10/KRS/6002,%22RINGWOOD_DEVELOPMENT_POLAND%22_SP%C3%93%C5%81KA_Z_OGRANICZON%C4%84_ODPOWIEDZIALNO%C5%9ACI%C4%84

4 http://www.imsig.pl/pozycja/2010/157/KRS/134881,%22RINGWOOD_DEVELOPMENT_POLAND%22_SP%C3%93%C5%81KA_Z_OGRANICZON%C4%84_ODPOWIEDZIALNO%C5%9ACI%C4%84

5 https://mojepanstwo.pl/dane/krs_osoby/716691,przestepna-irmina (stan z maja 2017 r.).

6 https://mojepanstwo.pl/r-sixteam (stan z maja 2017 r.)

7 http://www.off-road.pl/raptor-kontra-pustynny-gad-zaloga-r-six-team-swietnie-rozpoczela-trzeci-etap/

8 http://sailing.org.pl/article/zeglarstwo-morskie/r-six-team-konczy-caribbean-600-na-trzecim-miejscu-i-kwalifikuje-sie-do-fastnet

kowski zasiada we władzach spółek Grupy Radius[1] oraz fundacji Orimari obu panów Sz.[2]

Jeśli chodzi o Krzysztofa Janiszewskiego – zaangażowanego w restaurację Sowa & Przyjaciele i przedstawiającego się we „Wprost" jako jej współwłaściciel – to sprawa jest znacznie prostsza.

Tu nie ma poszlak, są dowody.

Według IMSiG, 24 sierpnia 2010 r. Krzysztof Józef Janiszewski został prezesem zarządu spółki Radius Projekt Jerozolimskie 200 Sp. z o.o.[3] W tym samym dniu do zarządu tej samej spółki wszedł Robert Jan Sz. (syn).

6 czerwca 2012 r. Krzysztof Józef Janiszewski został wpisany do KRS-u jako prezes zarządu niemal tak samo się nazywającej, ale jednak innej spółki Radius Projekt Aleje Jerozolimskie 200 Sp. z o.o.[4] Razem z nim w zarządzie tej spółki figurował Aron D. (członek rodziny, o której „Puls Biznesu" pisał, że kontroluje grupę Radius razem z rodziną Sz.[5]).

24 lutego 2015 r. Krzysztof Józef Janiszewski został wpisany do KRS-u jako prezes zarządu spółki Radius Projekt Development Sp. z o.o. Wcześniej prokurentem tej firmy był Robert Jan Sz. (syn)[6].

Oto odpowiedź na pytanie, czy osoby posiadające restaurację Sowa & Przyjaciele lub nią zarządzające miały coś wspólnego z Grupą Radius, rodziną Sz. i sołncewską mafią.

AFERA TAŚMOWA I MOGILEWICZ

A finansowy opiekun tej mafii, Siemion Mogilewicz? Czy jego coś łączyło z aferą taśmową?

---

1 http://www.imsig.pl/szukaj?imiona=MACIEJ&nazwisko=FALKOWSKI&pesel=6ff7aaee9dc
2 https://mojepanstwo.pl/dane/krs_osoby/1005112,falkowski-maciej (stan z maja 2017 r.).
3 http://www.imsig.pl/pozycja/2010/175/KRS/159526,RADIUS_PROJEKT_JEROZOLIMSKIE_200_SP%C3%93%C5%81KA_Z_OGRANICZON%C4%84_ODPOWIEDZIALNO%C5%9ACI%C4%84
4 http://www.imsig.pl/pozycja/2012/127/KRS/98144,RADIUS_PROJEKT_ALEJE_JEROZOLIMSKIE_200_SP%C3%93%C5%81KA_Z_OGRANICZON%C4%84_ODPOWIEDZIALNO%C5%9ACI%C4%84
5 https://www.pb.pl/radius-zakotwiczy-w-phn-694445
6 http://www.imsig.pl/pozycja/2015/42/KRS/39327,RADIUS_PROJEKT_DEVELOPMENT_SP%C3%93%C5%81KA_Z_OGRANICZON%C4%84_ODPOWIEDZIALNO%C5%9ACI%C4%84

29 grudnia Sąd Okręgowy w Warszawie uznał, że jednym z winnych w tej aferze był kelner z restauracji Sowa & Przyjaciele – niejaki Łukasz N. – który zakładał tam podsłuchy[1].

W wywiadzie, którego Krzysztof Janiszewski udzielił tygodnikowi „Wprost" w 2014 r., mowa jest o tym kelnerze. „Wprost" pyta, a Janiszewski odpowiada: „«**Niech pan nam powie kilka słów o tym zatrzymanym menedżerze Łukaszu N.**» «To nie jest żaden menedżer, tylko kelner, który obsługuje gości w VIP-roomie. Pracował za granicą, zna języki. Jest wyszkolony i bystry. Menedżerem był wcześniej, w nieistniejącej już restauracji Lemongrass w Alejach Ujazdowskich"[2].

O Łukaszu N. i restauracji Lemongrass (Lemon Grass) czytamy, co następuje. W „Pulsie Biznesu" z 24 czerwca 2016 r. (artykuł pt. „Nasza historia ze źródłem taśm w tle" autorstwa redaktora naczelnego Tomasza Siemieńca i jego zastępcy Grzegorza Nawackiego): „Nieistniejąca już warszawska restauracja Lemon Grass, na rogu Alei Ujazdowskich i ul. Matejki, 200 metrów od budynku Sejmu. To tu początek ma afera podsłuchowa, która kilkanaście dni temu wstrząsnęła Polską. Właśnie w tej restauracji menedżerem był Łukasz N., który po zamknięciu restauracji przeszedł do restauracji Sowa & Przyjaciele. To on – według śledczych – stał za podsłuchaniem licznych rozmów najwyższych polityków i przedstawicieli świata biznesu. [...] Według naszych ustaleń Łukasz N. był jedynie wykonawcą podsłuchowej akcji. Dużo ważniejsze są pytania o to, kto i z jakich powodów zlecił nagrywanie, oraz dlaczego zdecydowano się na wypuszczenie tych konkretnych nagrań, w tym konkretnym momencie. [...] Wykrycie sprawcy podsłuchów utrudniało to, że dokonano ich nie tylko w restauracji Sowa i Przyjaciele, ale również w Pałacyku Sobańskich, siedzibie Polskiej Rady Biznesu (PRB). Oba miejsca łączy... Łukasz N. [...] Dlaczego zlecono mu nagrywanie? Tego nie udało nam się jednoznacznie rozstrzygnąć. Z dużym prawdopodobieństwem było to rutynowe działanie rosyjskich służb, które gromadziły materiał celem potencjalnego wykorzystania w przyszłości. [...] Jak VIP-y wpadały w pułapkę? Łukasz N. był znany w tym świecie. „Niezwykle kontaktowy, kulturalny, pomocny, zdobył zaufanie wielu ważnych ludzi, za-

1 https://www.wprost.pl/kraj/10036790/Zapadly-wyroki-w-sprawie-afery-podsluchowej-25-roku-wiezienia-dla-Marka-Falenty.html

2 https://www.wprost.pl/454187/Przyjaciel-Sowy

pewniając dyskrecję i realizując nietypowe zamówienia. Gdy zmienił pracę z Lemon Grass na Sowę, do wszystkich, do których miał kontakty, wysłał zaproszenie do nowego miejsca. Zadziałało – relacjonuje osoba znająca menedżera restauracji [...]"[1].

W „Pulsie Biznesu" z dnia 23 czerwca 2014 r. (artykuł „Rząd na wojnie z mafią węglową" autorstwa Grzegorza Nawackiego): „**Pojawił się mocny trop wskazujący na Rosjan jako źródło afery podsłuchowej. Ostatnio rząd mocno wchodzi im w paradę.**

Nieistniejąca już warszawska restauracja Lemongrass [...] była to ulubiona restauracja polityków Platformy Obywatelskiej i części świata biznesu. Choć na brak klientów z grubym portfelem nie narzekała, została zamknięta. Stało się tak po tym, jak służby ostrzegły polityków, że mogą za nią stać Rosjanie podejrzewani o kontakt z rosyjskimi służbami. Właśnie w tej restauracji menedżerem był Łukasz N., zatrzymany w związku z aferą podsłuchową. [...] **Właścicielem Lemongrass był biznesmen Andrzej K.** [...], **w latach 2000–2005 był dyrektorem finansowym w polskim oddziale Łukoilu, rosyjskiego giganta paliwowego** [pogrubienie T.P.]. Po zamknięciu restauracji zaangażował się m.in. w firmę Allovita, w której [...] **wspólnikiem był Andrij Persona** vel **Kononenko** [pogrubienie T.P.]. To bohater głośnej afery sprzed lat, dotyczącej łapówek, w której tajne zeznania składał Krzysztof Baszniak, były wiceminister pracy. Zeznawał, że **Persona reprezentował w Polsce interesy Siemiona Mogilewicza, powiązanego z jedną z największych na świecie mafii – sołncewską** [pogrubienie T.P.] [...] Andrzej Barcikowski, były szef Agencji Bezpieczeństwa Wewnętrznego, potwierdził TVN24.pl, że ostrzegał posłów i rząd przed kontaktami z Andrijem Personą, gdyż «działał w sposób, który budził podejrzenia, że w rzeczywistości nie jest biznesmenem, lecz raczej osobą związaną z obcymi służbami wywiadowczymi»"[2].

Na stronie internetowej telewizji TVN24 (tekst Roberta Zielińskiego i Macieja Dudy z 22 czerwca 2014 r.) czytamy: „Postanowiliśmy sprawdzić, czy jest jakiś trop wiodący do wschodnich służb. Zaprowadziło nas to do restauracji Lemongrass, która jeszcze przed trzema laty była ulubio-

1 https://www.pb.pl/nasza-historia-ze-zrodlem-tasm-w-tle-759668
2 https://www.pb.pl/rzad-na-wojnie-z-mafia-weglowa-759495

nym miejscem spotkań polityków m.in. PO, PSL czy SLD. Analizując kapitałowe powiązania jej właściciela, np. poprzez Krajowy Rejestr Sądowy, odkrywamy zadziwiające nazwiska. Ale najpierw wytłumaczmy, co łączy nieistniejącą już restaurację z tą prowadzoną przez Roberta Sowę, w której nielegalnie podsłuchano rozmowy. Po pierwsze: obydwie cieszyły się uznaniem rządowej elity. Drugim punktem łączącym obydwa miejsca jest menedżer z Sowy & Przyjaciół Łukasz N. (jako jedyny dotychczas usłyszał zarzuty za podsłuchiwanie prezesa NBP i ministra spraw wewnętrznych), który w tej samej roli pracował w Lemongrass. Po trzecie: sam minister Bartłomiej Sienkiewicz przyznał, że proceder nagrywania polityków mógł «trwać latami». [...] «Przez długie miesiące Lemongrass cieszył się wielkim uznaniem. Najważniejszych sprowadziła tam platformerska młodzież – mówi nam osoba z otoczenia premiera Donalda Tuska. [...] Tabloid «Fakt» wykrywał tu serię «tajnych» spotkań samego premiera Donalda Tuska m.in. z Januszem Palikotem, Bronisławem Komorowskim i Radosławem Sikorskim [...].

ROSYJSKIE KONEKSJE

[...] Właścicielem spółki Jaśmin, do której należał Lemongrass, był biznesmen Andrzej K. Nigdy przedtem nie działał w branży gastronomicznej, a mimo to Lemongrass z założenia miała być miejscem dla elity biznesu i polityki. [...] Andrzej K. [...] od 2000 do 2005 r. zajmował stanowisko dyrektora finansowego polskiego oddziału państwowego rosyjskiego koncernu paliwowego Łukoil. [...] Po upadku spółki Jaśmin i restauracji Lemongrass angażował się m.in. w firmę Allovita. Jest jej udziałowcem i prezesem zarządu, a stanowisko wiceprezesa (jednocześnie współudziałowca) [...] [zajmuje] w niej Andrij Persona vel Kononenko. [...] Andrij Persona był bohaterem głośnych publikacji prasowych, m.in. nieistniejącego już „Dziennika". Autor, Leszek Kraskowski, dotarł wtedy do tajnych zeznań złożonych w Prokuraturze Apelacyjnej w Katowicach przez Krzysztofa Baszniaka. To biznesmen, ale i wiceminister resortu pracy w rządzie Waldemara Pawlaka. [...] «**To było tak, że Persona pracował dla Siergieja Pieleszki, a Pieleszko dla Simona Mogilewicza.** Pieleszko to były oficer armii radzieckiej, który walczył w Afganistanie. Był pilotem śmigłowca» [zeznania wiceministra Baszniaka – przyp. T.P.]. Według zeznań Baszniaka to Persona i Pieleszko rozpoczęli pierwsze dostawy spotowe (kontrakty krótkoterminowe) gazu dla polskiego PGNiG, jeszcze za rządów AWS-u. Jeśli jego słowa są prawdziwe – a dawała im wiarę ABW, a także prokuratorzy ze Śląska – to **Pieleszko i Persona reprezentowali w Polsce interesy Simona Mogilewicza**, który był **powiązany z największą na świecie organizacją przestępczą**, czyli **mafią sołncewską** [pogrubienia T.P.]. [...] «Wiązaliśmy Personę z Mogilewiczem. Oczywistością jest, że w Rosji w branży energetycznej nic się nie dzieje bez udziału służb specjalnych» – przyznaje jeden z rozmówców portalu tvn24.pl, proszący o zachowanie anonimowości [...]"[1].

Zatem odpowiedź na pytanie, czy Siemion Mogilewicz miał coś wspólnego z aferą taśmową, już mamy.

ŻEGLARSKA ZAGADKA BOMBOWA

Zanim przejdziemy do podsumowania wszystkiego, co już wiemy, przedstawię jeszcze jedną informację. Niezwykle intrygującą.

Na stronach internetowych poświęconych żeglarstwu czytamy, że w styczniu 2011 r. słynny kapitan Roman Paszke odbył rejs przez Atlantyk z Wysp Kanaryjskich do Gwadelupy. Strony te – np. Portal Żeglarski[2] albo Sailbook[3] – podają, że w rejsie udział wzięli znany nam dobrze Robert Sz. oraz niejaki Wiaczesław Konstantinowski (Viacheslav/Vyacheslav Konstantinovsky). Ten drugi to słynny ukraiński milioner i playboy, znany także jako „Sława" (Slava).

Według medialnych doniesień Konstantinowski poświęcił się walce z rosyjską agresją na Ukrainie. W 2014 r. brytyjska gazeta „Express" pisała o nim tak: „Konstantinowski, czterdziesty czwarty wśród najbogatszych ludzi Ukrainy, sprzedaje swe dobra włącznie z rolls royce'em, aby zdobyć w ten sposób pieniądze dla wojska. 53-latek zgłosił się też jako ochotnik do paramilitarnej grupy Batalion Donbasu, by walczyć z prorosyjskimi sepa-

1 http://www.tvn24.pl/wiadomosci-z-kraju,3/kto-nagrywal-spoldzielnia-biznesmenow-kelnerow-i-watek-wschodni,441980.html
2 http://portalzeglarski.com/news_sailportal,5910.html
3 https://sailbook.pl/artykul/160-rejs-paszke-zatwierdzony?print=1

ratystami w swoim kraju. Biznesmen z Kijowa i jego jednojajowy brat bliźniak Aleksander w zeszłym roku byli razem warci ponad 2 mln”[1].

Tymczasem 29 marca 2006 r. gazeta „Kyiv Post” poinformowała, że Monia Elson – wielokrotny morderca i bliski współpracownik Mogilewicza, o którym nieraz pisaliśmy w tej książce – usiłował zabić obu braci Konstantinowskich. Bandytę powstrzymało wspólne śledztwo FBI i ukraińskiej policji, w którego wyniku Elson został aresztowany[2].

Tę samą informację podawały m.in. „Huffington Post”[3] i „Guardian”, według którego Elson chciał zamordować bliźniaków za pomocą bomby[4]. Ich doniesienia oficjalnie potwierdza Justice.gov – portal amerykańskiego wymiaru sprawiedliwości[5].

Po co ktoś, kto o mało nie został zabity przez kumpla Mogilewicza, płynie w rejs z osobą bliską innym kumplom Mogilewicza? Może po to, żeby się pogodzić z całą ferajną?

Raczej się nie udało, skoro 3 lata później pan Konstantinowski bronił Ukrainy przed innym kumplem Mogilewicza – Putinem.

O ile naprawdę bronił... Piszę tak, bo badając otoczenie Macierewicza, ciągle stykam się z grą i kamuflażem. Wiem, że niektórzy krzyczą „Ruscy, won!”, żeby zagłuszyć brzęk złotych rubli w kieszeni.

PODSUMOWANIE PODSUMOWAŃ

Podsumujmy tę część książki – razem z poprzednimi.

Macierewicz współpracuje z Jackiem Kotasem i jego organizacją NCSS. Z tej organizacji minister rekrutuje prokremlowskich i antynatowskich ekspertów, którym powierzył misję utworzenia specjalnej armii – podlegającej tylko jemu, Macierewiczowi. Wcześniej, w 2007 r., Macierewicz udzielił Kotasowi dostępu do tajnych dokumentów polskiej armii. Kotas przez 14 lat pełnił najwyższe funkcje kierownicze w spółkach Grupy Radius. Grupa ta

1 http://www.express.co.uk/news/world/494612/Ukraine-playboy-gives-up-millions-to-join-army
2 https://www.kyivpost.com/article/content/business/twin-businessmen-targeted-in-murder-attempt-24135.html
3 http://www.huffingtonpost.com/jerry-capeci/feared-russian-hitman-sav_b_706892.html
4 https://www.theguardian.com/lifeandstyle/2008/mar/15/foodanddrink.travelfoodanddrink
5 https://www.justice.gov/archive/usao/nye/pr/2006/2006mar24.html

należy do rodziny Sz., której głowa miała liczne i ścisłe związki biznesowe z sołncewską mafią.

Mafia sołncewska jest związana z rosyjskim wywiadem wojskowym GRU i z globalnym gangsterem Siemionem Mogilewiczem. Mogilewicz ma liczne związki z najbliższym amerykańskim sojusznikiem Macierewicza, lobbystą D'Amato. Jest też szefem aferzysty Bogatina, który działał m.in. w Polsce – i prawdopodobnie związany był z GRU. Ten sam funkcjonariusz lubelskiego UOP-u w tym samym czasie tropił Bogatina i Roberta Luśnię. Robert Luśnia to wieloletni i bliski współpracownik Macierewicza, zarówno biznesowy, jak i polityczny. To płatny konfident SB prowadzony przez Józefa Nadworskiego, oficera powiązanego z GRU.

Macierewicz i Naimski chcieli zatrudnić Luśnię w tworzonych przez siebie „strukturach równoległych" wywiadu gospodarczego. Przez całe dziesięciolecia Macierewicz krył Luśnię, choć znał kompromitujące dokumenty na jego temat.

To wszystko znaczy, że istnieją liczne i wieloletnie powiązania między Macierewiczem a gangsterem-finansistą Mogilewiczem i rosyjskim wywiadem GRU. Powiązania te prowadzą również do afery taśmowej. Tej samej afery taśmowej, która przyczyniła się do wyborczego zwycięstwa PiS-u i zmiany władzy w Polsce.

Co znaczą te wszystkie fakty?

Kim naprawdę jest Antoni Macierewicz? Kim jest i co robi Polakom?

HIPOTEZA ROBOCZA

Ta książka jest pisana na gorąco. Bez przerwy uzyskuję dostęp do nowych materiałów. Dlatego nie formułuję ostatecznej tezy.

Wiele osób pyta mnie wprost: „Czy Antoni Macierewicz jest rosyjskim szpiegiem?". Nie mogę jeszcze odpowiedzieć na to pytanie.

Wiem, że:

- **działania Macierewicza osłabiają Polskę, polską armię i NATO, co jest korzystne dla Rosji;**
- **niektóre działania Macierewicza upodobniają Polskę do Rosji (jak np. lansowanie paramilitarnych organizacji nacjonalistycznych);**

- **w otoczeniu Macierewicza od lat były i są osoby związane z rosyjską mafią i rosyjskim wywiadem wojskowym GRU;**
- **Macierewicz obdarza te osoby zaufaniem i je chroni.**

W tej sytuacji nie da się uniknąć hipotez. Ale pamiętajmy, że są to tylko hipotezy robocze, nie tezy.

Osoba, która przez lata współpracowała z Macierewiczem w antykomunistycznej opozycji i konspiracji, mówi tak: „Antek na pewno nie zgodził się świadomie, żeby być ruskim agentem! Gdy czytam o tym całym D'Amato, to myślę, że ruscy przyszli do niego jako Amerykanie. W tym sensie, że przyszli do niego Amerykanie działający na ruskiej smyczy. I on na początku myślał, że współpracuje z Amerykanami. A teraz już jest za późno, bo go wciągnęli i uwikłali".

Inna osoba, która też zna Macierewicza z konspiracji, skomentowała sprawę Luśni w ten sposób: „Zawsze chciał wszystkich rozgrywać. Możliwe, że chciał rozegrać esbecję przy pomocy gości takich jak Luśnia. A to oni rozegrali jego".

W mojej ocenie sprawa Macierewicza może być częścią większego zjawiska. Podejrzewam, że w latach 70. i 80. najbardziej twardogłowi sowieccy komuniści i najbardziej prawicowi amerykańscy republikanie zorientowali się, że mają wspólne interesy. Jedni i drudzy chcieli trzymać swoje ludy w posłuszeństwie, a także wyciskać z nich pieniądze na zbrojenia. Jedni i drudzy mieli wspólnego wroga, którym była globalna demokratyzacja i rozbrojenie. W ZSRR zagrażała im tzw. pieriestrojka, w USA – antywojenne nastroje po klęsce w Wietnamie.

Właśnie, Wietnam. Tam, gdzie według Friedmana działał David Bogatin, późniejszy gangster-aferzysta z organizacji Mogilewicza. Tam, gdzie po drugiej stronie frontu działał wywiadowca Thomas Renyi – szef banku, w którym Mogilewicz wyprał miliardy. Być może gdzieś w Wietnamie obie strony się spotkały po raz pierwszy. Ale to tylko hipoteza robocza.

Życie Macierewicza pełne jest zagadek. Zawsze mogą się pojawić jakieś nowe ustalenia, które zaprzeczą tej hipotezie.

POST SCRIPTUM
PODWÓJNE ŻYCIE PANA M.

Ministerstwo obrony na swojej stronie internetowej zamieściło oficjalny życiorys Macierewicza. Cytuję go w całości:

***Antoni Macierewicz** – ur. 3 sierpnia 1948 r. w Warszawie, lider opozycji niepodległościowej w PRL-u. Założyciel Komitetu Obrony Robotników, który stał się zalążkiem późniejszej „Solidarności". Był twórcą podziemnego pisma „Głos", jednej z pierwszych niezależnych publikacji w PRL-u. Więzień polityczny – był aresztowany ponad dwadzieścia razy. Pełnił funkcję ministra spraw wewnętrznych w rządzie premiera Jana Olszewskiego. Sekretarz stanu w Ministerstwie Obrony Narodowej w rządzie premiera Jarosława Kaczyńskiego, przewodniczący Komisji Weryfikacyjnej WSI, twórca i pierwszy szef Służby Kontrwywiadu Wojskowego.*

Wiceprezes Prawa i Sprawiedliwości. Od lipca 2010 r. przewodniczący Parlamentarnego Zespołu ds. Zbadania Przyczyn Katastrofy TU-154 M z 10 kwietnia 2010 r. 25 października 2015 r. po raz szósty wyborcy powierzyli mu godność posła na Sejm Rzeczypospolitej Polskiej.

Jest autorem dwóch kluczowych dokumentów powstałych w wyniku podjętych uchwał sejmowych. W tzw. „Liście Macierewicza" przedstawił wykaz agentów, których zidentyfikowano w zachowanych dokumentach jako współpracowników Urzędu Bezpieczeństwa w latach 1945–1990.

Rozwiązał skompromitowane Wojskowe Służby Informacyjne (WSI), uwikłane w agenturę radziecką i rosyjską podległą Głównemu Zarządowi Wywiadowczemu Sztabu Generalnego Sił Zbrojnych Federacji Rosyjskiej. Utworzył nowe służby wywiadu i kontrwywiadu, niezależne od obcych wpływów. Raport międzynarodowej firmy Stratfor skomentował to następująco: „Posunięcie to zarówno usuwa sowieckie wpływy, jak i konsoliduje rząd. Opublikowanie raportu o WSI jest radykalnym posunięciem tego typu. Poprzez wskazanie osób z WSI, które połączone są z rosyjskim wywiadem, rząd Kaczyńskiego zagwarantował, że będą one już na zawsze spalone. Posunięcie to na zawsze nadwyrężyło struktury WSI do tego stopnia, że ich odbudowa nigdy nie będzie już możliwa".

Antoni Macierewicz pracował jako wykładowca na Wydziale Iberystyki Uniwersytetu Warszawskiego oraz wykładał historię Polski na Uniwersytecie Jagiellońskim. Jest autorem licznych publikacji naukowych. Został odznaczony medalem „Polonia Restituta" nadanym przez Prezydenta RP na Uchodźstwie w 1990 r. W 2010 r. otrzymał tytuł Człowieka Roku „Gazety Polskiej". Zainaugurował Forum Światowych Liderów w Radzie Uniwersytetu Rutgers w USA do spraw Publicznych i Międzynarodowych.

Minister Macierewicz uzyskał tytuł magistra historii w Instytucie Historycznym na Wydziale Historycznym Uniwersytetu Warszawskiego. Żonaty, ma córkę i troje wnucząt.[1]

Jak to się ma do faktów opisanych w tej książce?

W oficjalnym życiorysie ministra jedynym śladem, który wskazuje na jego związki z Mogilewiczem, jest wzmianka o „Forum Światowych Liderów" na Uniwersytecie Rutgers. Bo na tej uczelni katedrę ufundował znany nam wywiadowca-bankier Thomas Renyi.

Reszta to opowieść, którą Macierewicz sprzedaje Polakom od co najmniej 28 lat. Opowieść o Macierewiczu, polskim patriocie i wrogu układu.

Fakty nie zgadzają się z tą opowieścią. Nie tylko te, które już przedstawiłem. Dziwnych faktów dotyczących Macierewicza jest znacznie więcej. Na poprzednich stronach książki opisałem te, które umiem bezpośrednio połączyć z głównym tematem książki, jakim jest układ Macierewicz–Mogilewicz. Podejrzewam jednak, że pozostałe dziwne fakty dotyczące pierwszego pana M. mogą mieć coś wspólnego z drugim panem M.

Przedstawię teraz najciekawsze z tych pozostałych faktów. Razem z pytaniami, które z nich wynikają.

---

1 http://www.mon.gov.pl/ministerstwo/kierownictwo/minister-obrony-narodowej-antoni-macierewicz/

PYTANIE 1: MACIEREWICZ, WRÓG WSI?

W 2006 r. rząd PiS-u mianował Antoniego Macierewicza likwidatorem Wojskowych Służb Informacyjnych (WSI), czyli ówczesnego wywiadu polskiej armii. Mówiąc po prostu: Macierewicz dostał ten wywiad, aby zniszczyć ten wywiad. Tak drastyczną decyzję uzasadniano, przywołując domniemane rosyjskie wpływy w WSI i biznesowo-polityczne powiązania agentów.

Macierewicz zrealizował swoją misję i zlikwidował WSI. Na ich miejsce powołano Służbę Wywiadu Wojskowego i Służbę Kontrwywiadu Wojskowego. 4 października 2006 r. szefem tej ostatniej służby został właśnie Macierewicz.

Przy tej okazji pod jego nadzorem powstał słynny raport o WSI (znany jako „raport Macierewicza"). Dokument, który od razu upubliczniono, opisywał praktyki agentów WSI, wymieniając ich z imienia i nazwiska[1].

Wielokrotnie oskarżano Macierewicza, że w ten sposób zdekonspirował i sparaliżował polski wywiad wojskowy. Pytano też, czemu doprowadził do upublicznienia całości tekstu w rosyjskiej wersji językowej (podczas gdy na angielski przetłumaczono tylko fragmenty).

Zainteresowanie budziła również osoba tłumaczki, której powierzono ten tekst. Dlaczego Macierewicz wybrał Irinę Obuchową – Rosjankę, która za czasów Związku Sowieckiego pracowała w państwowej agencji Inturist i „opiekowała się" w niej cudzoziemcami?

Piotr Pytlakowski i Grzegorz Rzeczkowski z tygodnika „Polityka" zwrócili uwagę na jeszcze jeden istotny fakt. „18 grudnia 2015 r. [...] w środku nocy grupa wojskowych i cywilnych współpracowników Macierewicza (wśród nich [...] Bartłomiej Misiewicz) wdarła się do pomieszczeń Centrum Eksperckiego Kontrwywiadu NATO. To wielonarodowy zespół powołany przez rządy Polski i Słowacji [...] do tropienia rosyjskiej agentury [...]. Misiewicz i spółka nawet nie próbowali otwierać sejfów – wezwana na miejsce specjalna ekipa rozwierciła nie tylko je, ale i prywatne szafki pracowników. Do środka weszła z dorobionym kluczem. [...] **Szukano również dokumentacji postępowania sprawdzającego wobec tłumaczki** – pogrubienie T.P.], które wszczęło SKW po zmianie rządu w 2007 r."[2].

Wszystkie te wątki wymagają wyjaśnienia.

1 http://web.archive.org/web/20080423112545/http://www.raport.gov.pl/

2 http://www.polityka.pl/tygodnikpolityka/kraj/1678806,2,tajemnicze-powiazania-ministra-obrony.read

Mam jednak powody przypuszczać, że relacje między Macierewiczem a niektórymi ludźmi WSI nie są tak złe, jak się zdaje.

3 stycznia 2017 r. na stronie KompromatRP.pl pojawił się bardzo ciekawy tekst. Cytuję:

„Służba Kontrwywiadu Wojskowego (SKW) dokonała serii zakupów [...], przygotowując się do zabezpieczenia szczytu NATO, który miał miejsce w Warszawie w dniach 8–9 lipca ub. r. [...]. Zaskoczeniem może być wiadomość o udzieleniu zamówienia na dostawę rozwiązań teleinformatycznych klasy Tempest firmie SILTEC z Warszawy. [...] **Spółkę SILTEC wybrano na dostawcę SKW po tym, gdy szefem kontrwywiadu wojskowego został Piotr Bączek** [pogrubienie T.P.].

Jako zaufany współpracownik Antoniego Macierewicza zasiadał on w latach 2006–2007 w komisji weryfikacyjnej WSI, która skierowała do prokuratury wojskowej doniesienie «*w sprawie działania na szkodę Skarbu Państwa oraz bezpieczeństwa państwa poprzez uprzywilejowanie firmy SILTEC w przetargach organizowanych dla WP* [Wojska Polskiego – przyp. red.]». [...]

Efektem prac komisji weryfikacyjnej WSI z udziałem obecnego szefa SKW Piotra Bączka była też publikacja [...] raportu z weryfikacji Wojskowych Służb Informacyjnych, który ukazał się 16 lutego 2007 r. [...]

W raporcie stwierdzono m.in., że SILTEC powstał w 1982 r. jako firma przykryciowa Zarządu II Sztabu Generalnego WP [wywiadu wojskowego PRL-u – przyp. red.; pogrubienie T.P.], a już po upadku komunizmu **w resorcie obrony narodowej działało na rzecz tej spółki nielegalne lobby [...] oficerów, którzy zajmowali kierownicze stanowiska, m.in. w Sztabie Generalnym WP i WSI** [pogrubienie T.P.] [...]”[1].

Dodam jeszcze, że gdy zbierałem materiały do książki, odzywały się do mnie osoby związane z byłym kierownictwem WSI (lub powołujące się na nie). W pewnej mierze mogę udokumentować te kontakty – tym bardziej że część komunikacji miała formę pisemną.

Jedna z tych osób próbowała mnie powstrzymać przed pisaniem o Jacku Kotasie. A równocześnie za pośrednictwem innej osoby podsuwała mi materiały dotyczące rzekomych kompromitujących zachowań prywatnych Antoniego Macierewicza.

1 http://kompromatrp.pl/kto-zabezpiecza-komputery-kontrwywiadu-wojskowego-przed-podsluchem-elektromagnetycznym/2017/01/03/

W poprzednich miesiącach nie trafiłem na najdrobniejsze ślady takich zachowań Macierewicza. Uznałem więc, że podsuwane mi materiały muszą być niewiarygodne. Uznałem, że ktoś zastawia pułapkę – raczej na mnie niż na ministra.

PYTANIE 2: MACIEREWICZ – BOHATERSKI UCIEKINIER?

W dniu 9 listopada 2015 r. „Gazeta Wyborcza" opublikowała list nadesłany do redakcji przez byłego działacza antykomunistycznego podziemia, Jerzego Zająca. Cytuję: „W «Magazynie Świątecznym Gazety Wyborczej» z 10–11 października 2015 r. ukazał się Wasz artykuł «Lista przebojów Antoniego Macierewicza», w którym znajduje się taki akapit: «W stanie wojennym internowany [...] z Łupkowa ucieka w karawanie...». W ostatnim okresie stanu wojennego również przebywałem w obozie internowanych w Nowym Łupkowie [...]. Zdanie cytowane powyżej jest nieprawdziwe, kolejny już raz stykam się z mitem brawurowej ucieczki Antka Macierewicza [...]. W rzeczywistości Antek Macierewicz opuścił szpital w Sanoku 2 lub 3 grudnia 1982 r. Tego szpitala nikt [...] już nie pilnował, przebywali tam zwykli pacjenci, byli też leczeni internowani z Nowego Łupkowa [...]. Od 16 listopada do 2 grudnia 1982 r. przebywałem w domu [...] i 2 grudnia wracałem do Nowego Łupkowa, bo skończyła mi się przepustka. W Sanoku miałem przerwę w podróży i zajrzałem do szpitala, żeby odwiedzić kolegów. [...] W szpitalu spotkałem Antka Macierewicza [...]. Następnego dnia już w Łupkowie dowiedziałem się, że Antek opuścił szpital, to znaczy uciekł z niego, wychodząc na zewnątrz [...]"[1].

Półtora roku później trafiły do mnie kserokopie esbeckich notatek z 1984 r. opatrzone sygnaturą Instytutu Pamięci Narodowej (IPN 01911/147). Wyglądają na kopie autentycznych dokumentów. W kwietniu 2017 r. wystąpiłem do IPN-u o dostęp do teczki Antoniego Macierewicza. Podałem wtedy sygnatury licznych dokumentów z archiwów SB, które Macierewicza dotyczą. Dopisałem do nich także wymienioną sygnaturę widniejącą na uzyskanych przeze mnie kserokopiach. W odpo-

1 http://wyborcza.pl/1,95891,19151659,o-brawurowej-ucieczce-antoniego-macierewicza-list.html

wiedzi IPN zakwestionował jedną z podanych przeze mnie sygnatur. Ale nie tę.

Zakładam więc, że mogę mieć przed sobą kopie autentycznych dokumentów. Więcej się dowiem, gdy uzyskam pełen dostęp do teczki Antoniego Macierewicza. W chwili, gdy piszę te słowa – w maju 2017 r. – zostałem właśnie poinformowany przez IPN, że na razie dostanę wgląd do niektórych tylko dokumentów dotyczących ministra (w wypadku innych papierów – również tych o sygnaturze widniejącej na wyżej wymienionych kopiach notatek – pojawiły się „trudności z dosłaniem").

Cytuję pierwszą notatkę (kopię):

Warszawa, dnia 4 września 1984 r.
dla Tow. Dyr. Z. Sarewicza
TAJNE Egz. poj.

NOTATKA
dot. stanu prawnego poszukiwań Antoniego MACIEREWICZA
[...]
W/g informacji [...] Wydziału III-2 SUSW, który rejestrował A. Macierewicza w Biurze „C" MSW, po jego ucieczce z internowania /18.11.1982/ nie był wydawany za nim list gończy, ani też nie wszczynano postępowania karnego.
[...]
- A. Macierewicz nie był i nie jest poszukiwany listem gończym; [...]
INSPEKTOR WYDZIAŁU III DEP. I MSW
Ppor. I. HUTOROWICZ

Cytuję drugą notatkę (kopię):

Wydział II DEP. I MSW
Warszawa, dnia 4 września 1984 r.
Egz. nr 1.
NOTATKA
Dot. Antoniego MACIEREWICZA
[...]
Po ucieczce z internowania, SUSW nie ścigał A. Macierewicza listem gończym.

Nie wszczęto również postępowania karnego. W takim stanie rzeczy aktualnie A. Macierewiczowi za ucieczkę z internowania nie grożą żadne sankcje karne. [...] nie ma podstaw prawnych do jakiegokolwiek ścigania i represjonowania A. Macierewicza.
DYREKTOR DEPARTAMENTU MSW
gen. bryg. Zdzisław Sarewicz

SUSW to Stołeczny Urząd Spraw Wewnętrznych, czyli biuro, w którym urzędowali warszawscy esbecy.

Najważniejsze pytania wynikające z tych notatek brzmią: „Dlaczego komunistyczne władze nie chciały ścigać Antoniego Macierewicza po jego ucieczce z internowania?" i „Dlaczego według esbeków do ucieczki doszło 18 listopada 1982 r., podczas gdy współwięzień Jerzy Zając podaje, że Macierewicz uciekł 3 grudnia?".

Do funkcjonariusza Hutorowicza nie udało mi się dotrzeć. Jeśli chodzi o zmarłego 11 czerwca 2015 r. generała Zdzisława Sarewicza, to działał on głównie w kontrwywiadzie. W latach 1980–1983 był jego szefem. Potem został szefem wywiadu, aby w 1989 r. objąć i wywiad, i kontrwywiad. Po upadku komunizmu służył w Urzędzie Ochrony Państwa (do roku 1997).

W latach 1990–1996 generał Sarewicz był ostatnim kierownikiem Grupy Operacyjnej „Wisła" w Moskwie. Na portalu Historia.org znalazłem interesujące informacje na temat tej jednostki. W czasach komunizmu zajmowała się ona inwigilacją Polaków w ZSRR i werbowała wśród nich tajnych współpracowników[1].

PYTANIE 3: PO CO MORENO OCAMPO?

W marcu media podały, że Macierewicz zatrudnił argentyńskiego prawnika, Luisa Moreno Ocampo, by negocjował z Rosją zwrot wraku tupolewa ze Smoleńska. Pisały o tym m.in. „Dziennik" i „Polityka"[2].

---

1 http://forum.historia.org.pl/topic/16403-grupa-operacyjna-wis%C5%82a-polskie-s%C5%82u%C5%BCby-w-zsrr/

2 http://www.polityka.pl/tygodnikpolityka/kraj/1698510,1,kim-jest-prokurator-luis-moreno-ocampo-ktory-ma-sprowadzic-do-kraju-szczatki-tupolewa.read

Moreno Ocampo to znany w świecie prawnik. Był głównym prokuratorem Międzynarodowego Trybunału Karnego (MTK) w Hadze. Ale w tej roli się nie sprawdził. Zatajał dowody mogące świadczyć na korzyść oskarżonych. Okazywał też stronniczość na korzyść Rosji. Rosyjscy żołnierze dokonywali czystek etnicznych w Gruzji – a biuro Moreno Ocampo traktowało ich jak potencjalne ofiary zbrodni. Ich działalność określało jako misję pokojową... Można się o tym przekonać np. w biuletynie MTK z 15 marca 2010 r.

Tę życzliwość dla Kremla argentyński prawnik zachował do dziś. Gdy w listopadzie 2016 r. Rosja przestała uczestniczyć w pracach MTK, **Moreno Ocampo ubolewał w kremlowskim portalu Sputnik: „Rosja ma wieloletnią tradycję prawa międzynarodowego. Powinna przewodzić innym"**[1]. W połowie stycznia 2017 r. opublikował artykuł o tym, że Trump powinien ściśle współpracować z Rosją, by zwalczać tzw. państwo islamskie[2].

W Argentynie Luis Moreno Ocampo występował po stronie prorosyjskiej prezydent tego kraju, Cristiny Fernández de Kirchner.

W 2015 r. ludzie pani prezydent próbowali ukryć prawdę o zamachu bombowym z 1994 r. (mógł za nim stać jej mąż, Nestor Kirchner). Prokurator Alberto Nisman, który oskarżył panią Kirchner o tuszowanie sprawy, został w tajemniczych okolicznościach zamordowany. Moreno Ocampo występował wtedy w TV, gdzie wybielał panią prezydent i zapewniał, że zabity prokurator się mylił.

Jak to się stało, że Macierewicz do smoleńskich negocjacji z Rosją wybrał akurat Luisa Moreno Ocampo?

W rozmowie z telewizją TVN24 Argentyńczyk mówił, że z Macierewiczem skontaktował go... Edmund Janniger – słynny 20-letni doradca ministra obrony.

Tak się składa, że istnieje związek między Argentyńczykiem a nowojorskim protektorem Jannigera – czyli znanym nam dobrze lobbystą D'Amato. Wielokrotnie wspominałem w tej książce amerykańskiego polityka Eliota Spitzera. Lobbysta D'Amato pomógł Spitzerowi zostać gubernatorem stanu Nowy Jork. Zebrał dla niego setki tysięcy dolarów na kampanię wyborczą[3].

---

1 https://sputniknews.com/world/201611181047605817-icc-moreno-ocampo-russia/
2 https://www.justsecurity.org/36449/trump-work-russia-challenge-status-quo-control-isis
3 http://www.nytimes.com/2009/02/05/nyregion/05damato.html

Gdy Spitzer został gubernatorem, współpracował z kancelarią prawniczą Getnick & Getnick, która razem z nim tuszowała afery hazardowo-dopingowe na torach wyścigów konnych. Pisały o tym m.in. „Village Voice"[1] i „New York Post"[2]. Partnerem w kancelarii Getnick & Getnick jest właśnie Luis Moreno Ocampo[3].

Eliot Spitzer miał też szczególną relację z mafijną rodziną Gambino (z którą D'Amato i gangsterzy Mogilewicza utrzymują bliskie kontakty). Gdy Spitzer był prokuratorem na Manhattanie, zwalczał tę rodzinę w sposób niezwykle łagodny. Zamiast aresztować wymuszających haracze bossów Gambino, zaoferował im wolność – za 12 mln grzywny i obietnicę wycofania się z branż, które opanowali[4].

W 2008 r. wyszło na jaw, że Eliot Spitzer utrzymuje kontakty z prostytutkami. Kosztowało go to posadę gubernatora. Dostał ją jego zastępca David Paterson, kolejny protegowany D'Amato...

Postać Luisa Moreno Ocampo opisałem w artykule opublikowanym w „Gazecie Wyborczej" i dostępnym w internecie („Nieszczęsny prokurator Macierewicza: historia Luisa Moreno Ocampo", 21 kwietnia 2017 r.)[5]. Podaję tam więcej informacji i źródeł – także na temat relacji jego protektorki, pani Kirchner, z Putinem.

PYTANIE 4: KTO UCZY KOMANDOSÓW? KOLEGA SZPIEGA?

22 kwietnia 2017 r. prawicowy aktywista Marcin Rey ujawnił, że w poprzednim roku prokremlowski działacz Andrzej Zapałowski wygłaszał wykłady dla Jednostki Wojskowej Komandosów w Lublińcu, a teraz habilituje się na Akademii Sztuki Wojennej.

Uczelnia ta podlega Macierewiczowi, a komandosi z Lublińca są jednostką, dla której minister ma szczególne względy. W ich siedzibie Zapa-

1 http://www.villagevoice.com/content/printView/6424380
2 http://nypost.com/2007/09/03/joe-set-to-sic-probers-on-gov/
3 http://getnicklaw.com/our-team/luis-moreno-ocampo/
4 *New Spitzer Biography Reveals 'Crusading Good Kid' With a Dark Side*, „The American Lawyer", 9 października 2006 r.: http://www.freerepublic.com/focus/news/1715805/posts
5 http://wyborcza.pl/7,75968,21669809,nieszczesny-prokurator-macierewicza-historia-luisa-moreno.html

łowski wykładał także dla... amerykańskich komandosów stacjonujących w Polsce.

Andrzej Zapałowski ma ścisłe związki z podejrzanym o szpiegostwo Mateuszem P. i jego prokremlowską partią Zmiana. Jest ekspertem tzw. Europejskiego Centrum Analiz Gospodarczych (ECAG) – think tanku założonego przez Mateusza P. Wiceprezesem ECAG jest Konrad Rękas – wiceprzewodniczący Zmiany (jak również dobry znajomy Roberta Luśni, współpracownika Macierewicza i esbeckiego konfidenta). W 2015 r. Zapałowski przystąpił do mało znanej partii Jedność Narodu. Partia zarejestrowana jest w dawnym Domu Przyjaźni Polsko-Radzieckiej w Warszawie. W tym samym budynku co prokremlowska partia Zmiana[1].

W 2000 r. Zapałowski był posłem na Sejm. Wystosował wtedy zapytanie poselskie do ministra sprawiedliwości w obronie Leszka Grota – handlarza bronią aresztowanego przez Agencję Bezpieczeństwa Wewnętrznego[2]. Grot jest wymieniony (aczkolwiek zdawkowo) w słynnym „raporcie Macierewicza" o WSI[3]. Według raportu handlarz miał uczestniczyć w korupcyjnym uzyskiwaniu zezwoleń na handel bronią.

Całą sprawę dokładnie opisuję w artykule opublikowanym w „Gazecie Wyborczej" i dostępnym w internecie („Prorosyjski działacz uczy żołnierzy u Macierewicza: polskich i... amerykańskich", 28 kwietnia 2017 r.[4]). Podaję tam więcej informacji i źródeł.

PYTANIE 5: KIM JEST TOMASZ MIKOŁAJEWSKI?

27 grudnia 2016 r. „Fakt" opublikował artykuł pt. „Ujawniamy skandal w MON! Podejrzana przeszłość człowieka Macierewicza".

W tekście czytamy: „Od roku funkcję dyrektora Narodowego Centrum Kryptologii, jedno z najważniejszych stanowisk związanych z bezpieczeństwem państwa, pełni osoba, której służby nie chcą przyznać dostępu do

1 http://wyborcza.pl/7,75968,21727065,prorosyjski-dzialacz-uczy-zolnierzy-u-macierewicza-polskich.html
2 http://orka2.sejm.gov.pl/IZ3.nsf/main/4123D744
3 http://www.raport-wsi.info/str.102
4 http://wyborcza.pl/7,75968,21727065,prorosyjski-dzialacz-uczy-zolnierzy-u-macierewicza-polskich.html

informacji ściśle tajnych – ustalił «Fakt». Chodzi o Tomasza Mikołajewskiego, którego pomimo braku poświadczenia bezpieczeństwa osobiście rekomendował szef MON-u Antoni Macierewicz. Jak to możliwe? Dotarliśmy do dokumentu z 4 stycznia br., w którym Macierewicz udziela Mikołajewskiemu osobistej rękojmi na [...] [to stanowisko]. Z naszych ustaleń wynika jednak, że przez kolejne miesiące co najmniej dwóch oficerów Służby Kontrwywiadu Wojskowego odmówiło szefowi NCK wydania poświadczenia dostępu do tajnej wiedzy [...]. Nasi rozmówcy ze służb wskazują zaledwie kilka przyczyn, w których możliwe jest konsekwentne odmawianie osobie na ważnym stanowisku certyfikatu dostępu do informacji niejawnych. To problemy psychiczne, choroba alkoholowa, «narkotykowa» przeszłość kandydata oraz podejrzane kontakty z osobami mogącymi pracować dla obcych służb.

Kim jest Mikołajewski? Tego niełatwo się dowiedzieć. [...] «Fakt» ustalił jednak, że to informatyk, doktor matematyki. Przez wiele lat studiował w Monachium na Uniwersytecie Ludwika Maksymiliana. Pracował dla norweskiej firmy informatycznej, także w Niemczech. Potem w Polsce związał się z Wyższą Szkołą Biznesu w Nowym Sączu, na której wykładał w roku akademickim 2008/2009.

Co robił przez ostatnie sześć lat? Nie wiadomo. MON na te pytania nie odpowiada. Z naszych informacji wynika, że Macierewiczowi Mikołajewskiego mógł polecić jego przyjaciel i partyjny kolega Piotr Naimski – w rządzie pełnomocnik ds. strategicznej infrastruktury energetycznej [...]"[1].

Informację podały za „Faktem" inne media, w tym „Gazeta Wyborcza" i Dziennik.pl[2]. Moje źródła również potwierdzają te doniesienia.

Tajemniczy i pozbawiony uprawnień Tomasz Mikołajewski pełni funkcję dyrektora Narodowego Centrum Kryptologii. To znaczy, że Macierewicz powierzył mu szyfrantów i szyfry wszystkich polskich służb. Nie tylko wojskowych, lecz także cywilnych i dyplomatycznych.

1 http://www.fakt.pl/wydarzenia/polityka/macierewicz-reczy-za-czlowieka-ktoremu-nie-ufaja-polskie-sluzby/m0mrz47

2 http://wiadomosci.dziennik.pl/wydarzenia/artykuly/538838,tomasz-mikolajewski-szef-nck-mon-narodowe-centrum-kryptologii-scisle-tajne-certyfikat-bezpieczenstwa.html

PYTANIE 6: DLACZEGO ROHRABACHER?

Antoni Macierewicz utrzymuje kontakty z amerykańskim kongresmenem Daną Rohrabacherem. Rohrabacher, przedstawiciel Kalifornii w Izbie Reprezentantów, od lat interesuje się przemysłem kosmicznym (podobnie jak klienci pana D'Amato). W latach 1997–2005 był przewodniczącym Podkomisji ds. Kosmosu i Aeronautyki[1].

Jednak kalifornijski kongresmen jeszcze bardziej znany jest ze swej sympatii dla Kremla. W 2015 r. renomowany portal Politico uznał Rohrabachera za jednego z najważniejszych ludzi Putina w Waszyngtonie[2]. Rok później nazwał go **„ulubionym kongresmenem Putina"**. Stało się tak, ponieważ Rohrabacher publicznie bronił Rosji podczas jej agresji na Ukrainę – i pośmiertnie oczerniał jedną z ofiar Putina, prawnika Siergieja Magnitskiego zamęczonego na śmierć w rosyjskim areszcie[3].

„New York Times" i „Newsweek" podają, że w 2012 r. Federalne Biuro Śledcze (FBI) ostrzegło Rohrabachera przed kontaktami z Rosjanami. Zdaniem FBI groziło mu zwerbowanie lub wykorzystanie przez rosyjskie służby[4].

W 2013 r. na antenie radia KPCC kongresmen wychwalał siłę fizyczną Putina. Opowiadał, że w latach 90. „siłował się na ręce" z rosyjskim liderem i przegrał...[5]

Z jakichś przyczyn **w listopadzie 2010 r. – siedem miesięcy po katastrofie smoleńskiej – Antoni Macierewicz poleciał do Stanów Zjednoczonych, aby się spotkać z Rohrabacherem i rozmawiać z nim o tej tragedii.** Spotkanie omawiały m.in. Wirtualna Polska[6], „Gazeta Wyborcza"[7], RMF[8], Polskie Radio[9] i TVN24[10].

---

1 https://web.archive.org/web/20080625212356/http://rohrabacher.house.gov/Biography/
2 http://www.politico.com/magazine/story/2015/01/putins-washington-113894
3 http://www.politico.com/story/2016/11/putin-congress-rohrabacher-trump-231775
4 http://www.newsweek.com/republican-congressman-russian-spy-recruit-612381
5 http://www.scpr.org/programs/offramp/2013/09/12/33692/congressman-dana-rohrabacher-i-arm-wrestled-vladim/
6 http://wiadomosci.wp.pl/macierewicz-amerykanie-pomoga-nam-ws-smolenska-6037261587686017a
7 http://wyborcza.pl/1,76842,8684186,Fotyga_i_Macierewicz_w_USA.html
8 http://www.rmf24.pl/raporty/raport-lech-kaczynski-nie-zyje-2/fakty/news-fotyga-i-macierewicz-rozmawiali-w-kongresie-usa-o-katastrofi,nId,308051
9 http://www.polskieradio.pl/5/3/Artykul/308996,To-sa-niepowazne-wyjazdy-Fotyga-i-Macierewicz-ponownie-w-USA
10 http://www.tvn24.pl/wiadomosci-z-kraju,3/eksperci-z-usa-wespra-zespol-macierewicza,152679.html

Gdy w 2015 r. PiS przejęło władzę, Rohrabacher przyleciał do Polski wraz z kilkoma innymi kongresmenami. Spotkał się nie tylko z Macierewiczem, lecz także z Jarosławem Kaczyńskim[1].

1 http://www.parlamentarny.pl/ludzie/amerykanscy-kongresmeni-spotkali-sie-z-kaczynskim,7669.html

SPIS OSÓB: NAJWAŻNIEJSI BOHATEROWIE KSIĄŻKI

ANGIELEWICZ Arkadij (Arkady Angelevich) – związany z tzw. mafią sołncewską szef MontażSpecBanku, aferzysta i szantażysta.

BOGATIN David – człowiek Mogilewicza, w latach 70. sowiecki żołnierz w Wietnamie Północnym, później oszust podatkowy w Nowym Jorku, na początku lat 90. główny bohater afery Pierwszego Komercyjnego Banku w Lublinie; w Polsce ścigany przez Zbigniewa Niezgodę, oficera lubelskiego Urzędu Ochrony Państwa, który w tym samym czasie zajmował się **Luśnią**.

BUREJCZENKO Dmitrij (Dmitri Bureichenko / Bureychenko / Bereuchenko) – związany z mafią sołncewską szef Banku Jedinstwo, uczestnik afery MontażSpecBanku, następnie właściciel sieci restauracji Yakitoria, której dyrektorem był **Robert Sz**.

D'AMATO Alfonse Marcello (Al D'Amato) – najbliższy sojusznik **Macierewicza** w USA, były republikański senator, dziś lobbysta, który obsługuje wielkie koncerny robiące interesy z Kremlem; na różne sposoby powiązany z **Mogilewiczem** (m.in. sponsorowany przez **Sama Kislina**, ma też liczne związki z Bank of New York, w którym **Mogilewicz** prał miliardy dolarów).

ELSON Monia (Monya) – płatny morderca, handlarz i przemytnik narkotyków, współpracownik **Mogilewicza**, a także „towarzysz odsiadki" **Szabtaja Kałmanowicza**.

KAŁMANOWICZ Szabtaj (Shabtai / Shabtay Kalmanovich / Kolmanovich / von Kalmanovich) – szpieg ZSRR w Izraelu pracujący dla KGB i GRU (rosyjskiego, potem sowieckiego wywiadu wojskowego), moskiewski impresario zachodnich gwiazd, związany z mafią sołncewską i **Mogilewiczem**, tajemniczo zamordowany w 2009 r.

KISLIN Sam (Siemion Kislin) – lokalny potentat branży nieruchomości w Nowym Jorku, emigrant z Rosji, człowiek **Mogilewicza** związany z mafią sołncewską, sponsor **Alfonse'a D'Amato**.

KOTAS Jacek – w latach 2002–2016 członek władz Grupy Radius należącej do rodziny Sz., zarazem prezes think tanku NCSS, z którego **Antoni Macierewicz** rekrutuje prokremlowskich / antynatowskich ekspertów do ministerstwa obrony; w 2007 r. **Macierewicz** udzielił **Kotasowi** dostępu do tajnych dokumentów polskiej armii.

KWIETNOJ Lew (Lev Kvetnoy / Lev Kvetnoi) – pomniejszy rosyjski oligarcha związany z sołncewską mafią i **Aliszerem Usmanowem**, zaczynał w MontażSpecBanku.

LUŚNIA Robert Jerzy (TW „Nonparel") – milioner, wieloletni polityczny i biznesowy współpracownik **Macierewicza**, płatny konfident SB prowadzony przez oficera **Józefa Nadworskiego**, blisko związanego z **Markiem Zielińskim** i siatką GRU w Polsce.

MACIEREWICZ Antoni – minister obrony narodowej w rządzie PiS-u, były działacz niepodległościowy; znany jest z antyrosyjskich wystąpień, jednak od lat otacza się osobami silnie związanymi z Rosją, jak **D'Amato**, **Luśnia** i **Kotas**.

MOGILEWICZ Siemion (Seva Moguilevich, Semen Judkowicz Pałahniuk, Semon Yudkovich Palagnyuk, Semen Yudkovich Telesh, Simeon Mogilevitch, Semjon Mogilevics, Shimon Makelwitcsh, Shimon Makhelwitsh, Siergiej Jurewicz Sznajder, „Szwarc", „Don Siemion", Brainy Don) – globalny gangster-finansista związany z mafią sołncewską i GRU, specjalista od prania pieniędzy, który zdominował także wiele innych przestępczych i zbrodniczych „branży".

NADWORSKI Józef (kapitan Czyszkiewicz) – funkcjonariusz komunistycznej SB (Służby Bezpieczeństwa), oficer prowadzący Roberta Luśni, blisko związany z Markiem Zielińskim i jego siatką szpiegowską GRU w Polsce.

NAIMSKI Piotr – sekretarz stanu w kancelarii premiera i pełnomocnik rządu ds. strategicznej infrastruktury energetycznej, od pół wieku bliski współpracownik Macierewicza; razem z nim zamierzał zatrudnić Luśnię w „równoległych strukturach wywiadu gospodarczego" tworzonych w 1992 r.

RENYI Thomas (Tom Renyi) – były agent amerykańskiego wywiadu wojskowego, szef Bank of New York, w którym Mogilewicz wyprał miliardy dolarów; Renyi ma liczne związki z D'Amato, ufundował też katedrę na Rutgers University, gdzie wykładają rodzice młodocianego doradcy Macierewicza, Edmunda Jannigera.

SKOCZ Andriej (Andrei / Andrey Skoch) – oligarcha związany z sołncewską mafią i Aliszerem Usmanowem, najbogatszy deputowany do Dumy, w dobrych stosunkach z GRU; w latach 90. zasiadał we władzach MontażSpecBanku razem z Angielewiczem i Kwietnojem.

SZ. Robert – Polak ze szwajcarskim obywatelstwem, przedstawiciel Gambii w Rosji, głowa rodziny Sz. kontrolującej Grupę Radius. Związany z sołncewską mafią: w 1995 r. przedstawiciel MontażSpecBanku na Polskę, później dyrektor w sieci restauracji Dmitrija Burejczenki (Yakitoria).

USMANOW Aliszer – oligarcha związany z mafią sołncewską, Gazpromem i GRU.

ZIELIŃSKI Marek – oficer i analityk SB, bliski współpracownik, potem wspólnik biznesowy Józefa Nadworskiego (oficera prowadzącego Luśni). W latach 1981–1993 główny szpieg GRU w Polsce.